企业员工安全操作与事故防范丛书

机械制造企业员工安全操作与事故防范

《企业员工安全操作与事故防范丛书》编委会　编

中国劳动社会保障出版社

图书在版编目（CIP）数据

机械制造企业员工安全操作与事故防范/《企业员工安全操作与事故防范丛书》编委会编. —北京：中国劳动社会保障出版社，2014

（企业员工安全操作与事故防范丛书）

ISBN 978-7-5167-1499-7

Ⅰ.①机… Ⅱ.①企… Ⅲ.①机械制造企业-安全生产-生产管理 Ⅳ.①F407.406.2

中国版本图书馆 CIP 数据核字（2015）第 006286 号

中国劳动社会保障出版社出版发行

（北京市惠新东街 1 号 邮政编码：100029）

*

三河市华骏印务包装有限公司印刷装订 新华书店经销

787 毫米×1092 毫米 16 开本 16.75 印张 335 千字

2015 年 1 月第 1 版 2015 年 1 月第 1 次印刷

定价：48.00 元

读者服务部电话：（010）64929211/64921644/84643933

发行部电话：（010）64961894

出版社网址：http://www.class.com.cn

编委会

主　　编：张力娜

编写人员：于　静　马　林　方志强　王　颖　王昕景
王建民　王继兵　刘佩清　刘军喜　刘立兴
刘红旗　石忠明　方金良　杜文利　闫长洪
冯海英　张力娜　张伟东　张利琴　张万福
张　平　陈国恩　吴　诚　吴　淳　耿友兵
赵　卫　金永文　黄增汉　黄莉新　唐　玮
陈　建　杜晓琳　李　涛　吴克军　袁　晖
袁东旭　赵一宙　魏英萍

内容提要

机械制造业为整个国民经济提供技术装备，其发展水平是国家工业化程度的主要标志之一。由于中国潜在的巨大市场和丰富的劳动力资源，世界的制造业正在向中国转移，经过几十年的发展，我国正在成为世界制造大国。机械制造涉及范围广泛，从业人员数量庞大，在机械制造生产过程中，需要使用大量各种机械设备，随着科技的发展，机械设备的功能不断增加、数量不断增多、使用范围不断扩大。然而，机械设备在给生产带来高效、快捷、方便的同时，也带来了危险与有害因素，对操作人员造成伤害，对设备财产造成损失，因此必须重视安全生产工作。

机械制造企业的安全管理是一项综合性管理，也是一项复杂的系统工程。在机械制造的生产过程中，人的不安全行为、物的不安全状态及管理上的缺陷，是诱发事故的主要成因，因此安全教育既要提高人员安全意识，也要增强安全生产技术知识，特别对生产作业一线人员，更加需要提高安全意识，增强安全生产技术知识。

本书分为七个部分：机械制造企业安全管理与安全要求、机械制造企业安全管理与安全要求、机械制造企业员工安全操作要求、机械制造企业安全生产标准化建设、机械制造企业事故隐患排查与治理、机械制造企业常见事故分析与预防措施、机械制造企业事故防范新做法。

本书内容丰富，层次清楚，叙述深入浅出，非常适合于班组职工和基层管理人员的学习和培训，也适合于安全生产管理人员的日常教育，可以作为培训教材使用。

前　言

安全生产教育培训是企业安全管理的一项重要工作，其目的是提高企业员工的安全意识，增强员工的安全操作技能，提高企业以及班组的安全管理水平，最大限度地减少人身伤害事故。安全生产教育培训真正体现了“以人为本”的安全管理思想，是搞好企业安全管理的有效方法。

2011 年 11 月 16 日，国家安全监管总局在《关于印发安全生产教育培训“十二五”规划的通知》（安监总培训〔2011〕175 号）中指出：各企业要把安全生产教育培训作为推动安全发展的重要基础性工作摆在突出位置，深入学习宣传《规划》，加强对《规划》实施的组织领导和统筹协调，充分调动各有关方面的积极性，形成推动安全生产教育培训工作的整体合力。

随着我国加快转变经济发展方式和产业结构优化升级，一些行业（领域）机械化、自动化水平不断提升，安全生产不断出现新情况、新问题，迫切需要进一步加大安全生产教育培训的力度，不断提高各类人员安全管理水平和实际操作技能。在《安全生产教育培训“十二五”规划》中，国家安全监管总局要求各企业要以预防和减少各类伤亡事故和职业危害、坚决遏制重特大事故为目的，以贯彻落实安全生产相关法律法规为主线，以提高从业人员特别是农民工安全意识和自我保护能力为重点，加大力度，采取措施，推动安全生产教育培训取得新的进展和成效。在安全生产教育培训工作中，要坚持先培训后上岗，持证上岗，严格对新上岗人员进行强制性岗前安全培训，未经培训或培训不合格的，一律不得上岗作业。

企业安全生产教育培训工作还需要坚持反复抓的原则，这一原则是由安全知识自身具有的与时俱进性与适用的偶然性所决定的。在企业，员工的生产作业方式在不断发生变化，这就使安全知识必然随之更新变化。然而，人们在生产作业过程中所学到的安全知识较少，已掌握的安全知识随时间的推移也会跟不上发展。如果不进行反复的教育培训，不进行相应的技能训练，就会产生知识与操作上的落后，引发事故的发生。所以，在安全生产教育培训上不能有一劳永逸、一蹴而就的思想，必须坚持反复抓，坚持不懈、持之以恒，通过持续不断的教育培训，不断强化员工的安全知识，提高安全操作技能。

《企业员工安全操作与事故防范丛书》涉及煤矿企业、冶金企业、建筑企业、化工企业、机械企业、道路运输企业，这六个行业的特点，是就业人数比较多，生产危险性比较大，而且人员流动性也比较大，特别需要加强安全生产教育培训。

各书对企业生产特点、企业安全管理、员工安全操作要求、安全生产标准化（安全质量标准化）、事故隐患排查治理、常见事故分析与预防措施、企业与班组安全管理新做法等内容，进行了比较详细的介绍。

在企业的生产作业过程中，是否发生事故，能否保证安全，很重要的一个因素是人，人是起决定作用的关键因素。企业的各项安全管理规章制度，各种安全操作规程，都需要由人来贯彻执行，企业的安全生产也需要由人来实现。因此，加强人员的安全生产教育培训，实际上就是保障企业的安全。安全生产教育培训做好了，企业的安全就多了一份保障，企业的发展也将更加顺利，前景也将更加光明灿烂。

《企业员工安全操作与事故防范丛书》编委会

2014 年 10 月

目 录

第一章　机械制造企业安全管理与安全要求

机械制造业是国民经济的支柱产业之一，机械制造的发展变化正在改变着人们的生产方式、生活方式、经营管理模式乃至社会的组织结构和文化。据统计，我国目前有2 400多万家中小企业，其中70%以上都从事制造业；而在制造业中，从事机械制造（包括电气机械及器材）的企业，2012年约有200万家，从业人数约576万人。从21世纪初开始，我国就已经成为世界工厂，中国产品远销世界各地，遍布五湖四海，几乎到了无处不在的地步。

第一节　机械制造企业生产与事故特点

机械制造行业是各种工业的基础，涉及范围广泛，从业人员数量庞大。在机械制造生产过程中，需要使用大量各种机械设备，随着科技的发展，机械设备的功能不断增加，数量不断增多，使用范围不断扩大；然而，机械设备在给生产带来高效、快捷、方便的同时，也带来了危险与有害因素，对操作人员造成伤害，对设备财产造成损失。因此，机械设备安全越来越引起人们的重视。

一、机械制造企业生产经营特点

1. 机械制造行业的产品与生产特点

机械制造业为整个国民经济提供技术装备，其发展水平是国家工业化程度的主要标志之一。由于中国潜在的巨大市场和丰富的劳动力资源，世界的制造业正在向中国转移，中国正在成为世界的制造大国。

我国机械制造技术相对于发达国家是落后的，特别是在精密仪器、机床、基础设备等产品方面更是如此。机械制造属于比较典型的劳动密集型行业，生产车间主要按工艺布局，并以多品种小批量生产为主。成熟的机械类产品通常已标准化、系列化，且产品规格也比较多。近年来，由于发达国家转移传统工业产业，所以，使我国及东南亚等具有较丰富劳动力资源的国家在机械制造领域有了长足发展。

机械制造产品一般是标准化和系列化的产品，并有相应的质量检测标准和安全认证标准。在以往大而全的指导思想下，国内机械产品传统制造企业的生产车间中几乎涵盖了从每个零件的原材料开始的全部工艺阶段，所以，生产周期比较长，对市场需求变化的反应也慢。机械制造行业企业由于主要是多品种小批量生产类型，车间通用设备比较多，产品的工艺过程经常变更，零部件较多，车间生产作业的调度与控制比较难。因此，在管理上需要拟订周到和精细的计划。

2. 机械制造行业的产品与技术发展趋势

（1）机械制造产品发展趋势。在机械制造产品领域，特别是加工与测试设备，自动化、数控技术、机器人等技术的深化应用一直是全球制造业技术进步所追逐的目标。由于柔性制造技术的兴起，对各种加工设备的柔性要求也越来越高。随着信息技术的快速发展，芯片成本的不断降低，在机械制造中大量的数字化技术已广泛采用。

（2）机械制造企业营销发展趋势。在机械制造领域，由于新技术不断采用，企业管理水平的提高，运营成本的下降，促使企业不断开发新的技术和新的材料，提高机械产品性能。近20年来，随着经济实力与技术力量的发展，我国一些机械制造企业开始拥有自己的核心技术，产业布局开始向相对完整的产业链方向扩张，实现上下游开始对接；同时，已经开始向发达国家和发展中国家大量输出机械设备及技术。

（3）机械制造技术发展趋势。机械制造常以机床设备为代表，技术的发展也带动其他机械制造领域的发展。各类机床全面数控化，数控技术不仅应用于车床、铣床、钻床、磨床和电加工机床，而且各类压力机械、轻工机械、检测工具等也开始使用数控技术。加工过程逐渐向自动化、柔性化发展，其中自动化是指加工工艺、过程控制、产品设计与制造和生产管理主要运用计算机辅助完成；柔性化是指整个系统包含加工、运储、刀具和夹具管理等部分，可以灵活改变生产对象，分步实施新的工艺流程，不必再像以往的加工一样必须重新建立生产线。切削向高速、高精度、高硬度、干切削发展，带动刀具、机床部件、加工理论等方面发生较大的变化。

二、机械设备存在的危险因素与事故特点

1. 机械设备存在的危险因素

机械设备在规定的使用条件下执行其功能的过程中，以及在运输、安装、调整、维修、拆卸和处理时，无论处于哪个阶段，处于哪种状态，都存在着危险与有害因素，有可能对操作人员造成伤害。

（1）机械设备在正常工作状态时存在的危险。机械设备在完成预定功能的正常工作状态下，存在着不可避免的但却是执行预定功能所必须具备的运动要素，并可能产生危害后果。如零部件的相对运动、刀具的旋转、机械运转的噪声和振动等，使机械设备在正常工作状态下存在碰撞、切割、作业环境恶化等对操作人员安全不利的危险因素。

（2）机械设备在非正常工作状态时存在的危险。在机械设备运转过程中，常由于各种原因引起意外状态，包括故障状态和维修与保养状态。设备的故障不仅可能造成局部或整机的停转，还可能对操作人员构成危险，例如，运转中的砂轮片破损会导致砂轮飞出，造成物体打击事故；电气开关故障会产生机械设备不能停机的危险。机械设备的维修与保养一般都是在停机状态下进行的，由于检修的需要往往迫使检修人员采用一些特殊的做法，如攀高、进入狭小或几乎密闭的空间、将安全装置拆除等，使维修与保养过程容易出现正常操作时不存在的危险。

2. 机械设备的主要危害

机械设备的主要危害包括两大类，一类是机械性危害，另一类是非机械性危害。

机械性危害包括挤压、碾压、剪切、切割、碰撞或跌落、缠绕或卷入、戳扎或刺伤、摩擦或磨损、物体打击、高压流体喷射等。

非机械性危害主要包括电流、高温、高压、噪声、振动、电磁辐射等产生的危害；因加工、使用各种危险材料和物质（如燃烧、爆炸、毒物、腐蚀品、粉尘及微生物、细菌、病毒等）产生的危害；还包括因忽略安全人机学原理而产生的危害等。

3. 机械加工设备事故特点

机械加工设备是各行业机械加工的基础设备，主要有金属切削机床、锻压机械、冲压和剪压机械、起重机械、铸造机械、木工机械等。

机械伤害是企业职工在工作中最常见的事故类别，伤害类型多以夹挤、碾压、卷入、剪切等为主。各类机械设备的旋转部件和成切线运动的部件间、对向旋转部件的咬合处、旋转部件和固定部件的咬合处等，都可能成为致人受伤的危险部位。据我国安全生产部门统计，近年来，夹挤、碾压类事故占机械伤害事故的一半左右，注重此类工伤事故的特点和预防是一项不容忽视的重要工作。

4. 机械伤害事故的原因

造成机械伤害事故的原因主要有以下几点：

（1）违章操作。在我国，大量的机械设备属于传统的机械化、半机械化控制的人机系统，没有在本质安全上做到尽善尽美。因此，需要在定位、固定、隔离等控制环节上进行弥补，通过设置醒目的警示标识和严格的安全操作规程加以完善。但不少机械制造企业的员工在生产作业中有章不循、违章作业的现象仍非常突出，违章造成的夹挤、碾压类伤害时有发生，成为企业必须下大气力着重解决的安全问题。

（2）体力与脑力疲劳造成辨识错误。长期持久的体力与脑力劳动、单调乏味的工作、嘈杂的工作环境、凌乱的工作布局、不良的精神因素等都容易使机械设备的操作者产生疲劳、厌烦的感觉，此时，辨识错误就会出现，带来误操作、误动作，造成伤害事故。

（3）机械化代替手工作业。机械化代替手工劳动是生产力进步的标志。但是在这一时期，操作者由于要熟悉新的工作环境和新的机械操作方法，思想往往比较紧张，心理上承受的工作压力明显大于以前手工劳动状态下的工作压力，不免操之过急，却由于注意力过分集中，产生焦虑和烦躁情绪，极易使手、脑配合出现不协调，导致伤害事故的发生。

（4）安装、调试设备。机械设备往往要经历安装与调试期、正常生产期和老化磨损期。相对来说，正常生产期的设备故障率较低，而安装与调试期和老化磨损期的设备故障率相对较高。因为这时机械设备的安全装置处于暂时的“失效”状态，甚至“失效安全装置”也不会起作用，由于调试的需要，还不能断电、断气、断水，用于防止接触机器危险部件的固定安全装置已被打开，起不到保护作用，稍有不慎，维修人员就会被夹挤或碾压；另外，维修与调试时往往是两人以上互相配合，极易出现配合失误，如误合闸、误开机、误动作等，造成伤害事故。

三、机械加工作业中的主要危害因素

1. 金属切削的主要危险因素

金属切削机床（以下简称机床）是用切削的方法将金属毛坯加工成一定的几何形状、尺寸精度和表面质量的机器零件的机器。在机床上装夹被加工工件和切削刀具，带动工件和刀具进行相对运动；在相对运动中，刀具从工件表面切除多余的金属层，使工件成为符合预定技术要求的机器零件。按加工性质和所用刀具分类，目前，国家标准《金属切削机床型号编制方法》（GB/T 15375—2008）将机床分为11大类。

在金属切削加工过程中，切削所产生的切屑可能对操作人员造成伤害，或对工件造成损坏，如崩碎的切屑可能迸溅伤人；带状切屑会连绵不断地缠绕在工件上，损坏工件已加工表面。

金属切削主要的危险因素包括：机械传动部件外露时无可靠、有效的防护装置；机床执行部件，如工具和夹具脱落、松动；机床本体的旋转部件有凸出的销、楔、键；加工超长工件时伸出机床尾端的部分；工具、夹具、刀具放置不当；机床的电气部件设置不规范或出现故障等。

2. 金属切削加工常见的机械伤害

金属切削加工常见的机械伤害如下：

（1）挤压。如压力机的冲头下落时，对手部造成挤压伤害；人手也可能在螺旋输送机、塑料注射成型机中受到挤压伤害。

（2）咬入（咬合）。典型的咬入点是啮合的齿轮、传送带与带轮、链与链轮、两个相反方向转动的轧辊。

（3）碰撞和撞击。典型例子是人受到运动着的刨床部件的碰撞；另外是飞来物撞击造成的伤害。

（4）剪切。这种事故常发生在剪板机、切纸机上。

（5）卡住或缠住。运动部件上的凸出物、传动带接头、车床的转轴、加工件等都能将人的手套、衣袖、头发、辫子甚至工作服口袋中擦拭机床用的棉纱缠住而使人造成严重伤害。

需要注意的是，一种机械可能同时存在几种危险，即可同时造成几种形式的伤害。

3. 铸造工序存在的主要危害因素

铸造可分为手工造型和机器造型两大类。手工造型是指用手工完成紧砂、起模、修整及合箱等主要操作的过程，其劳动强度大，劳动者直接接触粉尘、化学毒物和物理因素，职业危害大。机器造型生产率高，质量稳定，工人劳动强度低，劳动者接触粉尘、化学毒物和物理因素的机会少，职业危害相对较小。

（1）粉尘危害。造型、铸件落砂与清理时产生大量的砂尘，其中粉尘性质及危害性大小主要取决于型砂的种类，如选用石英砂造型时，因游离二氧化硅含量高，其危害最大。

（2）毒物与物理因素危害。砂型与砂芯的烘干以及熔炼、浇注产生高温与热辐射；如果采用煤或煤气作为燃料还会产生一氧化碳、二氧化硫和氮氧化物等；如果采用高频感应炉或微波炉加热时则存在高频电磁场和微波辐射。

4. 锻压工序存在的主要危害因素

锻压是指对坯料施加外力，使坯料产生部分或全部的塑性变形，从而获得锻件的加工方法。

（1）物理因素危害。噪声是锻压工序中危害最大的职业病危害因素。锻锤（空气锤和压力锤）可产生强烈噪声和振动，一般为脉冲式噪声，其强度超过 100 dB（A）。冲床、剪床也可产生高强度噪声，但其强度一般比锻锤小。加热炉温度高达 1 200℃，锻件温度也在 500～800℃之间，工作场所中存在高温与较强的热辐射等物理性危害因素。

（2）粉尘与毒物危害。锻造炉、锻锤工序中加料、出炉、锻造过程可产生金属粉尘、煤尘等，尤以燃料工业窑炉污染较为严重。燃料工业窑炉可产生一氧化碳、二氧化硫、氮氧化物等有害气体。

5. 热处理工序的主要危害因素

热处理工艺主要是使金属零件在不改变外形的条件下，改变金属的性质（如硬度、韧性、弹性、导电性等），达到工艺上所要求的性能。热处理包括正火、淬火、退火、回火和渗碳等基本过程。热处理一般可分为普通热处理、表面热处理（包括表面淬火和化学热处理）和特殊热处理等。

（1）有毒气体。金属零件的正火、退火、渗碳、淬火等热处理工序要用品种繁多的辅助材料，如酸、碱、金属盐、硝盐及氰盐等。这些辅料都是具有强烈的腐蚀性和毒性的物质，例如，氯化钡作为加热介质，工艺温度达 1 300℃时，氯化钡大量蒸发，产生氯化钡烟尘污染车间空气；氯化工艺过程中有大量氨气排放于车间空气中；在渗碳、氰化等工艺过程使用的氰化盐（亚铁氰化钾等）毒性很大；盐浴炉中熔融的硝盐与工件的油污作用产生氮氧化物。此外，热处理过程经常使用甲醇、乙醇、丙烷、丙酮及汽油等有机溶剂。

（2）物理因素危害。热处理工序都是在高温下进行的，车间内各种加热炉、盐浴槽和被加热的工件都是热源，这些热源可造成高温与强热辐射的工作环境。各种电动机、风机、工业泵和机械运转设备均可产生噪声与振动。但多数热处理车间噪声强度不大，噪声超标现象较少见。

6. 机械装配工序存在的主要危害因素

简单的机械装配工序职业危害因素很少，复杂的装配生产过程中存在的职业危害因素与特殊装配工艺有关，例如，各类电焊存在电焊职业病危害；使用胶黏剂及涂装工艺都存在职业病危害问题。

7. 职业病危害因素防护措施

机械制造业职业病危害主要集中在铸造生产过程中的硅尘危害、涂装生产过程中的苯及同系物等有机溶剂危害以及电焊作业中的电焊（烟）尘的职业危害。因此，机械制造业的职业病危害防护应从以下几个方面综合考虑：

（1）合理布局。在车间布局上，要考虑减少职业病危害交叉污染问题，例如，铸造工序中的熔炼炉应放在室外或远离人员集中的公共场所；铆工和电焊、涂（喷）漆工序应分开布置。

（2）防尘。铸造应尽量选用低游离二氧化硅含量的型砂，并减少手工造型和清砂作业。清砂是铸造生产中粉尘浓度最高的岗位，应予以重点防护，例如，安装大功率的通风除尘系统，实行喷雾湿式作业，以降低工作场所空气中的粉尘浓度，同时做好个人防护，佩戴符合国家相关标准的防尘口罩。

（3）防毒及应急。对热处理和金属熔炼过程中有可能产生化学毒物的设备，应采取密闭措施或安装局部通风排毒装置。对产生高浓度一氧化碳、氰化氢、甲醛等剧毒气体的工作场所，如某些特殊的淬火、涂装和使用胶黏剂岗位，应制定急性职业中毒事故应急救援预案，设置警示标识，配备防毒面具或防毒口罩等。

（4）噪声控制。噪声是机械制造行业中重要的职业病危害之一。噪声控制主要包括对铸造和锻造中的气锤、空压机及机械加工的打磨、抛光、冲压、剪板、切割等高强度噪声设备的治理。对高强度噪声源可集中布置，并设置隔声屏蔽。空气动力性噪声源应在进气或排气口并进行消声处理。对集控室和岗位操作室应采取隔声和吸声处理。进入噪声强度超过 85 dB（A）的工作场所应佩戴防噪声耳塞或耳罩。

（5）振动控制。振动是机械制造工业中较为常见的职业病危害因素。对铆接、锻压机、型砂捣固机、落砂和清砂等振动设备应采取减振措施或实行轮岗操作。

（6）射频防护。应选择合适的屏蔽防护材料，对产生高频、微波等射频辐射的设备进行屏蔽，或者进行距离防护和时间控制。

（7）防暑降温。应做好铸造、锻造、热处理等高温作业人员的防暑降温工作。宜采取工程技术、卫生保健和劳动组织管理等多方面的综合措施，如合理布置热源、供应清凉含盐饮料、轮换作业、对集控室和操作室设置空调等。

第二节　机械设备安全要求与安全防护措施

机械制造企业常见事故以机械伤害事故为主，据统计，机械性伤害事故占全部事故总数的70%左右。造成机械性伤害事故的原因有三个，一是作业人员在作业中违章作业，如不停机进行维修，不按规定着装，危险区域作业无人监护等；二是机械设备存在缺陷，由于机械设备的不安全因素导致事故的发生；三是作业人员忽视安全、麻痹大意及误操作。在企业的安全管理中，需要针对事故特点进行深入细致的分析，采取有效的管理措施、技术措施，以防止机械伤害事故的发生。

一、机械设备基本安全要求

1. 机械制造企业生产流程与生产特点

从生产工艺流程和机械产品的属性分析，机械制造企业是典型的离散型企业，整个工艺流程由多个独立的工艺或工序组成，采用的设备、设施繁杂，涉及的安全技术领域较多，并且高、中、低档技术并存，生产批量不一，多种要素密集。因此，在机械制造企业需要提高安全生产管理水平，及时排查和整改事故隐患，进行自我完善，进而建立符合本企业的长效机制，减少事故和职业病的发生。

机械产品是指机械生产厂家向用户或市场所提供的成品或附件，如汽车、发动机、机床等都称为机械产品，任何机械产品按传统的习惯都可以看作由若干部件组成的，部件又可分为不同层次的子部件（又称分部件或组件），直至最基本的零件单元。

机械产品的生产工艺流程如下：

（1）产品设计。产品设计是企业产品开发的核心，产品设计必须保证技术上的先进性与经济上的合理性等。产品设计一般有三种形式，即创新设计、改进设计和变形设计。创新设计（开发性设计）是按用户的使用要求进行的全新设计；改进设计（适应性设计）是根据用户的使用要求，对企业原有产品进行改进或改型的设计，即只对部分结构或零件进行重新设计；变形设计（参数设计）是仅改进产品的部分结构尺寸，以形成系列产品的设计。产品设计的基本内容包括编制设计任务书，进行方案设计、技术设计和图样设计。

（2）工艺设计。工艺设计的基本任务是保证生产的产品能符合设计的要求，制定优质、高产、低耗的产品制造工艺规程，制定出产品的试制和正式生产所需要的全部工艺文件。包括对产品图样的工艺分析和审核、拟定加工方案、编制工艺规程以及工艺装备的设计和制造等。

（3）零件加工。零件的加工包括坯料的生产以及对坯料进行各种机械加工、特种加工和热处理等，使其成为合格零件的过程。极少数零件采用精密铸造或精密锻造等无屑加工方法。通常毛坯的生产有铸造、锻造、焊接等；常用的机械加工方法有钳加工、车削、钻削、刨削、铣削、镗削、磨削、数控机床加工、拉削、研磨、珩磨等；常用的热处理方法有正火、退火、回火、时效、调质、淬火等；特种加工有电火花成形加工、电火花线切割加工、电解加工、激光加工、超声波加工等。只有根据零件的材料、结构、形状、尺寸、使用性能等选用适当的加工方法，才能保证产品的质量，生产出合格的零件。

（4）装配与调试。任何机械产品都是由若干个零件、组件和部件组成的。根据规定的技术要求，将零件和部件进行必要的配合及连接，使之成为半成品或成品的工艺过程称为装配。将零件、组件装配成部件的过程称为部件装配；将零件、组件和部件装配成最终产品的过程称为总装配。装配是机械制造过程中的最后一个生产阶段，其中还包括调整、试验、检验、涂漆和包装等工作。常见的装配工作内容包括清洗、连接、校正与配作、平衡、验收、试验等。

2. 机械设备的本质安全化

本质安全是指机械设备本身固有的、内在的，能够从根本上防止发生事故的功能，包括失误—安全功能和失效—安全功能两个方面。即当人操作失误或机械设备发生故障时也不会发生事故或伤害。本质安全技术是指利用该技术进行机械设备的设计和制造，不需要采用其他安全防护措施，就可以在预定条件下执行机械设备的预定功能时达到本质安全的要求。

要实现机械设备的本质安全可以从以下三个方面入手：

（1）设计阶段。采用技术措施来消除危险，使人不可能接触或接近危险区，例如，将危险区完全封闭，采用安全装置，实现机械化和自动化等，都是设计阶段应该采取的安全措施。

（2）操作阶段。建立有计划的维护与保养和预防性维修制度；采用故障诊断技术，对运行中的机械设备进行状态监测；避免或及早发现机械设备故障，对安全装置进行定期检查，保证安全装置始终处于可靠和待用状态，提供必要的个人防护用品等。

（3）管理措施。指导机械设备的安全使用，向操作人员提供有关机械设备危险性的资料、安全操作规程、维修安全手册等技术文件；加强对操作人员的教育和培训，提高操作人员发现危险和处理紧急情况的能力。

总之，本质安全化从控制导致事故的“物源”方面入手，提出防止事故发生的技术途径与方法，对于从根本上发现和消除事故与危害的隐患，防止误操作及机械设备故障可能发生的伤害具有重要的作用。它贯穿于方案论证、设计、基本建设、生产、科研、技术改造等一系列过程的诸多方面，是确保安全生产所必须遵循的“物的安全原则”。

3. 机械设备安全基本原则

（1）机械设备及其零部件必须有足够的强度、刚度和稳定性，在按规定条件制造、安装、运输、储存和使用时，不得对人员造成危险。

（2）机械设备的设计必须履行安全人机工程的原则，以便最大限度地减轻操作人员的体力和脑力消耗及精神紧张状况。

（3）机械设备的安全应通过以下途径予以保证：一是选择最佳设计方案，并严格按照标准制造和检验；二是合理地采用机械化、自动化和计算机技术；三是采用有效的防护措施；四是安装、运输、储存、使用和维修的技术文件应载明安全要求；五是在使用过程中，机械设备不得排放超过标准规定的有害物质。

（4）机械设备的设计应进行安全性评价。当安全技术措施与经济利益发生矛盾时，则应优先考虑安全技术上的要求，并按直接安全技术措施、间接安全技术措施、指示性安全技术措施的等级顺序选择安全技术措施。其中，直接安全技术措施是指机械设备本身应具有本质安全性能，保证不会出现任何危险。间接安全技术措施是指当直接安全技术措施不能或者不完全能实现时，必须在机械设备总体设计阶段设计出一种或多种可靠的安全防护装置。安全防护装置的设计、制造任务不应留给用户去承担。

（5）机械设备在整个使用期限内均应符合安全卫生要求。

二、机械设备的安全防护措施

1. 机械设备安全防护措施的重要性

机械设备的安全防护是通过采用安全装置、防护装置或其他手段，对一些机械危险进行预防的安全技术措施，其目的是防止机械在运行时产生各种对人员的接触伤害。安全防护的重点是机械设备的传动部分、操作区、高空作业区、移动机械的移动区域及某些机械设备由于特殊危险形式需要采取的特殊防护等。无论采取何种措施进行防护，都应对所需防护的机械设备进行风险评价，以避免带来新的风险。

安全防护常常采用防护装置、安全装置及其他安全措施。防护装置是指通过物体障碍方式将人与危险部位隔离的装置，根据其结构，防护装置可以是壳、罩、屏、门、封闭式防护装置等；安全装置是指用于消除或减小机械伤害风险的单一装置或与防护装置联用的装置。

2. 防护装置安全技术要求

防护装置在人与危险源之间构成安全保护屏障，在减轻操作者精神压力的同时，也使操作者形成心理依赖。一旦安全防护装置失效，会增加损伤或危害的风险。因此，安全防护装置必须满足与其保护功能相适应的安全技术要求；同时，所采取的安全措施不得影响机械设备的正常运行，而且使用方便，否则就可能出现为了追求达到设备的最大效用而导致避开安全措施的行为。

（1）固定防护装置和活动防护装置。防护装置按使用方式分为固定式和活动式两种。其安全技术要求如下：

1）对固定防护装置的要求。固定防护装置应该用永久固定方式（如焊接等）或借助紧固件（螺钉、螺栓、螺母等）固定方式，将其固定在所需的地方，若不用工具就不能使其移动或打开。

2）对活动防护装置的要求。活动防护装置或防护装置的活动体打开时，应尽可能与防护的机械保持相对固定（可通过铰链或导轨连接），以防止挪开的防护装置和活动体丢失或难以复原；活动防护装置打开时或出现丧失安全功能的故障时，设备的活动部件应不能运转或运转中的部件应停止运动。

（2）机械设备防护罩安全要求

1）防护罩的结构和布局应设置合理，使人体不能直接进入危险区域（即人体进入后可能引起致伤危险的区域）。

2）防护罩应有足够的强度、刚度，一般应采用金属材料制造。

3）防护罩应尽量采用封闭结构，当现场需要采用网状结构时，其安全距离（即防护罩外缘与危险区域之间的距离）和网眼的开口宽度应符合有关标准规定的要求。

4）一般情况下应采用固定式防护罩，经常进行调节和维护的运动部件应优先采用联锁式防护罩，条件不允许时，可采用开启式或可调式防护罩。

5）防护罩表面应光滑，无毛刺和尖锐棱角，不应成为新的危险源。

6）防护罩不应影响视线和正常操作，应便于设备的检查和维修。

7）当防护罩需要涂漆时，应按照有关标准执行。

3. 常见安全装置的技术要求

安全装置通过自身的结构功能限制或防止机械设备的某种危险或限制运动速度、压力等危险因素。安全装置必须与控制系统一起操作并与其相联系，使其不会轻易损坏。

常见安全装置技术要求如下：

（1）联锁装置。能够防止设备零部件在特定条件下（一般只要防护装置不关闭）运转，保证防护装置关闭前，被其抑制的危险机器功能不能执行；或者在危险机器功能执行时，如果防护装置被打开，就给出停机指令。

（2）控制装置。能与启动操纵器一起使用并且只有在连续动作时才能使机械设备工作。手动控制器应根据有关人类工效学原则进行设计和配置，一般配置于危险区域外，并尽可能配置在操作它们时可以看见被控制的部分。

（3）止—动操作装置。其作用是只有当手动操纵器动作时，机器才能启动并保持连续运转；放开时，该手动操纵器能自动恢复到停止位置。

（4）双手操纵装置。至少需要两个手动操纵器同时动作才能启动并保持机械设备或其元件运转。在选用这种安全装置时应注意，它只能对人操作操纵装置起防护作用，对危险区域附近的其他危险不能防护。

（5）自动停机装置。当人或其身体的某一部分超越安全限度时，使机械设备或其零部件停止运转（或保证别的安全状态）。自动停机装置有机械驱动的和非机械驱动的两种。

（6）机械抑制装置。一种机械障碍（如楔、支柱、撑杆、止转棒等）装置，可通过自身的强度支撑在机构中，以防止某种危险运动的发生。

（7）有限运动控制装置。又称行程限制装置，控制机器零部件在规定的行程内动作。在这种控制装置有下一个分离动作前，机器零部件不能再进一步运动，以使风险尽可能降低至最低。

4. 事故及职业危害预防要求

为了有效地预防事故与职业危害，机械设备在设计、制造和使用中必须采取积极可靠的技术措施，达到预防事故及职业危害的安全要求。

预防事故与职业危害的安全技术措施要求如下：

（1）可动零部件伤害

1）人员易触及的可动零部件应尽可能封闭，以避免在运转时与其接触。

2）机械设备运行时，操作者需要接近的可动零部件必须配置符合规定要求的安全防护装置。

3）为防止运行中的机械设备或零部件超过极限位置，应配置可靠的限位装置。

4）若可动零部件（含其载荷）所具有的动能或势能可引起危险时，必须配置限速、防坠落或防逆转装置。

5）以人员操作位置所在平面为基准，凡高度在 2 m 之内的所有传送带、转轴、传动链、联轴器、带轮、齿轮、飞轮、链轮、电锯等危险零部件和危险部位都必须配置符合规定要求的防护装置。

（2）飞出物伤害。高速旋转的零部件必须配置具有足够强度、刚度与合适形状、尺寸的防护罩。必要时应规定此类零部件检查和更换期限。机械设备运行过程中（或突然停电时），若存在工具、工件、连接件（含紧固件）或切屑等飞甩危险，应在设计中采取防松脱措施，配置防护罩或防护网等安全防护装置。

（3）过冷和过热。人员可触及的机械设备的过冷或过热部件必须配置固定式防接触屏蔽。在不影响操作和设备功能的情况下，加工灼热件的机械设备也必须配置固定式防接触屏蔽。

（4）防火与防爆。生产、使用、储存或运输中存在可燃气体、蒸气、粉尘或其他易燃易爆物质的机械设备，应根据不同情况采取相应的预防措施：密闭并严禁跑、冒、滴、漏；配置监测报警、防爆泄压装置及消防设施；采取措施消除各种点火源（如避免摩擦撞击、电火花、明火等）。爆炸危险场所的电气安全设计应符合有关规定要求。

（5）防滑与防高处坠落

1）设计工作位置时必须充分考虑人员脚踏和站立的安全性。

2）若操作人员经常变换工作位置，必须在机械设备上配置安全踏板。

3）若操作人员的工作位置在坠落基准面2 m以上时，必须在机械设备上配置符合标准规定要求的供站立的平台和防坠落的栏杆、安全圈及防护板等。

4）踏板、梯子、平台均应具有良好的防滑性能。

5）对于有可能产生泄漏的机械设备，应有适宜的收集或排放装置，必要时应设有特殊地板。

（6）液压与气压。使用液压或气压的机械设备应能避免排出带压液体或压缩空气造成的危险，应配备安全、可靠的隔离能源装置。

（7）控制和调节装置

1）控制装置必须保证当能源发生异常（偶然或人为地切断或变化）时不会造成危险。必要时，控制装置应能自动切换到备用能源和备用设备系统。

2）自动或半自动的开关和控制程序必须按照功能顺序保证排除危险的交叉和重叠，并应有必要的保护装置。

3）对复杂的机械设备和重要的安全系统，应配置自动监控装置。

4）机械设备的控制装置应安装在使操作者能看到整个设备动作的位置上，对于某些开车时在控制台上无法看到全貌的机械设备，应配置开车预警信号装置。

5）控制线路应保证即使线路发生故障或损坏时也不至于造成危害。

6）机械设备配置的作为安全技术措施的离合器、制动装置或联锁装置必须起强制性作用。

7）调节部分应采用自动联锁装置，以防止误操作与自动调节、自动操纵等的误动、误断。

（8）紧急事故开关

1）存在下列情况的机械设备必须配置紧急事故开关：

◆发生事故时，不能迅速使用停车开关终止危险的运行。

◆不能通过一个总开关迅速中断若干个可能造成危险的运动单元。

◆由于切断某个单元可能出现其他危险。

◆在控制台无法看到所控制的全部。

2）紧急事故开关必须有足够的数量，其形式有别于一般开关，颜色为红色。

3）紧急事故开关应在所有控制点和给料点都能迅速而无危险地触及。

4）机械设备由紧急事故开关停车后，其动能或势能可能引起危险时，必须配置与之联动的减缓运行和防逆转装置。必要时必须迅速制动。

5）机械设备由紧急事故开关停车后，只有当事故排除后方可再运行。

（9）预防意外启动

1）操作者进行调整、检查、维修作业，当人员需要进入或人体局部（手或臂）需要伸进机械设备的危险区域时，必须防止意外启动。为此应采取下列措施：

◆在对危险区域进行机械保护的同时，还应强制切断机械设备的控制和能源。

◆应设计能多重锁闭的总开关。

◆控制或联锁元件应直接位于危险区域，并只能由此处开车或停车。

◆使用可拔出的开关钥匙。

◆机械设备上具有多种操纵和运转方式的选择器应可锁闭在按照预定的操作方式所选择的位置上，选择器的每个位置仅能与一个操作方式相对应。

2）机械设备因意外启动可能危及人身安全时，必须配置起强制作用的安全防护装置（必要时，需要配置两种或更多种互为联锁的安全装置），以防止意外启动。

3）当能源偶然切断后又重新接通时，机械设备必须能够避免危险运转。

（10）噪声和振动。各类机械设备都必须在产品标准中规定噪声（必要时加振动）的允许指标，并在设计中采取有效的防治措施，使产品实际产生的噪声和振动数值符合标准规定的要求。

（11）防尘、防毒和防放（辐）射

1）凡工艺过程中产生粉尘、有害气体或有害蒸气的机械设备，应尽可能采用自动加料、自动卸料装置，并必须配置吸入、净化及排放装置，以保证工作场所和排放的有害物质浓度符合有关职业卫生标准规定的要求。

2）凡可能产生放（辐）射的机械设备，必须采取有效的屏蔽、吸收措施，并应尽可能使用远距离操作或自动化作业，以保证工作场所放（辐）射强度符合有关职业卫生标准规定的要求。

3）设计上述各类设备时，应符合有关规程、标准规定要求。

4）必要时，上述工作场所应有监测、报警和联锁装置。

5. 其他安全要求

（1）标志

1）每台机械设备都必须有标牌。注明制造厂、制造日期、产品型号、出厂号、安全使用的主要参数等内容。

2）设计机械设备时应使用安全色。机械设备易发生危险的部位必须有安全标志。安全色和安全标志必须符合有关标准规定要求。

3）标牌、安全色、安全标志应保持颜色鲜明、清晰、持久。

（2）说明书。机械设备必须使用说明书等设计文件。说明书内容包括安装、搬运、储存、使用、维修和安全卫生等有关规定。

三、金属切削加工生产作业环境的要求

1. 对金属切削加工环境的安全要求

机械制造与加工生产企业在安全生产管理工作上应重视基础安全，即作业场所、作业

环境、机械设备的安全，如机床布置需要科学合理，生产车间要有良好的照明条件。

金属切削加工环境的要求主要有以下几点：

（1）采光。室内照明应满足国家标准《建筑照明设计标准》（GB 50034—2013）的要求。

（2）平面布置。机床布置应合理，各机床间的距离除应考虑放置毛坯、工件和有关工位器具及维修需要等外，还必须保证操作人员有足够的操作活动空间。

（3）通道。宽度应符合有关规定要求；各种标记清晰、醒目；路面平整，无台阶、坑、沟及障碍物等。

（4）物料堆放。应划分毛坯区、成品及半成品区、工位器具区、废物垃圾区等；坯料、产品应限量存放；工料、坯料、物料、产品实行定置管理，堆放不得超高。

（5）通风及地面。加工车间必须通风良好，地面应平整、防滑、清洁。

2. 对金属切削机床外形和布局的安全要求

（1）在外形轮廓上，应尽量设计成直线或光滑的曲面。在 0～0.5 m 和 1.4～1.7 m 高度范围内应避免有凸出的零部件，否则易绊倒或撞伤操作者。

（2）在布局上，应避免上重下轻，便于操作者装卸工件、观察加工过程、排屑及使用切削液等。在机床立面和平面上操作件应布置在便于操作的位置上。

（3）操纵件的运动方向应符合下列规定：

1）操纵件与被操纵的机床部件运动方向一致。

2）操纵件顺时针回转，被操纵部件远离；反之靠近。

3）操纵件顺时针回转，被操纵部件向右或向上移动；反之向左或向下移动。

4）操纵件顺时针回转，刀具与工件靠近；反之远离。

（4）操纵按钮、手柄、手轮、脚踏操作件的结构和位置应符合表 1—1 的规定。

表 1—1　按钮、手柄、手轮、脚踏操作件的规定

名称	结构要求	位置要求
一般按钮	红色为停止；无联锁时，每种动作只能按一个按钮	可采用集中式按钮盒。按钮之间的距离大于等于 20 mm，按钮排列位置应按下列规定：水平排列从左到右：后退—停止—前进；垂直排列从上到下：前进—停止—后退
总停用按钮	按钮为蘑菇形，呈红色；按钮大头应高出机床表面	设置在最方便的操纵位置上或几个经常工作的地方同时设置
手柄	重要的手柄应有可靠的定位及锁紧装置；同轴手柄应有明显的长短差别	不同轴手柄的距离应大于等于 40 mm
手轮	机动时能与转轴脱开	
脚踏操作件	有防护罩或藏于床身凹入部分内	

3. 对金属切削机床安全防护装置的要求

防护装置是用于隔离人体与危险部位和运动物体的，它是机床结构的组成部分，在机械传动部位均应安装可靠的防护装置。主要防护装置有以下几种：

（1）防护罩。其作用是将机床的旋转部位与人体隔开，防止人体某部位受伤。

（2）防护挡板。其作用是隔离磨削、车削、刨削、铣削等各种切屑和切削液的飞溅。

（3）防护栏杆。防护栏杆是指对某些不能在地面操作的机床设备，在其危险区域、高处、走台处安设栏杆；容易伤人的大型机床运动部位，如龙门刨床床身两端也应加设栏杆，以防撞人。在危险性很高的部位，防护装置应设计成顺序联锁结构。当取下或打开防护装置时，机床的动力源就被切断。

防护装置可以是固定式的（如防护栏杆）；或平时固定，仅在机修、加油润滑或调整时才取下的（如防护罩）；也可以是活动式的（如防护挡板）。在需要时还可以用一些大尺寸的轻便挡板（如金属网）将不安全场地围起来。

第二章　机械制造企业安全管理与安全要求

对于企业来说，预防事故、保障安全是永恒的主题。机械制造企业在生产过程中需要大量使用机床、设备加工工件，通过生产线组装产品等，人员高度密集，正是由于大量机床、设备的使用和人员的高度密集，不可避免地会发生各种各样的事故。近几年来，为加强企业的安全生产管理工作，国家下发了一系列文件和法律法规，在这些文件和法律法规中明确要求，企业要健全完善严格的安全生产规章制度，坚持不安全不生产。加强对生产现场的监督检查，严格查处违章指挥、违章作业、违反劳动纪律的"三违"行为。要强化生产过程管理的领导责任。

第一节　企业加强安全生产管理工作相关政策法规要点

企业是安全生产的主体，是安全生产的根本，企业的安全生产状况关系到安全生产大局，国家有关安全生产法律法规及部门规章最终要落实到企业。因此，企业要坚持以人为本，牢固树立安全发展的理念，把经济发展建立在安全生产有可靠保证的基础上；要坚持"安全第一，预防为主，综合治理"的方针，从管理、制度、标准和技术等方面全面加强企业安全管理；要坚持依法依规生产经营，强化责任落实和责任追究。这"三个坚持"是指导和推动加强企业安全生产工作的总体要求，必须贯穿安全生产工作的全过程。

一、《加强企业安全生产规范化建设的指导意见》要点

2010 年 8 月 20 日，国家安全生产监督管理总局印发《关于进一步加强企业安全生产规范化建设　严格落实企业安全生产主体责任的指导意见》（安监总办〔2010〕139 号）（以下简称《指导意见》），目的是认真贯彻落实《国务院关于进一步加强企业安全生产工作的通知》（国发〔2010〕23 号）精神，进一步加强企业安全生产规范化建设，严格落实企业安全生产主体责任，提高企业安全生产管理水平，实现全国安全生产状况持续稳定好转。《指导

意见》的主要内容如下：

1. **总体要求**

深入贯彻落实科学发展观，坚持安全发展理念，指导督促企业完善安全生产责任体系，建立健全安全生产管理制度，加大安全基础投入，加强教育培训，推进企业全员、全过程、全方位安全管理，全面实施安全生产标准化，夯实安全生产基层基础工作，提升安全生产管理工作的规范化、科学化水平，有效遏制重特大事故发生，为实现安全生产提供基础保障。

2. **健全和完善责任体系**

（1）落实企业法定代表人安全生产第一责任人的责任。法定代表人要依法确保安全投入、管理、装备、培训等措施落实到位，确保企业具备安全生产基本条件。

（2）明确企业各级管理人员的安全生产责任。企业分管安全生产的负责人协助主要负责人履行安全生产管理职责，其他负责人对各自分管业务范围内的安全生产负领导责任。企业安全生产管理机构及其人员对本单位安全生产实施综合管理；企业各级管理人员对分管业务范围的安全生产工作负责。

（3）健全企业安全生产责任体系。责任体系应涵盖本单位各部门、各层级和生产各环节，明确有关协作、合作单位责任，并签订安全责任书。要做好相关单位和各个环节安全管理责任的衔接，相互支持、互为保障，做到责任无盲区、管理无死角。

3. **健全和完善管理体系**

（1）加强企业安全生产工作的组织领导。企业及其下属单位应建立安全生产委员会或安全生产领导小组，负责组织、研究、部署本单位安全生产工作，专题研究重大安全生产事项，制定、实施加强和改进本单位安全生产工作的措施。

（2）依法设立安全管理机构并配齐专（兼）职安全生产管理人员。矿山、建筑施工单位和危险物品的生产、经营、储存单位及从业人员超过300人的企业，要设置安全生产管理专职机构或者配备专职安全生产管理人员。其他单位有条件的，应设置安全生产管理机构，或者配备专职或兼职的安全生产管理人员，或者委托注册安全工程师等具有相关专业技术资格的人员提供安全生产管理服务。

（3）提高企业安全生产标准化水平。企业要严格执行安全生产法律法规和行业规程标准，按照《企业安全生产标准化基本规范》（AQ/T 9006—2010）的要求，加大安全生产标准化建设投入，积极组织开展岗位达标、专业达标和企业达标的建设活动，并持续巩固达标成果，实现全面达标、本质达标和动态达标。

4. **健全和完善基本制度**

（1）安全生产例会制度。建立班组班前会、周安全生产活动日，车间周安全生产调度会，企业月安全生产办公会、季安全生产形势分析会、年度安全生产工作会等例会制度，定期研究、分析、布置安全生产工作。

（2）安全生产例检制度。建立班组班前、班中、班后安全生产检查（即“一班三检”），重点对象和重点部位安全生产检查（即“点检”），作业区域安全生产巡查（即“巡检”），车间周安全生产检查、月安全生产大检查，企业月安全生产检查、季安全生产大检查、复工复产前安全生产大检查等例检制度，对各类检查的频次、重点、内容提出要求。

（3）岗位安全生产责任制。以企业负责人为重点，逐级建立企业管理人员、职能部门、车间班组、各工种的岗位安全生产责任制，明确企业各层级、各岗位的安全生产职责，形成涵盖全员、全过程、全方位的责任体系。

（4）领导干部和管理人员现场带班制度。企业主要负责人、领导班子成员和生产经营管理人员要认真执行现场带班的规定，认真制订本企业领导成员带班制度，立足现场安全管理，加强对重点部位、关键环节的检查巡视，及时发现和解决问题，并据实做好交接。

（5）安全技术操作规程。分专业、分工艺制定安全技术操作规程，并当生产条件发生变化时及时重新组织审查或修订。对实施作业许可证管理的动火作业、受限空间作业、爆破作业、临时用电作业、高空作业等危险性作业，要制定专项安全技术措施，并严格审批监督。企业员工应当熟知并严格执行安全技术操作规程。

（6）作业场所职业安全卫生健康管理制度。积极开展职业健康安全管理体系认证。依照国家有关法律法规及规章标准，完善现场职业安全健康设施、设备和手段。为员工配备合格的职业安全卫生健康防护用品，督促员工正确佩戴和使用，并对接触有毒有害物质的作业人员进行定期的健康检查。

（7）隐患排查治理制度。建立安全生产隐患全员排查、登记报告、分级治理、动态分析、整改销号制度。对排查出的隐患实施登记管理，按照分类分级治理原则，逐一落实整改方案、责任人员、整改资金、整改期限和应急预案。建立隐患整改评价制度，定期分析、评估隐患治理情况，不断完善隐患治理工作机制。建立隐患举报奖励制度，鼓励员工发现和举报事故隐患。

（8）安全生产责任考核制度。完善企业绩效工资制度，加大安全生产挂钩比重。建立以岗位安全绩效考核为重点，以落实岗位安全责任为主线，以杜绝岗位安全责任事故为目标的全员安全生产责任考核办法，加大安全生产责任在员工绩效工资、晋级、评先评优等考核中的权重，重大责任事项实行“一票否决”。

（9）高危行业（领域）员工风险抵押金制度。根据各行业（领域）特点，推广企业内部全员安全风险抵押金制度，加大奖惩兑现力度，充分调动全员安全生产的积极性和主动性。

（10）民主管理监督制度。企业安全生产基本条件、安全生产目标、重大隐患治理、安全生产投入、安全生产形势等情况应以适当方式向员工公开，接受员工监督。充分发挥班组安全管理监督作用。

保障工会依法组织员工参加本单位安全生产工作的民主管理和民主监督，维护员工安全生产的合法权益。

（11）安全生产承诺制度。企业就遵守安全生产法律法规、执行安全生产规章制度、保证安全生产投入、持续具备安全生产条件等签订安全生产承诺书，向企业员工及社会做出公开承诺，自觉接受监督。同时，员工就履行岗位安全责任向企业做出承诺。

各类企业均要建立以上基本制度，同时要依照国家有关法律法规及规章标准规定，结合本单位实际，建立健全适合本单位特点的安全生产规章制度。

5. 加大安全投入

（1）及时足额提取并切实管好用好安全费用。煤矿、非煤矿山、建筑施工、危险化学品、烟花爆竹、道路交通运输等高危行业（领域）企业必须落实提取安全费用税前列支政策。其他行业（领域）的企业要根据本地区有关政策规定提足用好安全费用。安全费用必须专项用于安全防护设备设施、应急救援器材装备、安全生产检查评价、事故隐患评估整改和监控、安全技能培训和应急演练等与安全生产直接相关的投入。

（2）确保安全设施投入。严格落实企业建设项目安全设施“三同时”制度，新建、改建、扩建工程项目的安全设施投资应纳入项目建设概算，安全设施与建设项目主体工程同时设计、同时施工、同时投入生产和使用。高危行业（领域）建设项目要依法进行安全评价。

（3）加大安全科技投入。坚持“科技兴安”战略。健全安全管理工作技术保障体系，强化企业技术管理机构的安全职能，按规定配备安全技术人员。切实落实企业负责人安全生产技术管理负责制，针对影响和制约本单位安全生产的技术问题开展科研攻关，鼓励员工进行技术革新，积极推广应用先进适用的新技术、新工艺、新装备和新材料，提高企业本质安全水平。

6. 加强安全教育培训

（1）强化企业人员素质培训。落实校企合作办学、对口单招、订单式培养等政策，大力培养企业专业技术人才。有条件的高危行业企业可通过兴办职业学校培养技术人才。结合本企业安全生产特点，制定员工教育培训计划和实施方案，针对不同岗位人员落实培训时间、培训内容、培训机构、培训费用，提高员工安全生产素质。

（2）加强安全技能培训。企业安全生产管理人员必须按规定接受培训并取得相应资格证书。加强新进人员岗前培训工作，新员工上岗前、转岗员工换岗前要进行岗位操作技能培训，保证其具有本岗位安全操作、应急处置等知识和技能。特种作业人员必须取得特种作业操作资格证书方可上岗。

（3）强化风险防范教育。企业要推进安全生产法律法规的宣传贯彻，做到安全宣传教育日常化。要及时分析和掌握安全生产工作的规律和特点，定期开展安全生产技术方法、事故案例及安全警示教育，普及安全生产基本知识和风险防范知识，提高员工安全风险辨析与防范能力。

（4）深入开展安全文化建设。注重企业安全文化在安全生产工作中的作用，把先进的安全文化融入企业管理思想、管理理念、管理模式和管理方法之中，努力建设安全诚信企业。

7. 加强重大危险源和重大隐患的监控预警

（1）实行重大隐患挂牌督办。企业应当实行重大隐患挂牌督办制度，并及时将重大隐患现状、可能造成的危害、消除隐患的治理方案报告企业所在地相关政府有关部门。对政府有关部门挂牌督办的重大隐患，企业应按要求报告治理进展、治理结果等情况，切实落实企业重大隐患整改责任。

（2）加强重大危险源监控。企业应建立重大危险源辨识登记、安全评估、报告备案、监控整改、应急救援等工作机制和管理办法。

设立重大危险源警示标志，并将本单位重大危险源及有关管理措施、应急预案等信息报告有关部门，并向相关单位、人员和周边群众公告。

（3）利用科学的方法加强预警预报。企业应定期进行安全生产风险分析，积极利用先进的技术和方法建立安全生产监测监控系统，进行有效的实时动态预警。遇重大危险源失控或重大安全隐患出现事故苗头时，应当立即预警预报，组织撤离人员、停止运行、加强监控，防止事故发生和事故损失扩大。

8. 加强应急管理，提高事故处置能力

（1）加强应急管理。要针对重大危险源和可能突发的生产安全事故，制定相应的应急组织、应急队伍、应急预案、应急资源、应急培训教育、应急演练、应急救援等方案和应急管理办法，并注重与社会应急组织体系相衔接。加强应急预案演练，及时分析查找应急预案及其执行中存在的问题并有针对性地予以修改完善，防止因撤离不及时或救援不适当造成事故扩大。

（2）提高应急救援保障能力。煤矿、非煤矿山和危险化学品企业，应当依法建立专职或兼职人员组成的应急救援队伍；不具备单独建立专业应急救援队伍的小型企业，除建立兼职应急救援队伍外，还应当与邻近建有专业救援队伍的企业或单位签订救援协议，或者联合建立专业应急救援队伍。根据应急救援需要储备一定数量的应急物资，为应急救援队伍配备必要的应急救援器材、设备和装备。

（3）做好事故报告和处置工作。事故发生后，要按照规定的报告时限、报告内容、报告方式、报告对象等要求，及时、完整、客观地报告事故，不得瞒报、漏报、谎报、迟报。发生事故的企业主要负责人必须坚守岗位，立即启动事故应急救援预案，采取措施组织抢救，防止事故扩大，减少人员伤亡和财产损失。

（4）严肃事故调查处理。企业要认真组织或配合事故调查，妥善处理事故善后工作。对于事故调查报告提出的防范措施和整改意见，要认真吸取教训，按要求及时整改，并把落实情况及时报告有关部门。

二、《特种设备安全法》要点

2013 年 6 月 29 日，第十二届全国人民代表大会常务委员会通过并公布《中华人民共和国特种设备安全法》（中华人民共和国主席令第四号），自 2014 年 1 月 1 日起施行。

《特种设备安全法》分为七章一百零一条，各章内容为：第一章总则，第二章生产、经营、使用，第三章检验、检测，第四章监督管理，第五章事故应急救援与调查处理，第六章法律责任，第七章附则。制定本法的目的是加强特种设备安全工作，预防特种设备事故，保障人身和财产安全，促进经济社会发展。

1. 总则中的有关规定

在第一章总则中，对相关事项作了规定。

第二条　特种设备的生产（包括设计、制造、安装、改造、修理）、经营、使用、检验、检测和特种设备安全的监督管理，适用本法。

本法所称特种设备，是指对人身和财产安全有较大危险性的锅炉、压力容器（含气瓶）、压力管道、电梯、起重机械、客运索道、大型游乐设施、场（厂）内专用机动车辆，以及法律、行政法规规定适用本法的其他特种设备。

第三条　特种设备安全工作应当坚持安全第一、预防为主、节能环保、综合治理的原则。

第四条　国家对特种设备的生产、经营、使用，实施分类的、全过程的安全监督管理。

第五条　国务院负责特种设备安全监督管理的部门对全国特种设备安全实施监督管理。县级以上地方各级人民政府负责特种设备安全监督管理的部门对本行政区域内特种设备安全实施监督管理。

第七条　特种设备生产、经营、使用单位应当遵守本法和其他有关法律、法规，建立、健全特种设备安全和节能责任制度，加强特种设备安全和节能管理，确保特种设备生产、经营、使用安全，符合节能要求。

第八条　特种设备生产、经营、使用、检验、检测应当遵守有关特种设备安全技术规范及相关标准。

第十条　国家支持有关特种设备安全的科学技术研究，鼓励先进技术和先进管理方法的推广应用，对做出突出贡献的单位和个人给予奖励。

第十一条　负责特种设备安全监督管理的部门应当加强特种设备安全宣传教育，普及特种设备安全知识，增强社会公众的特种设备安全意识。

第十二条　任何单位和个人有权向负责特种设备安全监督管理的部门和有关部门举报涉及特种设备安全的违法行为，接到举报的部门应当及时处理。

2. 有关特种设备生产、经营、使用的规定

在第二章生产、经营、使用中，对相关事项作了规定。

第十三条　特种设备生产、经营、使用单位及其主要负责人对其生产、经营、使用的特种设备安全负责。

特种设备生产、经营、使用单位应当按照国家有关规定配备特种设备安全管理人员、检测人员和作业人员，并对其进行必要的安全教育和技能培训。

第十四条　特种设备安全管理人员、检测人员和作业人员应当按照国家有关规定取得相应资格，方可从事相关工作。特种设备安全管理人员、检测人员和作业人员应当严格执行安全技术规范和管理制度，保证特种设备安全。

第十五条　特种设备生产、经营、使用单位对其生产、经营、使用的特种设备应当进行自行检测和维护保养，对国家规定实行检验的特种设备应当及时申报并接受检验。

第十七条　国家鼓励投保特种设备安全责任保险。

第十八条　国家按照分类监督管理的原则对特种设备生产实行许可制度。特种设备生产单位应当具备下列条件，并经负责特种设备安全监督管理的部门许可，方可从事生产活动：

（1）有与生产相适应的专业技术人员。

（2）有与生产相适应的设备、设施和工作场所。

（3）有健全的质量保证、安全管理和岗位责任等制度。

第十九条　特种设备生产单位应当保证特种设备生产符合安全技术规范及相关标准的要求，对其生产的特种设备的安全性能负责。不得生产不符合安全性能要求和能效指标以及国家明令淘汰的特种设备。

第二十条　锅炉、气瓶、氧舱、客运索道、大型游乐设施的设计文件，应当经负责特种设备安全监督管理的部门核准的检验机构鉴定，方可用于制造。

第二十一条　特种设备出厂时，应当随附安全技术规范要求的设计文件、产品质量合格证明、安装及使用维护保养说明、监督检验证明等相关技术资料和文件，并在特种设备显著位置设置产品铭牌、安全警示标志及其说明。

第二十二条　电梯的安装、改造、修理，必须由电梯制造单位或者其委托的依照本法取得相应许可的单位进行。电梯制造单位委托其他单位进行电梯安装、改造、修理的，应当对其安装、改造、修理进行安全指导和监控，并按照安全技术规范的要求进行校验和调试。电梯制造单位对电梯安全性能负责。

第二十三条　特种设备安装、改造、修理的施工单位应当在施工前将拟进行的特种设备安装、改造、修理情况书面告知直辖市或者设区的市级人民政府负责特种设备安全监督管理的部门。

第二十四条　特种设备安装、改造、修理竣工后，安装、改造、修理的施工单位应当在验收后三十日内将相关技术资料和文件移交特种设备使用单位。特种设备使用单位应当将其存入该特种设备的安全技术档案。

第二十五条　锅炉、压力容器、压力管道元件等特种设备的制造过程和锅炉、压力容器、压力管道、电梯、起重机械、客运索道、大型游乐设施的安装、改造、重大修理过程，应当经特种设备检验机构按照安全技术规范的要求进行监督检验；未经监督检验或者监督检验不合格的，不得出厂或者交付使用。

第二十七条　特种设备销售单位销售的特种设备，应当符合安全技术规范及相关标准的要求，其设计文件、产品质量合格证明、安装及使用维护保养说明、监督检验证明等相关技术资料和文件应当齐全。

特种设备销售单位应当建立特种设备检查验收和销售记录制度。

禁止销售未取得许可生产的特种设备，未经检验和检验不合格的特种设备，或者国家明令淘汰和已经报废的特种设备。

第二十八条　特种设备出租单位不得出租未取得许可生产的特种设备或者国家明令淘汰和已经报废的特种设备，以及未按照安全技术规范的要求进行维护保养和未经检验或者检验不合格的特种设备。

第二十九条　特种设备在出租期间的使用管理和维护保养义务由特种设备出租单位承担，法律另有规定或者当事人另有约定的除外。

第三十条　进口的特种设备应当符合我国安全技术规范的要求，并经检验合格；需要取得我国特种设备生产许可的，应当取得许可。

进口特种设备随附的技术资料和文件应当符合本法第二十一条的规定，其安装及使用维护保养说明、产品铭牌、安全警示标志及其说明应当采用中文。

第三十二条　特种设备使用单位应当使用取得许可生产并经检验合格的特种设备。禁止使用国家明令淘汰和已经报废的特种设备。

第三十三条　特种设备使用单位应当在特种设备投入使用前或者投入使用后三十日内，向负责特种设备安全监督管理的部门办理使用登记，取得使用登记证书。登记标志应当置于该特种设备的显著位置。

第三十四条　特种设备使用单位应当建立岗位责任、隐患治理、应急救援等安全管理制度，制定操作规程，保证特种设备安全运行。

第三十五条　特种设备使用单位应当建立特种设备安全技术档案。安全技术档案应当包括以下内容：

（1）特种设备的设计文件、产品质量合格证明、安装及使用维护保养说明、监督检验证明等相关技术资料和文件。

（2）特种设备的定期检验和定期自行检查记录。

（3）特种设备的日常使用状况记录。

(4) 特种设备及其附属仪器仪表的维护保养记录。

(5) 特种设备的运行故障和事故记录。

第三十六条 电梯、客运索道、大型游乐设施等为公众提供服务的特种设备的运营使用单位，应当对特种设备的使用安全负责，设置特种设备安全管理机构或者配备专职的特种设备安全管理人员；其他特种设备使用单位，应当根据情况设置特种设备安全管理机构或者配备专职、兼职的特种设备安全管理人员。

第三十七条 特种设备的使用应当具有规定的安全距离、安全防护措施。

与特种设备安全相关的建筑物、附属设施，应当符合有关法律、行政法规的规定。

第三十八条 特种设备属于共有的，共有人可以委托物业服务单位或者其他管理人管理特种设备，受托人履行本法规定的特种设备使用单位的义务，承担相应责任。共有人未委托的，由共有人或者实际管理人履行管理义务，承担相应责任。

第三十九条 特种设备使用单位应当对其使用的特种设备进行经常性维护保养和定期自行检查，并作出记录。

特种设备使用单位应当对其使用的特种设备的安全附件、安全保护装置进行定期校验、检修，并作出记录。

第四十条 特种设备使用单位应当按照安全技术规范的要求，在检验合格有效期届满前一个月向特种设备检验机构提出定期检验要求。

特种设备检验机构接到定期检验要求后，应当按照安全技术规范的要求及时进行安全性能检验。特种设备使用单位应当将定期检验标志置于该特种设备的显著位置。

未经定期检验或者检验不合格的特种设备，不得继续使用。

第四十一条 特种设备安全管理人员应当对特种设备使用状况进行经常性检查，发现问题应当立即处理；情况紧急时，可以决定停止使用特种设备并及时报告本单位有关负责人。

特种设备作业人员在作业过程中发现事故隐患或者其他不安全因素，应当立即向特种设备安全管理人员和单位有关负责人报告；特种设备运行不正常时，特种设备作业人员应当按照操作规程采取有效措施保证安全。

第四十二条 特种设备出现故障或者发生异常情况，特种设备使用单位应当对其进行全面检查，消除事故隐患，方可继续使用。

第四十四条 锅炉使用单位应当按照安全技术规范的要求进行锅炉水（介）质处理，并接受特种设备检验机构的定期检验。

第四十五条 电梯的维护保养应当由电梯制造单位或者依照本法取得许可的安装、改造、修理单位进行。

电梯的维护保养单位应当在维护保养中严格执行安全技术规范的要求，保证其维护保养的电梯的安全性能，并负责落实现场安全防护措施，保证施工安全。

电梯的维护保养单位应当对其维护保养的电梯的安全性能负责；接到故障通知后，应当立即赶赴现场，并采取必要的应急救援措施。

第四十六条　电梯投入使用后，电梯制造单位应当对其制造的电梯的安全运行情况进行跟踪调查和了解，对电梯的维护保养单位或者使用单位在维护保养和安全运行方面存在的问题，提出改进建议，并提供必要的技术帮助；发现电梯存在严重事故隐患时，应当及时告知电梯使用单位，并向负责特种设备安全监督管理的部门报告。电梯制造单位对调查和了解的情况，应当作出记录。

第四十七条　特种设备进行改造、修理，按照规定需要变更使用登记的，应当办理变更登记，方可继续使用。

第四十八条　特种设备存在严重事故隐患，无改造、修理价值，或者达到安全技术规范规定的其他报废条件的，特种设备使用单位应当依法履行报废义务，采取必要措施消除该特种设备的使用功能，并向原登记的负责特种设备安全监督管理的部门办理使用登记证书注销手续。

第四十九条　移动式压力容器、气瓶充装单位，应当具备下列条件，并经负责特种设备安全监督管理的部门许可，方可从事充装活动：

（1）有与充装和管理相适应的管理人员和技术人员。

（2）有与充装和管理相适应的充装设备、检测手段、场地厂房、器具、安全设施。

（3）有健全的充装管理制度、责任制度、处理措施。

充装单位应当建立充装前后的检查、记录制度，禁止对不符合安全技术规范要求的移动式压力容器和气瓶进行充装。

气瓶充装单位应当向气体使用者提供符合安全技术规范要求的气瓶，对气体使用者进行气瓶安全使用指导，并按照安全技术规范的要求办理气瓶使用登记，及时申报定期检验。

3. 有关特种设备检验、检测的规定

在第三章检验、检测中，对相关事项作了规定。

第五十条　从事本法规定的监督检验、定期检验的特种设备检验机构，以及为特种设备生产、经营、使用提供检测服务的特种设备检测机构，应当具备下列条件，并经负责特种设备安全监督管理的部门核准，方可从事检验、检测工作：

（1）有与检验、检测工作相适应的检验、检测人员。

（2）有与检验、检测工作相适应的检验、检测仪器和设备。

（3）有健全的检验、检测管理制度和责任制度。

第五十一条　特种设备检验、检测机构的检验、检测人员应当经考核，取得检验、检测人员资格，方可从事检验、检测工作。

特种设备检验、检测机构的检验、检测人员不得同时在两个以上检验、检测机构中执业；变更执业机构的，应当依法办理变更手续。

第五十二条　特种设备检验、检测工作应当遵守法律、行政法规的规定，并按照安全技术规范的要求进行。

特种设备检验、检测机构及其检验、检测人员应当依法为特种设备生产、经营、使用单位提供安全、可靠、便捷、诚信的检验、检测服务。

第五十三条　特种设备检验、检测机构及其检验、检测人员应当客观、公正、及时地出具检验、检测报告，并对检验、检测结果和鉴定结论负责。

特种设备检验、检测机构及其检验、检测人员在检验、检测中发现特种设备存在严重事故隐患时，应当及时告知相关单位，并立即向负责特种设备安全监督管理的部门报告。

负责特种设备安全监督管理的部门应当组织对特种设备检验、检测机构的检验、检测结果和鉴定结论进行监督抽查，但应当防止重复抽查。监督抽查结果应当向社会公布。

第五十四条　特种设备生产、经营、使用单位应当按照安全技术规范的要求向特种设备检验、检测机构及其检验、检测人员提供特种设备相关资料和必要的检验、检测条件，并对资料的真实性负责。

第五十五条　特种设备检验、检测机构及其检验、检测人员对检验、检测过程中知悉的商业秘密，负有保密义务。

三、《中央企业安全生产监督管理暂行办法》要点

2008 年 8 月 18 日，国务院国有资产监督管理委员会公布《中央企业安全生产监督管理暂行办法》（国有资产监督管理委员会令第 21 号）（以下简称《暂行办法》），自 2008 年 9 月 1 日起施行。本办法分为六章四十三条，各章内容为：第一章总则，第二章安全生产工作责任，第三章安全生产工作基本要求，第四章安全生产工作报告制度，第五章安全生产监督管理与奖惩，第六章附则。为履行国有资产出资人安全生产监管职责，督促中央企业全面落实安全生产主体责任，建立安全生产长效机制，防止和减少生产安全事故，保障中央企业职工和人民群众生命财产安全，维护国有资产的保值增值，根据《中华人民共和国安全生产法》（以下简称《安全生产法》）《企业国有资产监督管理暂行条例》《国务院办公厅关于加强中央企业安全生产工作的通知》（国办发〔2004〕52 号）等有关法律法规和规定，制定本办法。

本办法所称中央企业，是指国务院国有资产监督管理委员会（以下简称国资委）根据国务院授权履行出资人职责的国有及国有控股企业。

国资委对中央企业安全生产实行分类监督管理。中央企业依据国资委核定的主营业务和安全生产的风险程度分为以下三类：

第一类：主业从事煤炭及非煤矿山开采、建筑施工、危险物品的生产经营储运使用、交通运输的企业。

第二类：主业从事冶金、机械、电子、电力、建材、医药、纺织、仓储、旅游、通信

的企业。

第三类：除上述第一、二类企业以外的企业。

企业分类实行动态管理，可以根据主营业务内容的变化进行调整。

1. 对安全生产工作责任的有关规定

《暂行办法》规定：中央企业是安全生产的责任主体，必须贯彻落实国家安全生产方针政策及有关法律法规、标准，按照“统一领导、落实责任、分级管理、分类指导、全员参与”的原则，逐级建立健全安全生产责任制。安全生产责任制应当覆盖本企业全体职工和岗位、全部生产经营和管理过程。

（1）中央企业主要负责人是本企业安全生产的第一责任人，对本企业安全生产工作负总责，应当全面履行《安全生产法》规定的以下职责：

1）建立健全本企业安全生产责任制。

2）组织制定本企业安全生产规章制度和操作规程。

3）保证本企业安全生产投入的有效实施。

4）督促、检查本企业的安全生产工作，及时消除生产安全事故隐患。

5）组织制定并实施本企业的生产安全事故应急救援预案。

6）及时、如实报告生产安全事故。

（2）中央企业必须建立健全安全生产的组织机构，包括：

1）安全生产工作的领导机构——安全生产委员会（以下简称安委会），负责统一领导本企业的安全生产工作，研究决策企业安全生产的重大问题。安委会主任应当由企业安全生产第一责任人担任。安委会应当建立工作制度和例会制度。

2）与企业生产经营相适应的安全生产监督管理机构。

第一类企业应当设置负责安全生产监督管理工作的独立职能部门。

第二类企业应当在有关职能部门中设置负责安全生产监督管理工作的内部专业机构；安全生产任务较重的企业应当设置负责安全生产监督管理工作的独立职能部门。

第三类企业应当明确有关职能部门负责安全生产监督管理工作，配备专职安全生产监督管理人员；安全生产任务较重的企业应当在有关职能部门中设置负责安全生产监督管理工作的内部专业机构。

安全生产监督管理职能部门或者负责安全生产监督管理工作的职能部门是企业安全生产工作的综合管理部门，对其他职能部门的安全生产管理工作进行综合协调和监督。

中央企业应当明确各职能部门的具体安全生产管理职责；各职能部门应当将安全生产管理职责具体分解到相应岗位。

2. 对安全生产工作基本要求的有关规定

《暂行办法》规定：中央企业应当建立健全安全生产管理体系，积极推行和应用国内外先进的安全生产管理方法、体系等，实现安全生产管理的规范化、标准化、科学化、现代化。中央企业安全生产管理体系应当包括组织体系、制度体系、责任体系、风险控制体系、教育体系、监督保证体系等。中央企业应当加强安全生产管理体系的运行控制，强化岗位培训、过程督查、总结反馈、持续改进等管理过程，确保体系的有效运行。

中央企业应当结合行业特点和企业实际，建立职业健康安全管理体系，消除或者减少职工的职业健康安全风险，保障职工职业健康。

中央企业应当建立健全企业安全生产应急管理体系，包括预案体系、组织体系、运行机制、支持保障体系等。加强应急预案的编制、评审、培训、演练和应急救援队伍的建设工作，落实应急物资与装备，提高企业有效应对各类生产安全事故灾难的应急管理能力。

中央企业应当加强安全生产风险辨识和评估工作，制定重大危险源的监控措施和管理方案，确保重大危险源始终处于受控状态。

中央企业应当建立健全生产安全事故隐患排查和治理工作制度，规范各级生产安全事故隐患排查的频次、控制管理原则、分级管理模式、分级管理内容等。对排查出的隐患要落实专项治理经费和专职负责人，按时完成整改。

中央企业应当严格遵守新建、改建、扩建工程项目安全设施与主体工程同时设计、同时施工、同时投入生产和使用的有关规定。

中央企业应当严格按照国家和行业的有关规定，足额提取安全生产费用。国家和行业没有明确规定安全生产费用提取比例的中央企业，应当根据企业实际和可持续发展的需要，提取足够的安全生产费用。安全生产费用应当专户核算并编制使用计划，明确费用投入的项目内容、额度、完成期限、责任部门和责任人等，确保安全生产费用投入的落实，并将落实情况随年度业绩考核总结分析报告同时报送国资委。

中央企业应当建立健全安全生产的教育和培训制度，严格落实企业负责人、安全生产监督管理人员、特种作业人员的持证上岗制度和培训考核制度；严格落实从业人员的安全生产教育培训制度。

中央企业应当建立安全生产考核和奖惩机制。严格安全生产业绩考核，加大安全生产奖励力度，严肃查处每起责任事故，严格追究事故责任人的责任。

3. 对安全生产工作报告制度的有关规定

《暂行办法》规定：中央企业发生生产安全事故或者因生产安全事故引发突发事件后，应当按以下要求报告国资委：

（1）境内发生较大及以上生产安全事故，中央企业应当编制生产安全事故快报，按本办法规定的报告流程迅速报告。事故现场负责人应当立即向本单位负责人报告，单位负责人接到报告后，应当于 1 小时[①]内向上一级单位负责人报告；以后逐级报告至国资委，且每级时间间隔不得超过 2 小时。

---

① 此处为法条原文，故不改国际单位。

（2）境内由于生产安全事故引发的特别重大、重大突发公共事件，中央企业接到报告后应当立即向国资委报告。

（3）境外发生生产安全死亡事故，中央企业接到报告后应当立即向国资委报告。

（4）在中央企业管理的区域内发生生产安全事故，中央企业作为业主、总承包商或者分包商应当按规定要求报告。

中央企业应当将安全生产方面的重要活动、重要会议、重大举措和成果、重大问题等重要信息和重要事项，及时报告国资委。

4. 对安全生产监督管理与奖惩的有关规定

《暂行办法》规定：国资委参与中央企业特别重大生产安全事故的调查，并根据事故调查报告及国务院批复负责落实或者监督对事故有关责任单位和责任人的处理。

国资委根据中央企业考核期内发生的生产安全责任事故认定情况，对中央企业负责人经营业绩考核结果进行下列降级或者降分处理：

（1）中央企业负责人年度经营业绩考核期内发生特别重大责任事故并负主要责任的或者发生瞒报事故的，对该中央企业负责人的年度经营业绩考核结果予以降级处理。

（2）中央企业负责人年度经营业绩考核期内发生较大责任事故或者重大责任事故起数达到降级起数的，对该中央企业负责人的年度经营业绩考核结果予以降级处理。

（3）中央企业负责人年度经营业绩考核期内发生较大责任事故和重大责任事故但不够降级标准的，对该中央企业负责人的年度经营业绩考核结果予以降分处理。

（4）中央企业负责人任期经营业绩考核期内连续发生瞒报事故或者发生两起以上特别重大责任事故，对该中央企业负责人的任期经营业绩考核结果予以降级处理。

国资委对年度安全生产相对指标达到国内同行业最好水平或者达到国际先进水平的中央企业予以表彰。国资委对认真贯彻执行本办法，安全生产工作成绩突出的个人和集体予以表彰奖励。

第二节　机械制造企业安全管理要求与技术措施

机械加工生产企业常见事故的主要因素包括：作业人员或其他人员的不安全行为，机械设备存在的不安全状态，生产及作业环境的不安全条件，即人、物、环境三个要素。这三个要素构成了生产中的危险因素（事故隐患），事故的发生可以看作对这三个要素的失控。对这三个要素的控制是企业安全管理的主要任务，需要在安全管理、技术措施、人员培训几个方面将人、物、环境这三个要素控制住。

一、金属切削加工的形式、种类与危险因素

金属切削加工是指利用刀具和工件做相对运动，从毛坯上切去多余的金属，以获得所需要的几何形状、尺寸、精度和表面质量的零件，这种加工方法称为金属切削加工，又称冷加工。

1. 金属切削加工的形式

金属切削加工的形式很多，一般可分为钳加工和机械加工两大部分。钳加工一般是指通过工人手持工具对工件进行切削加工，其主要内容有划线、錾削、锯割、锉削、刮削、研磨、钻孔、扩孔、攻螺纹、套螺纹、机械装配和修理等；机械加工是指通过工人操纵机床进行切削加工，其主要加工方法有车削、钻削、镗削、磨削、铣削等。

金属切削加工的特点是使用的装夹工具和被切削的工件或刀具间不但有相对运动，而且速度高，危险性大，如果机械设备防护不好，或者操作者不注意遵守操作规程，很容易发生人身伤害事故。

2. 金属切削机床的种类

金属切削机床是用切削方法将金属毛坯加工成为零件的一种机器，称为“工作母机”，人们习惯上称为机床。由于金属切削机床在工业中起着工作母机的作用，因此在工业生产中应用范围非常广泛。机械工业既是设备制造业，也是国民经济的基础产业之一，在我国具有重要的地位。

金属切削机床在结构上有着共同特点：都是在机座（床身和机架）上装有支撑和传动工件或刀具的部件，将被加工工件和刀具夹牢并带动工件和刀具做相对运动。刀具和工件的相对运动称为切削运动。

切削运动包括主运动和进给运动。主运动是切削最基本的运动，主运动形式有旋转运动和直线运动两种（由工件或刀具进行）。以旋转运动为主运动的机床有车床、钻床、镗床、铣床、磨床等；以直线运动为主运动的机床有刨床、插床和拉床等。进给运动是使切削连续进行下去，从而加工出完整表面所需的运动。主运动和进给运动相配合就可以加工出零件的表面。

机床的种类很多，机床的分类方法也很多，通常根据加工方式和使用刀具的不同，金属切削机床可分为车床、钻床、镗床、刨床、拉床、磨床、铣床、齿轮加工机床、螺纹加工机床、刨插床和其他机床共 11 个大类。

3. 金属切削加工中机床设备的危险因素

金属切削加工是利用切削刀具和工件做相对运动，从毛坯（铸件、锻件、型材等）上切除多余的金属层，以获得尺寸、形状和位置精度及表面质量符合图样要求的机械零件，其过程将产生大量切屑。切屑可能对操作者造成伤害，如崩碎切屑可能迸溅伤人；带状切屑连绵不断地缠在工件上，会造成伤人事故及损坏已加工表面。因此要求采取断屑措施，

如在刀具前面上磨断屑槽或加上挡板。

金属切削主要的危险源包括：机器传动部件外露时，无可靠有效的防护装置；机床执行部件，如工具、夹具脱落、松动，砂轮的缺陷及各类限位与联锁装置或操作手柄不可靠；机床的电气部件设置得不规范或出现故障；机床操作过程中的违章作业；工具、夹具、刀具放置不当；加工超长料时伸出机床尾端的危险件等。

机床设备的危险因素主要有以下几点：

(1) 静止状态的危险因素。包括切削刀具的切削刃；特别凸出的一些机械部分，如卧式铣床立柱后方凸出的悬梁。

(2) 直线运动的危险因素。包括纵向运动部分，如外圆磨床往复运动的工作台；横向运动部分，如升降台铣床的工作台；直线运动的刀具，如带锯床的带锯条。

(3) 回转运动的危险因素。包括单纯回转运动部分，如齿轮、轴、车削的工件；回转运动的凸起部分，如手轮的手柄；回转运动的刀具，如各种铣刀、圆锯片等。

(4) 组合运动危险因素。包括直线运动与回转运动的组合，如传动带与带轮、齿条与齿轮；回转运动与回转运动的组合，如相互啮合的齿轮。

(5) 飞出物引发的击伤危险。飞出的刀具、工件或切屑都具有很大的动能，容易对人体造成伤害。

此外，在金属切削加工过程中，工作区域空气含尘量和有害气体含量过高、噪声和振动超标、存在着直射眩光和反射眩光等，也会对人体造成伤害。

4. 金属切削加工中的人员操作危险因素

在机床上对金属、塑料和其他材料制成的毛坯进行切削加工时，如果操作人员违反安全操作规程，就有可能导致事故的发生。例如，未戴防护帽而使长发卷入丝杠；未穿工作服使领带或过于宽松的衣袖卷入机械转动部分；戴手套作业被旋转的钻头或切屑将手一起卷入危险部位；在机床运转时，用手调整机床或测量工件，把手肘支撑在机床上，用手触摸机床的旋转部分。从大量事故案例来看，操作人员违反安全操作规程而发生的事故是事故发生的主要因素。

在金属切削加工过程中常发生的伤害事故主要有以下几种：

(1) 刺割伤。操作人员使用的较为锋利的工具刃口，如金工车间里的切屑及正在工作着的车刀、铣刀、刨刀、钻头、圆盘锯等，都如同快刀一样，能对人体未加防护的部位造成伤害。

(2) 物体打击。高空落物及工件或砂轮高速旋转时沿切线方向飞出的碎片，往复运动的冲床、剪床等，都可导致人员受到伤害。

(3) 绞伤。旋转的传动带、齿轮及正在工作的转轴都可导致绞伤。

(4) 烫伤。随着加工切削下来的高温切屑迸溅到人体的暴露部位上导致人员烫伤。

造成以上几种伤害事故的原因可归纳为以下几个方面：一是人的不安全行为：工作时

操作人员注意力不集中或思想过于紧张，操作人员对机床结构及所加工工件性能缺乏了解，操作不熟练及操作时不遵守安全操作规程，不正确使用个人防护用品和设备的安全防护装置。二是设备的不安全状态：机床设计和制造存在着缺陷，机床部件、附件和安全防护装置的功能退化等，机床的这些不安全状态均能导致伤害事故。三是环境的不安全因素：如工作场地照明不良、温度或湿度不适宜、噪声过高、设备布局不合理、备件摆放凌乱等都容易造成事故。

二、金属切削机床安全技术与安全要求

金属切削加工过程中，即人员操作金属切削机床作业的过程中，存在对人体造成伤害的各种危险因素，包括各种机床的运动部分、运动着的工件、被加工材料的切屑、刀具的碎片、被加工工件和刀具表面的高温、可能通过人体发生短路的高压电等。企业在安全生产管理中，要采取积极的事故防范措施，制定完善的设备安全管理制度和安全操作规程并严格执行，从而预防各类事故的发生。

1. 车床安全技术措施

车床是金属切削加工中应用最广泛的一类机床，在一般机加工车间，车床约占机床总数的50%。车床是以主轴带动工件旋转作为主运动，刀架带动刀具移动作为进给运动来完成工件与刀具之间相对运动的机床。根据车床主轴回转中心线的状态不同，车床分为卧式车床与立式车床两大类。

(1) 车削加工不安全因素。车削加工最不安全的因素是切屑的飞溅、车床的附件及工件造成的伤害。例如，工件、手用工具及夹具、量具放置不当（如卡盘扳手插在卡盘孔内），易造成扳手飞落、工件弹落等伤人事故；开始工作前，工件及装夹附件没有夹紧，则易造成工件飞出伤人事故；车床周围布局不合理、卫生条件不好、切屑堆放不当等，也易造成事故；车床保险装置失灵，缺乏定期检修和维护等，也会造成由于机床事故而引发的伤害。此外，不安全行为引起的危险，由于操作人员违反安全操作规程，如车床运转过程中测量工件、用砂布打磨工件毛刺或用手清除切屑等，都易造成手与运动部件相撞。

(2) 车削加工防护措施。为保证车削加工中的安全，可采取以下防护措施：

1) 为防止崩碎切屑对操作者造成伤害，应在车床上安装活动式透明防护挡板；另外，借助气流或切削液对切屑进行冲洗，也可改变切屑的射出方向。

2) 为防止车削加工时暴露在外的旋转部分，例如，装夹工件的拨盘、卡盘、鸡心夹头等附件旋转时，其凸出部分会钩住操作者的衣服或将手卷入转动部分造成伤害事故，应使用防护罩式安全装置将危险部位罩住，如采用安全拨盘等。

3) 车床运转中用手清除切屑、测量工件或用砂布打磨工件毛刺时，极易造成手与运动部件相撞；工件及装夹附件没有夹紧就开机工作，易使工件等飞出伤人；机床局部照明不足或灯光刺眼，不利于操作者观测，而产生误操作，导致伤害事故；车床技术状态不好、

缺乏定期检修、保险装置失灵等将会造成因机床事故而引起的伤害事故。对以上不安全因素，均应采取相应的安全防护措施。

2. 钻床安全技术措施

钻床是孔加工的主要机床，主要用于钻孔、扩孔、铰孔及攻螺纹。在车床上钻孔时，工件旋转，刀具做进给运动；而在钻床上加工时，工件不动，刀具做旋转运动，同时沿轴向移动做进给运动。主要类型有台式钻床、立式钻床、摇臂钻床、深孔钻床及其他钻床等。

（1）钻削加工不安全因素。在钻床上加工工件时，主要危险来自于旋转的主轴、钻头、钻夹头及随钻头一起旋转的长螺旋形切屑。旋转的钻头、钻夹头及切屑易卷住操作者的衣服、手套和头发；若工件装夹不牢，在切削力作用下工件松动、歪斜，甚至随钻头一起旋转而伤人；切削中用手清除切屑、用手触摸钻头和主轴等而造成伤害事故；卸下钻头时用力过猛、过大，钻头落下砸伤脚；机床技术状态不佳、照明不足、制动失灵等都是造成伤害事故的原因。

（2）钻削加工防护措施。为保证钻削加工中的安全，可采取以下防护措施：

1）在转动的主轴、钻头四周设置圆形可伸缩式防护网。

2）各运动部件应设置性能可靠的锁紧装置，台式钻床的中间工作台、立式钻床的回转工作台、摇臂钻床的摇臂及主轴箱等钻孔前都应当锁紧。

3）使用摇臂钻床时，在横臂回转范围内不准站人，不准堆放障碍物；钻孔前横臂必须紧固。

4）钻深孔时要经常抬起钻头排屑，以防止钻头被切屑挤死而折断；工作结束时，应将横臂降到最低位置，主轴箱靠近立柱，以防伤人。

3. 磨床安全技术措施

磨床是以磨具（如砂轮、油石、研磨料等）为工具对工件进行精密切削加工的机床。磨削加工的应用范围很广，它能完成外圆、内孔、平面及齿轮、螺纹等成形表面的精加工，磨床可分为万能外圆磨床、普通外圆磨床、内圆磨床、平面磨床、工具磨床和专用磨床等。

（1）磨削加工不安全因素。在磨削加工时，旋转砂轮的破碎及电磁吸盘上工件的窜动、飞出是造成伤害事故的主要原因。由于砂轮自身缺陷、型号选用不当、砂轮平衡不好、安装不当、磨削用量选择及操作不当等原因均可发生砂轮破碎而使人致伤事故；在砂轮运转时，调整机床、紧固工件或测量工件时，可能与高速旋转的砂轮或磨床的其他运动部件相接触而造成伤害事故；工件装夹不牢或电磁吸盘失灵等原因造成工件飞出伤人。

（2）磨削加工防护措施。为保证磨削加工中的安全，可采取以下防护措施：

1）砂轮破碎导致碎片高速飞出伤人，后果严重，构成磨削事故的主要危险源，故应设置具有足够张度、开口角度合理（最大不超过150°）的砂轮防护罩，罩内最好敷设缓冲材料，以防止碎块二次弹射伤人。

2）在电磁吸盘上装键、薄臂环、垫圈等小尺寸的工件时，四周应加长条形挡铁围栏，以防止因磁力小，工件在磨削力作用下叠加挤碎砂轮或工件飞出伤人。

3）磨削加工时，由于砂轮不断磨损和修整，会产生大量粉尘，且粒径在 5 μm 以下的尘粒达 80%～90%，所以应设吸尘装置，以减小粉尘的污染和对操作人员的危害。

4）磨削加工会产生较大的噪声，特别是磨削金属薄板时，噪声可达 100 dB（A）。可通过选用低噪声的油泵和降低油泵电动机的转速，使用低噪声的溢流阀及浸油型电磁阀等措施降低噪声。

4. 铣床安全技术措施

铣床是以做旋转运动的多刃刀具对做直线运动的金属工件进行铣削加工的机床。通常铣削的主运动是铣刀的旋转运动。铣床可用来加工水平面、台阶面、沟槽及各种成形面，其生产率比刨床高。铣床的主要类型有卧式铣床、立式铣床、龙门铣床等。

（1）铣削加工不安全因素。高速旋转的铣刀和铣削中产生的振动及飞屑是主要的不安全因素。铣床运转时，用手清除切屑，调整切削液，测量工件等，均可能使手触到旋转的刀具；操作人员操作时没有带护目镜，被飞溅的切屑伤眼，或手套、衣服袖口被旋转的刀具卷进去；工件装夹不牢，铣削中松动，用手去调整或紧固工件，工件在铣削中飞出；在快速自动进给时，手轮离合器没有打开，造成手轮飞转打人。

（2）铣削加工防护措施。为保证铣削加工中的安全，可采取以下防护措施：

1）为防止铣刀伤手事故的发生，可在旋转的铣刀上安装防护罩。防护罩可采用活动式的，当铣刀工作时，防护罩在弹簧的作用下向上升起；当结束铣削时，防护罩下降，遮住铣刀。这样就可以在不停车的情况下安全地装卸零件和测量工件。

2）铣削为多刃切削，所以将引起铣床的振动，产生噪声；另外，铣削时切削力变化强烈，致使主轴和刀杆产生扭转振动，造成主轴箱中齿轮受到反复变化的冲击载荷作用，产生振动和噪声。当振动传到铣刀切削刃时，将会产生崩刃现象。为减小铣床的振动，多数铣床的主轴都装有飞轮。对卧式铣床，可在铣床悬梁上采用防振装置。在悬梁的空腔内充满与黏稠油混合在一起的大小不同的钢球。当铣削引起振动时，黏稠油快速流过刚体之间的缝隙，便产生了与振动方向相反的黏滞阻力，因而起到很好的吸振作用。

3）高速铣削时，在切屑飞出的方向必须安装合适的防护网或防护板，以防止飞屑烫人事故。另外，操作者作业时要戴防护眼镜，铣削铸铁零件时要戴口罩。

5. 刨床安全技术措施

刨床是在刀具与金属工件的相对直线往复运动中实现刨削加工的机床，用于加工各种平面和沟槽。主要类型有牛头刨床、龙门刨床等。

（1）刨削加工不安全因素。刨削加工时，刨床上做往复直线运动的部件（如牛头刨床的滑枕、龙门刨床的工作台等）发生飞车；工件未固定牢而移动，甚至滑出；飞出的切屑等均是主要的不安全因素。另外，在刨床运转中，装拆工件、调整刀具、检测工件或操作时站在牛头刨床的正前方等，均容易被刀具、滑枕撞击。

（2）刨削加工防护措施。为保证刨削加工中的安全，可采取以下防护措施：

1）为防止高速切削时刨床工作台飞出造成伤害，应设置限位开关、液压缓冲器或刀具切削缓冲器。

2）横梁、工作台位置要调整好，以防开车后工件与滑轨或横梁相撞。

3）工件、刀具和夹具装夹要牢靠，以防切削中工件移动甚至滑出以及刀具损坏或折断，造成设备或人身事故。

4）机床运转中不允许装卸工件、调整刀具、检测工件，以防止被刀具、滑枕撞击。

5）牛头刨床工作台或龙门刨床刀架快速移动时，应将手柄取下或脱开离合器，以免手柄快速转动或飞出伤人。

6）在龙门刨床上设置固定式或可调式防护栏杆，以防止工作台撞击操作者或将操作者压向墙壁或其他固定物。

7）装卸大型工件时应尽量使用起重设备，工件吊起后不要站在工件下面，以防止意外事故的发生。

三、机械制造企业生产现场的安全管理措施

企业生产现场是指从事产品制造、装配、试验和提供生产服务的场所，即操作者通过使用工具，作用于生产对象，完成一定生产任务的场所。生产现场也是事故隐患产生的场所。生产现场安全管理就是运用科学的理论、方法和手段，对生产现场的人（操作者）、机（机械设备）、料（物料）、法（操作法）、环（环境）等因素进行合理配置，通过控制和消除物的不安全状态与人的不安全行为，保证现场按预定的目标实现安全生产。

现场管理是企业管理的重要内容，是企业安全生产工作的中心环节，必须认真做好现场的安全管理工作，避免和减少各类事故的发生。为了做好现场安全管理工作，天津长芦海晶集团公司一直把现场安全管理工作摆在首位，并从实际出发，积极学习和引进先进的管理经验，逐渐形成了一套比较系统的现场安全管理方法，概括为“一岗、二法、三防护、四文明”管理方法，经过多年的实际应用取得了较好的效果。

1. “一岗”

“一岗”即岗位责任制，包括以下六个方面的内容：

（1）岗位职责。生产岗位上的原材料、机器设备、防护装置、工具用品、环保设施、技术操作、安全检查、卫生整理、设备维护等管理责任一一落实到人，做到事事有人管，人人有专责。

（2）交接班制。生产进度、设备工具、原材料、安全状况、卫生清扫、领导交办事项等都要对口交接，各种记录、账卡齐全，记录完整、准确、清楚。交接班必须正规、严肃、认真，做到嘴说到、耳听到、眼看到，交接双方确认后签字。

（3）岗位检查制。建立安全自检、互检和专检制度，严格执行班组安全管理标准，岗

位自检由操作人员负责，班组安全控制点由班组长和安全员负责，车间安全控制点由车间安全员和车间领导负责。检查项目、标准、时间、路线、记录、签字都要规范化、制度化、标准化，对重大事故隐患要详细记录并及时报告。特别是对安全控制点即危险源，依其危险程度，要分层次按专业进行有效管理。

（4）复检制。即对重要和危险的操作，如配料、称重、投料、重要阀门启闭、特种作业的操作要点等，都应由班组安全员进行复检，确认无误后方可操作，这样可以提高操作的准确性和安全性，避免人的失误。

（5）岗位制度系统化。一般包括“岗位安全通则”“生产区域禁止行为”“防护用品穿戴与使用规定”“急救药品、器材的配备规定”“安全防护装置管理”和“环境卫生标准”等内容。

（6）原始记录规范化。原始记录包括操作技术记录、交接班记录、班组安全活动记录及有关账卡的登记等。原始记录是生产写实和事故写实，所以，要求所有原始记录都应当用规范的格式和标准化的用语及时、清楚、准确地填写。

2. **“二法”**

“二法”是指岗位安全操作法（即安全技术操作规程）及设备使用、维护、保养法。这两法是企业管理者要求操作人员正确使用和养护机械设备、规范地进行生产活动的重要法规。制定“二法”时，要把安全操作和工艺技术操作有机地结合起来，其目的在于确保安全生产的正常进行，为此，应当抓好以下两项工作：

（1）认真做好“二法”的学习和培训。每个工人都要熟练掌握本岗位的安全操作规范及设备使用、维护、保养方法，特别是危险作业岗位，要严格进行笔试和实际操作考核，合格者发给操作证后方可上岗。经常性地进行岗位操作和安全技术练兵活动，提高操作技能和预防事故的能力。

（2）积极开展岗位操作标准化、规范化的研究并大力推广。开展群众性的岗位操作标准化、规范化研究是一项非常有意义的工作，是预防事故的有效方法。有了合理的标准程序和规范化操作，并反复进行训练和学习，就可以消除习惯性违章现象，消除工艺规程中的不安全因素，从而进一步为安全生产提供保障。

3. **“三防护”**

“三防护”是指在生产过程中的自我防护、设备防护和环境防护。

（1）自我防护。在工艺设备的本质安全性较差的情况下，强调操作者加强自我防护有很重要的现实意义。自我防护包括两个方面的内容，一是做好安全教育和安全培训，提高操作人员的安全素质，增强自我保护意识；二是合理配备并按规定使用好防护用品和用具，做好自我防护。

（2）设备防护。机械设备是生产现场的基本组成部分和完成生产计划的主要工具，也是引发工伤事故的重要因素之一。以引发事故的能量形态论，大致分为机械能、化学能、电能、热能和放射能五类。为此，应从这五个方面采取防护措施。

1）机械能伤害防护措施。引起机械能伤害的原因有很多种，为预防机械能伤害常采取的措施包括：安装防护栏和安全罩，使操作者和运动危险部件隔离；采用双手操作按钮或联锁按钮自动送料装置、急停按钮；安装危险预先自动报警装置或实施远距离操纵和自动控制等。

2）化学能伤害防护措施。化学能伤害一般分为急性伤害和慢性伤害，采取的防护措施包括：用低危害或无危害原料代替高危害原料；采用防毒、防尘、防灼烫装置或用具；消除及控制易燃易爆物燃烧和爆炸条件；控制危险物质的使用量或存放量；采用远距离操纵或自动控制等。

3）电能伤害防护措施。触电伤害分为电击和电伤，生产现场采用的防触电的基本方法有以下几种：一是人与电隔离，如设防护罩，有联锁装置的防护栏，主电路外设安全电路微波遥控等；二是将通过人体的电流控制在安全值以下，如提高接触电阻、降低电路电压、绝缘、远距离操纵、保护接地（零）、保护切断等；三是采取符合防火、防爆要求结构的电气设备，如耐压防爆结构、内压防爆结构、油浸防爆结构、特殊安全防爆结构等。

4）热能伤害防护措施。热能引发的伤害事故有三种：一是直接热能伤害；二是以可燃物作为媒介的扩展伤害；三是热能以高压过热蒸汽的形态转变为机械能伤害。可以用隔热屏障，加强危险品和火源管理，增设防火、防爆和消防设施的方法，防止人与热熔物或热反应喷出物接触及热能扩展伤害。对第三种伤害可以采取增设安全阀或设计自动控制等方法，并且严格按照操作规程进行操作，避免意外事故的发生。

5）放射能伤害防护措施。放射源、射线会给人带来伤害，一般采取替代、屏蔽、隔离、控制接触时间、通风和个体防护等安全防护措施。

（3）环境防护。为保护作业人员的安全和健康，必须做好生产现场的环境防护，一般应当注意做好以下工作：作业现场中的各种沟、池、孔、槽等应配置安全盖、护栏和网，梯台、坡面、踏板应有防滑措施；生产技术装备、原料、半成品、成品、废品等摆放应井然有序，布置合理，划出禁行区、物料存放区、人行通道，并设置安全标志；温度、湿度应适宜；作业现场要有良好的照明；控制作业现场的噪声及有害气体、粉尘的浓度等。

另外，对于特种作业岗位和存在危险源的作业岗位及危险化学品作业岗位，除做好以上防护外，还应当按国家、行业的有关要求做好各项特殊防护，并且按照规定要求制定事故应急救援预案，配备必要的救援器材和应急药品，并定期进行演练。

4.“四文明”

“四文明”即文明生产、文明施工、文明作业、文明礼貌，强调“以人为本”。社会主义物质文明和精神文明建设要体现在企业的生产现场，“四文明”应当成为企业现场安全管理的重要组成部分，成为安全文化的源泉。

总而言之，企业的生产现场是一个输入大量能量的诸多复杂因素交织在一起的复杂系统，一旦发生能量失控和人、机、料、法、环五因素失调，就可能造成人身伤亡和设备损坏事故，所以，生产现场是企业各项管理的汇交点和落脚点，是企业工伤事故的起源点，是集中表现企业安全工作水平的舞台。各企业都应当积极探索适合本企业的、行之有效的现场安全管理方法，以最大限度地避免和减少意外事故的发生，保障企业安全生产工作的正常进行。

四、机械制造企业预防设备事故要点与措施

设备是国民经济发展的重要物质技术基础，也是人民生活、社会交通和工农业生产的基本手段。设备安全运行能促进生产发展，使企业获得经济效益；设备的异常状态能导致事故发生，破坏生产发展，使企业失去经济效益。因此，设备是重要的安全管理对象。

1. 认识设备事故的一般规律

认识设备事故的一般规律是预防、控制设备事故的前提。例如，设备由于设计和制造异常、选用和布局异常、维修和保养异常、操作和使用异常等，违背了生产规律而导致重复发生的事故，就是此类设备事故的一般规律。主要有以下四种类型：

（1）设备与选用相关的事故。在设备制造上先天不足，回转机械无防护装置、冲剪设备无保险装置；在技术性能、质量上达不到要求的非标准设备；在易燃、易爆场所选用了非防爆设备；选用了老、旧、杂、容量不足、已被淘汰的设备后而导致重复发生的事故，均属于设备选用异常导致的同类事故。

（2）设备与环境相关的事故。固定设备由于布局不合理，环境污染和温度、湿度、光线等异常；流动性设备，如汽车的道路异常，飞机、船舶在航行中气象因素发生了异常变化而导致重复发生的事故，均属于环境异常导致的同类事故。

（3）设备与维修相关的事故。由于设备没有按规定的时间进行定时检查，定期试验、检修及做好日常维护和保养，致使设备的异常状态（故障因素）没有及时排除而导致重复发生的事故，均属于维修异常导致的同类事故。

（4）设备与使用相关的事故。由于安全法规不健全和人们安全技术素质较差，缺乏预防、控制事故的能力，以及违章指挥、违章作业、超性能使用等，从而导致重复发生的事故，均属于使用异常导致的同类事故。

2. 设备事故的预防和控制要点

在现代化生产中，人与设备是不可分割的统一体，没有人的作用设备是不会投入运行的；同样，没有设备也难以进行生产。但是，人与设备不是等同的关系，而是主从的关系。人是主体，设备是客体，设备不但是人设计和制造的，而且由人操纵和使用，执行人的意志。因此，依据设备事故的规律和保证设备安全运行的经验，对设备事故的预防和控制要以人为主，通过开展预防性安全科学管理达到保证设备安全运行的目的。主要抓好以下十个环节：

（1）选购合格设备。首先要根据生产需要、技术要求、产品质量选购合格设备。同时，在设计和制造上要有安全功能，如回转机械要有防护装置；冲剪设备要有保险装置；有些设备系统根据需要应有自动监测、自动控制装置；易燃、易爆场所要选用防爆设备等。

（2）做好设备的安装、调试和验收。凡是新投入使用的设备，不论是选购的，还是自制的；不论是需要安装、调试的，还是不需要安装就可以使用的，都要按设计规定，对设备的技术性能、质量状态、安全功能进行全面严格验收。发现问题时必须加以解决，并要经过试运行确认无误后，才能正式投入使用。

（3）为设备安全运行提供良好的环境。良好环境是设备安全运行必备的条件。例如，固定设备的布局要合理，有必要的防污染、防腐、防潮、防寒、防暑等设施，从而使环境中的温度、湿度、光线等都能达到设备安全运行的要求。流动性设备的环境因素也非常重要，如汽车的路面、企业内机动车辆作业场地均要达到保证安全运行的要求。

（4）为设备安全运行提供人的素质保证。凡是从事设备管理的工程技术人员、操作和使用人员、维修人员，都要努力学习管理、使用、维修设备的知识，具有自我预防、控制设备事故的技能。其中，危险性较大的设备，如锅炉、起重设备、汽车驾驶员等特种作业人员，还要经过专业培训，使其成为爱护设备、熟悉性能、会操作和使用、懂维护和保养、能排除故障、具有应变能力的作业人员，并经过考试合格后，持证方可上岗作业。

（5）建立安全法规，保证设备安全运行。建立、健全安全法规，用于规范人们行为，是强化设备安全管理，保证设备安全运行的法制手段。例如，建立设备管理机构和责任制，明确法定职责；建立设备安全运行规程，做好设备运行记录，掌握设备情况，发现问题及时处理；建立设备检修规程和安全技术操作规程等，并要做到有章必循、违章必纠、执法必严。严禁违章指挥、违章作业，从而确保设备安全运行。

（6）做好设备的定期维修。按照设备事故的变化规律，定期做好设备维修，是保证设备性能、延长使用寿命、巩固安全运行可靠性的重要环节。按照设备性能恢复程度不同，设备维修一般分为小修、中修和大修三种类型。同时又分为检查后维修、定期修理和标准维修。其中，标准维修适用于危险性较大的设备，如汽车、锅炉、起重设备等，到了规定时间不论设备技术状况如何，都必须按期进行强制性维修。关于设备维修的具体内容和方法，各行业均有各自的具体规定，要严格执行，从而确保设备安全运行。

（7）做好设备的日常维护和保养。设备的维护和保养是为防止设备劣化、保持设备性能而进行的以清扫、检查、润滑、紧固、调整等为内容的日常维修活动。各行业设备的维护和保养内容有各自不同的规定，可根据实际需要进行。例如，该保暖的保暖、该降温的降温、该去污的去污、该注油的注油，使设备保持安全运行状态。

（8）做好设备运行中的检查。设备检查一般分为日常检查和定期检查。日常检查是指操作人员每天对设备进行的定项、定时检查。可以及时发现、消除设备异常，保证设备持续安全运行。定期检查是指由专业维修人员协同操作人员按期进行的检查。通过检查，查明问题，以便确定设备的维修种类和维修时间，从而消除设备异常状态，确保设备安全运行。

（9）吸取事故教训，避免同类事故重复发生。设备事故发生之后，要按“四不放过”原则进行讨论分析，从中确认是设计问题，还是使用问题；是日常维护问题，还是长期失修问题，是技术问题，还是管理问题；是操作问题，还是设备失灵问题等。从而有针对性地采取安全防范措施，如健全安全法规，改进操作方法，调整设备检修周期，以及对老旧设备更新改造等，避免同类事故重复发生。

（10）进行设备的更新改造。根据需要和可能，有步骤、有重点地对老旧设备进行更新改造，并按规定做好设备报废工作，是保证设备安全运行、提高经济效益的重要措施。设备使用至老化期，由于性能严重衰退，不仅影响正常生产，能导致事故发生，而且由于延长了设备的使用时间，相应增加了检修次数和材料消耗；同时，由于精度降低，也能导致质量事故。因此，该报废的设备必须按照规定要求报废。

第三节　机械制造企业基础设施安全条件的基本要求

2013 年 6 月 8 日，国家安全生产监督管理总局发布安全生产行业标准《机械制造企业安全生产标准化规范》（AQ/T 7009—2013），自 2013 年 10 月 1 日起实施。该《规范》分为前言、范围、规范性引用文件、安全生产标准化基本要求四个部分，规定了机械制造企业安全生产标准化的基本要求，适用于机械制造企业开展安全生产标准化建设工作，以及对安全生产标准化工作的咨询、服务和评审。在此对基础设施安全条件的基本要求进行介绍。

一、金属切削机床与冲、剪、压机械安全基本要求

1. 金属切削机床安全基本要求

（1）防护罩、盖、栏应完备可靠，其安全距离、刚度、强度及稳定性均应符合 GB/T 8196、GB 23821 的相关规定。

（2）各种防止夹具、卡具和刀具松动或脱落的装置应完好、有效。

（3）各类行程限位装置、过载保护装置、电气与机械联锁装置、紧急制动装置、声光报警装置、自动保护装置应完好、可靠；操作手柄、显示屏和指示仪表应灵敏、准确；附属装置应齐全。

（4）PE 线应连接可靠，线径截面及安装方式应符合相关规定要求。

（5）局部照明或移动照明应采用安全电压，线路无老化，绝缘无破损。

（6）电气设备的绝缘、屏护、防护距离应符合 GB 5226.1 的相关规定；电气箱、柜与

线路应符合相关规定要求，周边 0.8 m 范围内无障碍物，柜门开启应灵活。

（7）设备上未加防护罩的旋转部位的楔、销、键不应凸出表面 3 mm，且无毛刺或棱角。

（8）每台设备应配备清除切屑的专用工具。

（9）除符合上述通用规定外，钻床、磨床、车床、插床、电火花加工机床、锯床、铣床、加工中心、数控机床等还应符合下列规定：

1）钻床。钻头部位应有可靠的防护罩，周边应设置操作者能触及的急停按钮。

2）磨床。砂轮选用、安装、防护、调试等应符合 GB 4674 的相关规定，旋转时无明显跳动。

3）车床。加工棒料、圆管，且长度超过机床尾部时应设置防护罩（栏），当超过部分的长度大于或等于 300 mm 时，应设置有效的支撑架等防弯装置，并应加防护栏或挡板，且有明显的警示标志。

4）插床。限位开关应确保滑块在上、下极限位置准确停止，配重装置应合理牢固，且防护有效。

5）电火花加工机床。可燃性工作液的闪点应在 70℃以上，且应采用浸入式加工方法，液位应与工作电流相匹配。

6）锯床。锯条外露部分应设置防护罩或采取安全距离进行隔离。

7）铣床。外露的旋转部位及运动滑枕的端部应设置可靠的防护罩；不准在机床运行状态下对刀、调整或测量零件；工作台上不准摆放未固定的物品。

8）加工中心。加工区域周边应设置固定或可调式防护装置，换刀区域、工件进出的联锁装置或紧固装置应牢固、可靠，任何安全装置动作均切断所有动力回路。

9）数控机床。加工区域应设置可靠的防护罩，其活动门应与运动轴驱动电机联锁；调整刀具或零件时应采用手动；访问程序数据或可编程功能应由授权人执行，这些功能应闭锁，可采用密码或钥匙开关。

2. 冲、剪、压机械安全基本要求

（1）离合器动作应灵敏、可靠，且无连冲；刚性离合器的转键、键柄和直键无裂纹或无松动；牵引电磁铁触头无粘连，中间继电器触点应接触可靠，无连车现象。

（2）制动器性能可靠，且与离合器联锁，并能确保制动器和离合器动作协调、准确。

（3）急停装置应符合 GB 16754 的相关规定，大型冲压机械一般应设置在人手可迅速触及且不会产生误动作的部位。

（4）凡距操作者站立面 2 m 以下的设备外露旋转部件均应设置齐全、可靠的防护罩，其安全距离应符合 GB 23821 的相关规定。

（5）外露在工作台外部的脚踏开关、脚踏杆均应设置合理、可靠的防护罩。

（6）电气设备的绝缘、屏护、防护间距应符合 GB 5226.1 的相关规定；PE 线应连接可靠，线径截面及安装方式应符合相关规定要求。

（7）压力机、封闭式冲压线及折弯机均应配置一种以上的安全保护装置，且可靠、有效。多人操作的压力机应为每位操作者配备双手操作装置，其安装、使用的基本要求应符合 GB/T 19671 的相关规定。

（8）压力机应配置模具调整或维修时使用的安全防护装置（如安全栓等），该装置应与主传动电机或滑块行程的控制系统联锁。

（9）工业梯台应符合相关规定要求，其开口处应与设备联锁。

（10）剪板机等压料脚应平整，危险部位应设置可靠的防护装置。出料区应封闭，栅栏应牢固、可靠，栅栏门应与主机联锁。

二、金属热加工机械设备安全基本要求

1. 锻造机械安全基本要求

（1）锤头部件

1）锤头安装应坚固，无松动，凡使用销、楔处不得设有垫片。

2）固定用的销、楔应无松动，且凸出部分应小于 15 mm。

3）锤缸的顶部应设有可靠的锤杆缓冲装置。

4）锤头应无裂纹、无破损。

5）螺旋传动机应设置可靠的缓冲装置。

（2）砧座应位于基础的中心，上、下砧应对正，其平行度误差应小于 1 mm/300 mm；使用销、楔处不得设有垫片。

（3）操纵机构

1）操纵手柄、踏杆、按钮、制动器手（脚）柄（杆）应灵活、完好；制动器应可靠。

2）应设有防止设备意外误动作的装置；踏杆上应设有防护罩；按钮应标识清晰、动作准确。

（4）运动部件

1）电动机的连接部位不得松动。

2）摩擦盘、飞轮、导轨压条等部位的紧固件不得松动，且设有防止运动件脱落或误操作的装置。

3）运动部件应标明其运动方向，单向旋转的零部件应有转向的指示标识。

（5）安全防护装置

1）限位器、紧急制动器、溢流阀、安全阀、保险杠等安全装置应齐全、有效。

2）凡距操作者站立面 2 m 以下设备外露的旋转部件均应设置齐全、可靠的防护罩或防护网，其安全距离应符合 GB 23821 的相关规定。

3）检修平台应符合相关规定要求。

4）在设备维修或模具进行调整时，应设置防止工作部件意外移动的保险装置或能量锁定装置，且应与动力回路联锁。

（6）附属的气瓶、储气罐等储能装置应符合相关规定要求。

（7）操作机、夹钳、剁刀等设备或工具，受力部位应无裂纹，受打击部位的硬度不应高于 30 HRC。

（8）设备基础应牢固、可靠，其结合面应紧密，且应采取减振措施；周边留足够的操作空间。

（9）电气设备的绝缘、屏护、防护间距应符合 GB 5226.1 的相关规定；PE 线应连接可靠，线径截面积及安装方法符合相关规定要求。

2. 铸造机械安全基本要求

（1）设备结构应有足够的强度、刚度及稳定性，基础应坚实；工业梯台应符合相关规定要求。

（2）管路

1）管路应有良好的密封性能，无漏油、漏气、漏水。

2）连接软管应耐油，无老化；并不得靠近热源，且能避免重物挤压。

3）气动系统中的废气排放不得将灰尘、沙粒等吹向操作者和工作台面。

（3）安全防护装置

1）设备外露旋转、冲压部件的防护罩除应具备防护功能外，还应具有防止粉尘或有害气体扩散的功能。防护罩应牢固、可靠，安全距离应符合 GB 23821 的相关规定。

2）可拆卸的安全防护装置应与动力回路联锁，且应灵敏、可靠。

3）设备检修时，应设置明显的安全标识或能量锁定装置。

（4）控制系统

1）控制系统的设置应便于操作和维修；仪表、指示灯、操作按钮均应标识准确、清晰，动作灵敏可靠。

2）控制和操作的转换开关应安装在闭锁的柜（箱）中。

3）生产线的控制台、操作岗位和适当间距位置（一般不宜超过 20 m）应设置急停装置，且手动复位；停线或急停时应有明显的声光报警信号。

4）两个或两个以上操作者共同操作的设备，应对每个操作者配置双手控制装置，其安装、使用应符合 GB/T 19671 的相关规定。

5）夹紧装置的泄压联锁装置应灵敏、可靠。

（5）凡产生尘毒危害的设备应配置防尘、防毒设施，并确保其完好、有效；防尘、防毒设施应与动力回路联锁。

（6）电气设备的绝缘、屏护、防护间距应符合 GB 5226.1 的相关规定；PE 线应连接可靠，线径截面积及安装方法符合相关规定要求。

（7）压铸机、制芯机、混砂机、抛（喷）丸机除符合上述规定外，还应符合以下规定：

1）压铸机

◆模具区域应采用可移动保护装置，以避免运动引起的伤害。

◆合型机构应配置移动式保护装置，该装置应通过两个机械限位开关与控制系统相耦合。

◆防护装置应与控制系统联锁，在防护装置未进入正确位置时，压铸机不能启动合型动作。

◆附属的气瓶、储气罐等储能装置应符合相关规定要求。

2）制芯机

◆芯盒加热棒应长短适中，线头连接整洁，且安全可靠。

◆夹紧或合模闭锁装置应设有能保证被夹工装完全关闭密合后才能执行下一操作程序的联锁装置或控制装置。

3）混砂机

◆防护罩应有足够的强度，检修门应与动力回路联锁，且灵敏、可靠。

◆应设置专用取样门，其开口大小能确保手不得伸入混砂机内。

4）抛（喷）丸机

◆凡可能发生钢丸外喷的危险工作区应设置安全隔离区或保护屏，门应与动力回路联锁。

◆高速旋转的零部件应进行静平衡或动平衡检验，并符合产品安全的规定。

◆喷丸控制开关应牢固地安装在喷丸软管或喷枪上，其电压为安全电压。

3. 铸造熔炼炉安全基本要求

（1）炉体及其附属设施

1）电弧炉应符合：

◆炉壳、炉盖、炉衬、出钢槽、炉门等应完好、牢固。

◆炉体、热绝缘炉衬应完整，且无破损。

◆炉盖提升、旋转机构和电极升降机构应灵活可靠，限位装置灵敏、可靠。

◆倾炉限制器、炉顶限制器、炉体的桥架限位开关应灵敏可靠。

◆水冷系统无泄漏、无堵塞。

2）冲天炉应符合：

◆炉底及其支撑装置应牢固可靠。

◆炉体、热绝缘炉衬应完整，且无破损。

◆修炉时应配置防物料坠落的装置。

◆加料平台要比加料口低 1.5 m，平台结构应符合相关规定要求，并能耐高温腐蚀，且防滑，平台不得存放杂物。

◆送风系统应完整、有效。

3）感应炉应符合：

◆炉盖、感应器、坩埚、炉架等部件应齐全完整。

◆敞开的上料口低于操作面 700 mm 以下时，周围应设置防护栏。

◆传动装置应灵敏可靠。

◆水冷系统应保持畅通，无堵塞、无泄漏。

（2）升降及起吊装置

1）金属结构件应牢固，并能承受高温作业环境。

2）应设置可靠的限位装置，且与动力回路联锁。

3）钢丝绳应符合相关规定要求，并能承受高温作业环境。

（3）浇包及浇注机

1）金属结构件应牢固可靠，无锈蚀，连接部位应转动灵活。

2）机械式浇包和浇注机的行走机构和升降器应确保浇包灵活移动或升降，并配有两套可靠的制动装置。轨道终端设置的限位装置应灵敏、可靠。

3）安全保险装置应齐全、可靠，并能满足强度和刚度的要求。

（4）炉坑

1）炉底、炉坑及周边严禁积油、积水。

2）炉坑周边应设置护栏或防护盖板，护栏及防护盖板应满足强度和刚度的要求，且防滑。

（5）安全防护装置

1）安全防护罩或网、保险装置、信号装置、安全标识应齐全、完好。

2）凡距操作者站立面 2 m 以下的设备外露旋转部件均应设置齐全、可靠的防护罩，安全距离应符合 GB 23821 的相关规定。

（6）各种仪器仪表、指示信号、操作开关等应配置齐全，并清晰、灵敏、可靠。

（7）凡产生尘毒危害的设备应配置防尘、防毒设施，并确保其完好、有效；防尘、防毒设备设施应与动力回路联锁；且无二次污染。

（8）PE 线应连接可靠，线径截面积及安装方法符合相关规定要求。

4. 工业炉窑安全基本要求

（1）炉门及其附属设施

1）炉门升降机构应完好，外露传动部分应设置防护罩。

2）水冷却炉门的管道应保持畅通，不泄漏；并设有防冻措施；出水管路上严禁安装阀门。

3）炉门应设置上、下限位装置，并确保进出炉时切断电源。

4）凡距操作者站立面 2 m 以下设备外露的旋转部件均应设置齐全、可靠的防护罩或防护网，安全距离应符合 GB 23821 的相关规定。

5）炉门、移动的炉底、加热电源均应设置联锁装置，且运行可靠。

（2）炉窑上使用的钢丝绳、滑轮应完好，并符合本标准相关规定要求。

（3）炉体金属结构件应完整、牢固，无腐蚀或破损；耐火材料应能承受高温、腐蚀、摩擦和化学侵蚀，砌体的墙面、窑顶和底部应保持完整，无破损。

（4）电气设备的绝缘、屏护、防护间距应符合 GB 5226.1 的相关规定；PE 线应连接可靠，线径截面积及安装方法符合相关规定要求。

（5）燃气炉、燃油炉、盐浴炉、箱式电阻炉、气体渗碳炉除符合上述通用规定外，还应符合以下规定：

1）燃气炉气阀应完好，无松动、无泄漏，燃烧器运行正常。在火焰熄灭时能迅速切断燃料供给并报警，烟道应安装防爆门。

2）燃油炉油管、风管及加热器应无裂纹、无泄漏，并确保油压（量）以及风压（量）相匹配。

3）盐浴炉测温仪表、仪器应灵敏可靠、指示正确，并在检验周期内使用；高温盐浴炉应设置排风装置。

4）箱式电阻炉测温仪表、仪器应灵敏可靠、指示正确，并在检验周期内使用；电阻丝应完好、无断裂。

5）气体渗碳炉炉盖升降机构应灵敏，风扇转动平稳；冷却水管、输油管道应畅通、无渗漏；排气管、漏油器应畅通；氨气瓶严禁靠近热源、电源或在强日光下暴晒。现场应配置防止意外事故的氧气呼吸器。

5. 酸、碱、油槽及电镀槽安全基本要求

（1）槽体

1）槽体应有足够的强度和刚度。

2）槽体应无裂纹、变形、渗漏。

3）电镀槽及其衬里的材料应耐腐蚀、耐高温。

4）带衬里的钢槽应设置检漏装置，防止衬里损坏后导致槽液腐蚀槽体。

（2）导电杆应能满足电镀所需的电流和承受的重量，且便于清洗铜排；导电座与槽体之间、槽体与地面之间都应设有可靠的绝缘层。

（3）槽体应高于操作者站立面 700 mm 以上，当低于 700 mm 时，应设置防护栏，防护栏应符合相关规定要求。

（4）产生有毒有害气体的槽体周边应设置通风装置，并确保吸风口处的风速为 7～10 m/s。

（5）排水管道应根据排放液体的化学性质和温度选择合适的材质，且不得腐蚀、变形。

（6）电气设备的绝缘、屏护、防护间距应符合 GB 5226.1 的相关规定；PE 线应连接可靠，线径截面积及安装方法符合相关规定要求；用石英玻璃管加热时应有保护措施。

（7）作业现场应配置可清洗面部的应急处理装置，该装置应定期维护、检修，确保灵敏、可靠。

6. 职业病防护设施和环保设施安全基本要求

（1）系统中各级净化（处理）设备的净化（处理）效率应大于该设备设计参数的90%。

（2）系统中各设备及其部件应齐全、完好，无腐蚀；各种管道上的闸板、阀门应灵活、可靠，连接处无泄漏。

（3）凡距操作者站立面2 m以下设备外露的旋转部件均应设置齐全、可靠的防护罩或防护网，其安全距离应符合GB 23821的相关规定；池、沟应设有防护栏、盖板，并设有明显的安全标识。

（4）系统结构件应有足够的强度、刚度及稳定性，基础应坚实；工业梯台应符合相关规定要求。

（5）电气设备的绝缘、屏护、防护间距应符合GB 5226.1的相关规定；PE线应连接可靠，线径截面积及安装方法符合相关规定要求。

（6）系统内附属的压力容器应符合相关规定要求。

（7）除尘、废气净化系统和废水处理系统除符合上述通用规定外，还应符合以下规定：

1）除尘、废气净化系统

◆吸尘罩（吸气罩）布置应合理，其金属结构件应完整、无腐蚀，表面油漆无脱落。

◆净化设施的尾部处理不应产生二次污染；除尘器的清灰系统应运行正常。

◆静电除尘器的检修门应密封良好，并与动力回路联锁，其漏风率应小于5%。

◆易产生爆炸危险的废气净化系统应设置防爆装置，且应完好、可靠。

2）废水处理系统的安全规定

◆净化池应定期清理，沉淀物沉积高度不大于池深的10%。

◆污水处理剂等化学品应摆放整齐，无泄漏。

◆污泥应定期排至指定地点存放或处置。

三、企业特种设备安全基本要求

1. 起重机械安全基本要求

（1）安全管理和资料应满足的要求

1）制造、安装、改造、维修应由具备资质的单位承担，选用的产品应与工况、环境相适应。

2）产品合格证书、自检报告、安装资料等齐全。

3）应注册登记，并按周期进行检验。

4）日常点检、定期自检和日常维护保养等记录齐全。

（2）金属结构件和轨道

1）主要受力构件（如主梁、主支撑腿、主副吊臂、标准节、吊具横梁等）无明显变形。

2）金属结构件的连接焊缝无明显焊接缺陷，螺栓和销轴等连接处无松动、无缺件、无损伤。

3）大车、小车轨道无松动。

（3）钢丝绳的断丝数、腐蚀（磨损）量、变形量、使用长度和固定状态应符合 GB/T 5972 的规定。

（4）滑轮应转动灵活，其防护罩应完好；滑轮直径与钢丝绳的直径应匹配，其轮槽不均匀磨损不得大于 3 mm，轮槽壁厚磨损不得大于原壁厚的 20%，轮槽底部直径磨损不得大于钢丝绳直径的 50%，并不得有裂纹。

（5）吊钩等取物装置

1）无裂纹。

2）危险断面磨损量不得大于原尺寸的 10%。

3）开口度不得超过原尺寸的 15%。

4）扭转变形不得超过 10°。

5）危险断面或吊钩颈部不得产生塑性变形。

6）应设置防脱钩装置，且有效。

7）吊钩（含直柄吊钩尾部的退刀槽）、液态金属吊钩横梁的吊耳和板钩心轴、盛钢（铁）液体的吊包耳轴（含焊缝）、集装箱吊具转轴及搭钩等应定期进行无损探伤，探伤检查周期一般为 6 个月至 12 个月。

（6）制动器

1）运行可靠，制动力矩调整合适。

2）液压制动器不得漏油。

3）吊运炽热金属液体、易燃易爆危险品或发生溜钩可造成重大损失的起重机械，起升（下降）机构应装设两套制动器。

（7）各类行程限位、重量限制器开关、联锁保护装置及其他保护装置应完好、可靠。1 t 及以上起重机械应加装重量限制器。1 t 以下起重机械应加装防止电动葫芦脱轨的装置。

（8）急停装置、缓冲器和终端止挡器等停车保护装置完好、可靠。急停装置不得自动复位，且装设在司机操作方便的部位。

（9）便携式（含地面操作、遥控）按钮盘的控制电源应采用安全电压，且功能齐全、有效。无线遥控装置应由专人保管，非操作人员不得启动按钮。便携式地面操作按钮盘的按钮自动复位（急停开关除外），控制电缆支撑绳应完整有效。

（10）各种信号装置与照明设施应完好有效。

（11）PE线应连接可靠，线径截面及安装方式应符合相关规定要求。电气装置应配备完好；防爆起重机上的安全保护装置、电气元件、照明器材等应符合防爆要求。

（12）各类防护罩、盖完整可靠；工业梯台应符合相关规定要求。

（13）露天作业的起重机械防雨罩、夹轨器或锚定装置应安全可靠；起升高度大于50 m且露天作业的起重机械应安装风速仪。

（14）安全标志与消防器材

1）明显部位应标注额定起重量、检验合格证和设备编号等标识。

2）危险部位标志应齐全、清晰，并符合GB 2894的规定。

3）运动部件与建筑物、设施、输电线的安全距离符合相关标准，室外高于30 m的起重机械顶端或者两臂端应设置红色障碍灯。

4）司机室应确保视野清晰，并配有灭火器和绝缘地板，各操作装置标识完好、醒目。

5）司机室的固定连接应牢固可靠；露天作业的司机室应设置防风、防雨、防晒等装置，高温、铸造作业的司机室应密封并加装空调。

（15）吊索具

1）自制吊索具的设计、制作、检验等技术资料均应符合相关标准要求，且有质量保证措施，并报本企业主管部门审批。

2）购置吊具与索具应是具备安全认可资质厂家的合格产品。

3）使用单位应对吊具与索具进行日常保养、维修、检查和检验，吊具与索具应定置摆放，且有明显的载荷标识；所有资料应存档。

（16）铁路起重机、高空作业车、升降机等专项安全保护和防护装置齐全、有效。有轨巷道堆垛起重机的限速防坠、过载保护、松绳保护、货叉伸缩行程限位器等专项安全保护和防护装置应符合JB 5319.2的相关规定。

2. 电梯安全基本要求

（1）安全管理和资料应满足的要求

1）制造、安装、改造、维修、日常保养应由具备资质的单位承担。

2）产品合格证书、自检报告、安装资料等齐全。

3）应注册登记，并按周期进行检验，轿厢内粘贴检验合格证。

（2）限速器、安全钳、缓冲器、限位器、报警装置以及门的联锁装置、安全保护装置应完整，且灵敏可靠。

（3）曳引机应工作正常，油量适当，曳引绳与补偿绳断丝数、腐蚀磨损量、变形量、使用长度和固定状态应符合GB 7588的相关规定，制动器应运行可靠。

（4）轿厢结构牢固可靠、运行平稳，轿门关闭时无撞击，轿厢内应设有与外界联系的通信设施和应急照明设施，轿厢门开启灵敏，防夹人的安全装置完好有效，间隙符合要求。

（5）PE线应连接可靠，线径截面及安装方式应符合相关规定要求。电气部分的绝缘电阻值应符合 GB 7588 的相关规定。

（6）机房

1）机房内应通风、屏护良好，且清洁、无杂物；并应配置合适的消防设施、固定照明和电源插座。

2）房门应上锁，通向机房、滑轮间和底坑的通道应畅通，且应有永久性照明。

3）控制柜（屏）的前面和需要检查、修理等人员操作的部件前面应留有不小于 0.6 m×0.5 m 的空间；曳引机、限速器等旋转部位应安装防护罩。

4）对额定速度不大于 2.5 m/s 的电梯，机房内钢丝绳与楼板孔洞每边间隙均应为 20～40 mm。对额定速度大于 2.5 m/s 的电梯，运行中的钢丝绳与楼板不应有摩擦的可能。通向井道的孔洞四周应筑有高 50 mm 以上的台阶。

5）机房中每台电梯应单独装设主电源开关，并有易于识别（应与曳引机和控制柜相对应）的标志。该开关位置应能从机房入口处迅速开启或关闭。

（7）升降机出入门及井巷口的防护栏应与动力回路联锁，且完好、可靠。

3. 厂内机动车辆（含工程机械）安全基本要求

（1）安全管理和资料应满足的要求

1）产品合格证书、自检报告等资料齐全。

2）应注册登记，并按周期进行检验。

3）日常点检、定期自检和日常维护保养等记录齐全。

（2）车身整洁，所有部件及防护装置应齐全、完整。

（3）动力系统应运转平稳，无异常声音；点火、燃料、润滑、冷却系统性能应良好；连接管道应无漏水、漏油。

（4）电气系统应完好；大灯、转向、制动灯应完好并有牢固可靠的保护罩；电气仪表应配置齐全，性能可靠；喇叭应灵敏，音量适中；连接电气线路应无漏电。

（5）传动系统应运转平稳，离合器分离彻底，接合平稳，不打滑，无异响；变速器的自锁、互锁应可靠，且不跳挡、不乱挡。

（6）行驶系统应连接紧固，车架和前后桥不应变形或产生裂纹；轮胎磨损不应超过标准规定的磨损量，且胎面无损伤。

（7）转向机构应轻便灵活可靠，行驶中不应摆振、抖动、阻滞及跑偏等。

（8）制动系统应安全可靠，无跑偏现象，制动距离满足安全行驶的要求；电瓶车的制动联锁装置应齐全、可靠，制动时联锁开关应切断行车电源。

4. 锅炉与辅机安全基本要求

（1）资料应满足的要求

1）出厂、安装资料齐全。

2）应注册登记，并按周期进行检验。

3）运行记录齐全、完整。

（2）安全附件

1）安全阀应符合的规定

◆额定供热量大于 30×10^4 kcal/h 的热水锅炉和蒸发量大于 0.5 t/h 蒸汽锅炉应至少安装两只安全阀；其余热水锅炉和蒸汽锅炉应至少安装 1 只安全阀。

◆每年检验一次，铅封完好，运行时每周进行一次手动排气试验，每月进行一次自动排气试验，并做好运行记录。

◆杠杆式安全阀应设有防重锤自行移动的装置和限制杠杆越位的导架；弹簧式安全阀应设有提升把手和防止随意拧动调整紧固装置；静重式安全阀应设有防止重片飞出的装置。

2）水位表应符合的规定

◆额定蒸发量大于 0.5 t/h 的锅炉应至少安装两只独立的水位表。

◆应有最低和最高极限水位标志线，水位清晰可见。

◆排放水管应排至安全的地方，玻璃管式水位表应设置防护罩。

◆水位表的照明灯应采用安全电压，布线应设有隔热措施。

◆水控汽阀无泄漏。

3）压力表应符合的规定

◆精度不低于 2.5 级，量程宜为工作压力的 1.5～3 倍，表盘直径不小于 100 mm，刻度盘上标有最高工作压力红线。

◆每 6 个月校验一次；压力表旋转式三通旋塞应灵活、无泄漏。

4）排污阀应灵活、无泄漏，污水应排放至安全地点。

5）炉水取样冷却器冷却效果明显，且确保冷、热水管路畅通。

（3）保护装置

1）蒸发量大于或等于 2 t/h 的锅炉应装设高低水位报警器和高低水位联锁保护装置。

2）蒸发量大于或等于 6 t/h 的锅炉应装设超压报警器。

3）热水锅炉应装设超温报警器及联锁装置。

4）燃油、燃气、燃煤（粉）的锅炉应安装可靠的点火联锁保护和熄火联锁保护装置，燃气锅炉烟道应设有防爆门。

（4）每台锅炉应配置两套给水设备，并保持给水系统畅通。

（5）本体应无严重漏风、漏烟、漏汽、漏油现象；炉墙无裂纹、炉拱无松垮、隔烟墙无烟气短路。

（6）水处理

1）蒸发量小于 2 t/h 的锅炉宜采用炉内加药处理，加药装置应完好；且有加药记录、pH 值测试记录。

2）蒸发量大于或等于 2 t/h 的锅炉应采取炉外水处理，盐泵、盐池、水处理系统应运行正常，给水和炉水的化验记录齐全。

3）经处理后的水质应能达到GB/T 1576的指标要求，水垢厚度应小于1.5 mm。

（7）辅机

1）鼓风机、引风机、除渣机、除尘器、水泵等应齐全、完好，无破损、无泄漏；距操作者站立面2 m以下设备外露的旋转部件均应设置齐全、可靠的防护罩，其安全距离应符合GB 23821的相关规定。

2）PE线应连接可靠，线径截面积及安装方法符合相关规定要求。

3）粉煤间、输煤廊电气设施应符合防爆要求；皮带输煤机人行侧应设有全程的拉绳急停开关；加煤机上限位装置应灵敏、可靠。

4）管道漆色及保温应准确、完好，且无泄漏。

（8）热力站

1）当热水供应系统换热器热水出口上装有阀门时，应在每台换热器上设安全阀；当每台换热器出口管不设阀门时，应在生活热水总管阀门前设安全阀。

2）蒸汽热力站应根据负荷的需要设置分汽缸，蒸汽主管和分支管上应装设阀门。当各种负荷需要不同的参数时，应分别设置分支管、减压减温装置和独立安全阀。

3）热力站的热力管网、中继泵站、供配电及照明均应符合CJJ 34的相关规定。

5. 压力容器安全基本要求

（1）资料应满足的要求

1）出厂、安装资料齐全。

2）应注册登记，并按周期进行检验，注册登记证号应印制在本体上。

3）运行记录齐全、完整。

（2）本体

1）接口部位的焊缝、法兰等部件应无变形、无腐蚀、无裂纹、无过热及泄漏，油漆应完好。

2）连接管元件应无异常振动，无摩擦、无松动。

3）支座支撑应牢固，连接处无松动、无移位、无沉降、无倾斜、无裂纹等。

（3）安全附件

1）泄压装置、显示装置、自动报警装置、联锁装置应完好；检验、调试、更换记录齐全，并在检验周期内使用。

2）压力表应符合下列规定：

◆指示灵敏，刻度清晰，铅封完整，装设点应方便观察。

◆量程为容器工作压力的1.5～3倍，其精度不低于2.5级，表盘直径不应小于100 mm，表盘上应标示出最高工作压力红线。

3）安全阀应符合下列规定：

◆铅封完好，且动作灵敏。

◆安装在安全阀下方的截止阀应常开，并加铅封。

4）爆破片应符合下列规定：

◆符合容器压力、温度参数的要求；单独爆破片作为泄压装置时，爆破片与容器间的截止阀应常开，并加铅封。

◆爆破片与安全阀串联使用的，爆破片在动作时不允许产生碎片。

◆对于盛装易燃介质、毒性介质的压力容器，安全阀或爆破片的排放口应装设导管，将排放介质引至安全地点，并进行妥善处理。

5）液位计应符合下列规定：

◆设有最高、最低液位标志。

◆玻璃管式液位计设有防护罩。

◆用于易燃或毒性程度为极度、高度危害介质的液位计上应装有防泄漏的保护装置。

（4）快开门式压力容器的门、盖联锁装置应具有以下功能：

1）快开门达到预定关闭位置时方能升压运行。

2）当容器内部的压力完全释放后，联锁装置脱开后方能开启门、盖。

3）具有上述动作的同步报警功能。

（5）运行时应无超压、超温、超载，且无异常振动、响动。

（6）疏水器应保持畅通，并对周围环境无污染。

6. 工业气瓶安全基本要求

（1）检验周期应符合的条件

1）盛装腐蚀性气体的气瓶应每两年检验一次。

2）盛装一般气体的气瓶应每三年检验一次。

3）盛装惰性气体的气瓶应每五年检验一次。

4）低温绝热气瓶应每三年检验一次。

（2）气瓶本体

1）瓶体漆色、字样应清晰，且符合 GB 7144 的规定。

2）瓶体外观应无缺陷，无机械性损伤，无严重腐蚀、灼痕。

3）瓶帽、瓶阀、防震圈、爆破片、易熔合金塞等安全附件应齐全、完好。

（3）气瓶储存

1）气瓶应储存于专用库房内，并有足够的自然通风或机械通风。

2）存放可燃气体气瓶和助燃气体气瓶的库房耐火等级应不低于二级，其门窗的开向以及电气线路应符合防爆要求；库房外应设置禁火标志；消防器材的配备应符合 GB 50140 的规定。

3）可燃气体气瓶和助燃气体气瓶不允许同库存放。

4）空、实瓶应分开存放，在用气瓶和备用气瓶应分开存放，并设置防倾倒措施。

5）应采取隔热、防晒、防火等措施。

（4）气瓶使用

1）溶解气体气瓶不允许卧放使用。

2）气瓶内气体不得耗尽，应留有不小于 0.05 MPa 的余压。

3）工作现场的气瓶，同一地点存放量不得超过 20 瓶；超过 20 瓶则应建二级气瓶库。

4）气瓶不得靠近热源和明火，应保证气瓶瓶体干燥。盛装易起聚合反应或分解反应的气体的气瓶应避开放射性源。

5）不得采用超过 40℃的热源对气瓶加热。

6）气瓶减压器的压力表应定期校验，乙炔瓶工作时应安装回火防止器。

第三章　机械制造企业员工安全操作要求

根据事故致因理论，事故是由于物（设备、设施）的不安全状态和人（作业人员）的不安全行为在一定的时空里交叉所致。据此，企业要实现安全生产，必须加强对各种机械设备、生产设施的管理，及时发现和消除所存在的不安全因素，努力提高机械设备、生产设施的本质安全程度；同时，还需要提高生产作业人员的安全意识，规范生产作业人员操作行为，严格按照安全操作规程要求进行操作，由此而避免事故的发生。

第一节　机械制造企业员工安全管理与操作要求

机械制造企业在生产过程中离不开各种设备，特种作业人员、特种设备作业人员必须经过专业培训，考试合格取得操作证后，才能独立操作设备。对于重要的生产设备或者危险性较大的生产设备，一般来说，作业人员（包括学徒、实习生等）也需要经过培训，考试合格取得操作证后，才能独立操作设备。每位作业人员原则上只允许操作一种型号的设备。熟练技工经一专多能专业培训，考试合格后，允许其操作取得操作证型号的设备。应不断提高作业人员遵章守纪的安全意识，不断提高技术水平，及时纠正人员违章操作，做到规范操作、安全生产。

一、机械制造企业通用安全要求与安全规范

1. 员工通用安全操作要求

为规范员工的安全生产操作行为，预防因人为因素导致的各类事故发生，保障员工在工作过程中的安全和健康，依据我国有关安全生产的法律法规、制度、标准，一些企业结合本企业的实际情况，制定了员工通用安全技术操作规程。

通用安全技术操作规程的主要内容如下：

（1）所有人员必须认真执行国家有关安全生产、劳动保护的政策、法令与规定。严格遵守本企业的各项安全规章、制度、标准和安全技术操作规程。

（2）在生产和工作过程中，遇有严重危及人身安全或有可能发生其他重大事故的情况，必须立即停止操作，采取应急措施（报警、施救、避险）和及时报告领导处理。

（3）企业新聘用的员工和来公司学习、实习的人员，必须经过三级安全教育方可上岗。

（4）特种作业人员、特种设备作业人员必须经国家相关主管部门组织专业培训并考试合格，取得特殊工种操作证，持证操作。

（5）兼任工种必须由用人单位按程序申报，经人事部门核准备案后，方可从事兼任工种作业。严禁超出工种范围使用设备（含公用设备）；严禁非本企业人员擅自使用本企业的任何设备。

（6）变、配电站（室）、发电房、空压站、锅炉房、油库和危险品库等要害部门的人员必须经过专业安全、防火知识培训，方可上岗。非本站房工作人员进入上述站房，必须履行相应安全程序后，方可入内。

（7）操作者必须熟悉并执行自己所操作设备的操作规程。

（8）工作前，必须做好以下安全准备工作：

1）按企业规定正确穿戴和使用劳动保护用品。

2）检查设备和工作场地的安全设施、信号、防护装置和工业卫生、环境保护设施是否完好可靠。

3）有良好的照明条件。

4）设备通过试运行无异常情况。

（9）生产操作过程中，必须遵守以下安全规定：

1）在设备运转过程中，严禁离开岗位；在操作过程中，严禁做与操作无关的事。

2）严禁在设备运转或加工过程中改变设备运转状态。

3）严禁从运转的设备上跨越或传递物件。

4）严禁戴手套操作旋转的机床。

5）操作设备或加工工件产生飞溅物或强光刺激时，必须设置和使用防护挡板。

6）设备发生故障必须立即停机，待排除故障后方可使用。

7）检修设备时必须将设备锁定，并切断所有动力源，同时在动力源的控制处悬挂警示标志；警示标志谁挂谁取，必要时应设专人监护，防止设备误启动伤人。

8）设备在运行过程中遇突然停电，必须随即关闭电源。

9）装卸刀具、工件，测量工件，清理铁屑、木屑等必须待设备停稳后方可进行。

10）登高作业（作业点距地面高度≥2 m）、现场动用明火作业、拉接使用临时电源或其他危险作业前，必须到有关部门办理危险作业审批手续，并采取相应可靠的安全措施后方可作业。

11）在高处（高度≥2 m）作业时，严禁抛掷任何物件，并有防止物件坠落的措施。

12）严禁随意拆除各种安全防护、照明、信号、降温、防雷等装置和监测仪表、警示标志，或弃之不用。

13）必须保证工业卫生设施、环境保护治理设施与加工设备、设施同时运行和维护，严禁擅自拆除或停用。

14）两人以上（含两人）共同作业时，必须有主有从，统一指挥，密切配合，防止因配合不当造成相互间的伤害。

15）深夜班、加班或在封闭厂房内、密闭空间内作业时，必须两人以上工作。

16）严禁在空中吊运物件的下方或安全警戒线内通过或逗留。

17）使用各类手持电动、气动工具前必须确认：①安全附件齐全可靠。②管、线、电源插头无破损，连接牢固。③电动工具绝缘值符合标准。④Ⅰ类电动工具必须配用漏电保护器。⑤工具、刀具装夹牢固。

18）严格执行生产工艺，正确使用各类工具（含辅助工具）、模具、夹具、吊具和索具。

19）随时保持生产作业场地的整洁和卫生，工具、模具、夹具、刀具、量具、产品和其他需用物品定点摆放，文明生产，保证有足够的安全操作空间。

20）严禁将各种金属件、易燃物、可燃物或其他杂物堆放在电气柜（箱、板）内外；严禁在电气柜、箱、板前方 1.2 m 范围内堆放任何障碍物。

21）各类工作台的照明灯具或手持式照明灯具必须使用安全电压（≤36 V）。

22）各类废油必须倒入指定的回收容器内，定期回收，严禁随处倾倒。

23）销毁处置有毒有害物品，必须事先报告保卫处和安技环保处，按经批准的处置方案执行。

（10）下班前，生产作业员工必须完成以下安全工作：

1）执行交接班制度。

2）关闭所有动力源（水、电、燃气、蒸汽、压缩空气），熄灭火种（必须保持电源的程控设备除外）。

3）密封易燃物质、有毒有害物质容器，送指定地点存放。

4）清理场地，垃圾和废弃物集中堆放或处置，确认安全后方可离开。

2. 员工劳动防护用品使用规范

（1）员工进入生产现场必须穿工作服，戴防护眼镜，穿劳保皮鞋。

（2）女员工进入生产现场必须戴工作帽，发梢不得外露。

（3）易燃易爆场所的作业人员必须穿纯棉工作服。

（4）从事各种生产作业时，衣服必须“三紧”，即袖口紧、领口紧、下摆紧。

（5）操作旋转机床或运转设备时，严禁系围巾，戴手套、领带或其他佩饰物。

（6）进入有高空坠落物危险区域、有飞溅物的工作场所和从事高空作业必须戴安全头盔。

(7) 在粉尘场所作业时必须戴防尘口罩。

(8) 电工、行车工、电焊工、磁力探伤工在操作时，必须穿绝缘皮鞋或绝缘胶鞋。

(9) 接触腐蚀性物品或有毒物品时，必须戴防毒口罩和耐腐蚀、耐酸碱的手套。

(10) 操作环境的噪声超过 85 dB (A) 时，必须戴耳塞或护耳器。

(11) 焊工作业时，必须戴焊工手套，系皮盖脚，使用面罩或佩戴气焊镜。

(12) 从事高空作业时，必须穿软底鞋，系安全带。

(13) 使用手持电动工具时必须戴绝缘手套。

3. 生产作业现场员工违章表现及记分标准

(1) 有下列违章情形之一的，记 1 分

1) 生产现场穿高跟鞋、拖鞋、前后开口凉鞋、背心、短裤、裙裤、裙子、宽松衫，戴头巾、围巾、领带或敞开衣襟、赤膊、赤脚等。

2) 超过颈根的披发或发辫，未戴工作帽或不将头发置于工作帽内进入生产现场的。

3) 未随身携带操作证的。

(2) 有下列违章情形之一的，记 3 分

1) 工作前未检查设备（设施）或设备（设施）有故障、安全装置不齐全便进行操作的。

2) 操作旋转机床时，戴手套，未扣领口、袖口及下摆、衣襟敞开，围巾、领带、长发外露的。

3) 工作时有颗粒物飞溅，未戴护目镜或面罩的。

4) 在易燃、易爆、明火、高温等作业场所穿化纤服装操作的。

5) 任意拆除设备（设施）的安全照明、信号、仪器、仪表、防火防爆装置和各种警示装置的。

6) 设备（设施）超速、超温、超负荷运转的，供料或送料速度过快的。

7) 设备运转时，跨越或接触运动部位的。

8) 调整、检修、清扫设备时未切断电源或测量工件时未停车的。

9) 冲压作业时，手进入危险区域的。

10) 未使用专用工具操作（用手清除铁屑等）的。

11) 攀登吊运中的物件或在吊物、吊臂下行走或逗留的。

12) 厂内机动车辆行驶违反规定载人、载物的。

13) 机动车辆行驶时上（下）车或抛掷物品的。

14) 密闭空间内部作业时，未按规定使用通风设备及照明的。

15) 从事电气作业未穿绝缘鞋的。

16) 安全电压灯具与使用电压要求不符的。

17) 检修电气设备（设施）时未停电、验电、接地及挂警示牌操作的。

18）使用未经审批的临时电源线的。

19）带负荷运行时，随意断开车间（或回路）配电刀开关的。

20）违反起重作业“十不吊”之一的。

21）随意倾倒、浇注热金属物品的。

22）有毒有害作业未按规定佩戴防护用品的。

23）在有毒、粉尘等作业场所进餐、饮水等，以及未按规定使用通风除尘设备的。

24）新安装设备（设施）未经安全验收就使用的。

25）未按规定放置、堆垛材料、制品及工具的。

26）在消防器材、动力配电箱（板、柜）周围堆放物品且违反堆放间距规定的。

27）发现隐患未排除、冒险作业的。

28）危险作业未经审批的或审批后未设置警戒区域或未挂警示牌等安全措施不落实的。

29）高空作业或在易有坠落物体下方作业时未戴安全帽的，高空作业未穿防滑鞋，随意抛掷物件的。

30）非本岗位人员任意在危险要害部位、动力站房等区域内逗留的。

31）私自开动非本工种、本岗位设备的。

32）在情况不明时，开启或关闭动力源（电、气、油等）的。

33）领导见到违章指挥、违章作业不制止，不采取措施的。

（3）有下列违章情形之一的属于严重违章，扣5分，予以处罚。

1）违章指挥的。

2）未经三级教育上岗的。

3）特种作业人员、特种设备作业人员无证操作或持超期证件操作的。

4）非特种作业人员、特种设备作业人员无证从事特种作业的。

5）在禁火区域吸烟或违章明火作业的。

6）带电拉高压保险开关或隔离刀开关时未使用合格绝缘工具的。

7）电气作业（主要是高压电气）时，不执行或违反工作票、许可、监护及中断转移等制度的。

8）液化气站、轻油库、锅炉房、煤气站、制氧站、乙炔站等危险要害部位，操作人员、值班人员脱岗的。

9）其他违反防护用品使用规定或违反操作规程中相应条款可能直接导致重伤以上事故或爆炸、火灾、倒塌、中毒事故及职业病的行为。

二、《特种作业人员安全技术培训考核管理规定》要点

2010年5月24日，国家安全生产监督管理总局公布《特种作业人员安全技术培训考核管理规定》（国家安全生产监督管理总局令第30号）（以下简称《规定》），自2010年7月1

日起施行。1999 年 7 月 12 日原国家经济贸易委员会发布的《特种作业人员安全技术培训考核管理办法》同时废止。

《规定》分为七章四十六条，各章内容为：第一章总则，第二章培训，第三章考核发证，第四章复审，第五章监督管理，第六章罚则，第七章附则。为了规范特种作业人员的安全技术培训考核工作，提高特种作业人员的安全技术水平，防止和减少伤亡事故，根据《安全生产法》《行政许可法》等有关法律、行政法规，制定本规定。

1. 总则中的有关规定

在第一章总则中，对相关事项作了规定。

第三条　本规定所称特种作业，是指容易发生事故，对操作者本人、他人的安全健康及设备、设施的安全可能造成重大危害的作业。特种作业的范围由特种作业目录规定。

本规定所称特种作业人员，是指直接从事特种作业的从业人员。

第四条　特种作业人员应当符合下列条件：

(1) 年满 18 周岁，且不超过国家法定退休年龄。

(2) 经社区或者县级以上医疗机构体检健康合格，并无妨碍从事相应特种作业的器质性心脏病、癫痫病、美尼尔氏症、眩晕症、癔病、震颤麻痹症、精神病、痴呆症以及其他疾病和生理缺陷。

(3) 具有初中及以上文化程度。

(4) 具备必要的安全技术知识与技能。

(5) 相应特种作业规定的其他条件。

危险化学品特种作业人员除符合前款第（1）项、第（2）项、第（4）项和第（5）项规定的条件外，应当具备高中或者相当于高中及以上文化程度。

第五条　特种作业人员必须经专门的安全技术培训并考核合格，取得《中华人民共和国特种作业操作证》（以下简称特种作业操作证）后，方可上岗作业。

第六条　特种作业人员的安全技术培训、考核、发证、复审工作实行统一监管、分级实施、教考分离的原则。

第七条　国家安全生产监督管理总局（以下简称安全监管总局）指导、监督全国特种作业人员的安全技术培训、考核、发证、复审工作；省、自治区、直辖市人民政府安全生产监督管理部门负责本行政区域特种作业人员的安全技术培训、考核、发证、复审工作。

2. 有关培训的规定

在第二章培训中，对相关事项作了规定。

第九条　特种作业人员应当接受与其所从事的特种作业相应的安全技术理论培训和实际操作培训。

已经取得职业高中、技工学校及中专以上学历的毕业生从事与其所学专业相应的特种作业，持学历证明经考核发证机关同意，可以免予相关专业的培训。

跨省、自治区、直辖市从业的特种作业人员，可以在户籍所在地或者从业所在地参加培训。

第十条 从事特种作业人员安全技术培训的机构（以下统称培训机构），必须按照有关规定取得安全生产培训资质证书后，方可从事特种作业人员的安全技术培训。

3. 有关考核发证的规定

在第三章考核发证中，对相关事项作了规定。

第十三条 参加特种作业操作资格考试的人员，应当填写考试申请表，由申请人或者申请人的用人单位持学历证明或者培训机构出具的培训证明向申请人户籍所在地或者从业所在地的考核发证机关或其委托的单位提出申请。

考核发证机关或其委托的单位收到申请后，应当在60日内组织考试。

特种作业操作资格考试包括安全技术理论考试和实际操作考试两部分。考试不及格的，允许补考1次。经补考仍不及格的，重新参加相应的安全技术培训。

第十四条 考核发证机关委托承担特种作业操作资格考试的单位应当具备相应的场所、设施、设备等条件，建立相应的管理制度，并公布收费标准等信息。

第十五条 考核发证机关或其委托承担特种作业操作资格考试的单位，应当在考试结束后10个工作日内公布考试成绩。

第十六条 符合本规定第四条规定并经考试合格的特种作业人员，应当向其户籍所在地或者从业所在地的考核发证机关申请办理特种作业操作证，并提交身份证复印件、学历证书复印件、体检证明、考试合格证明等材料。

第十七条 收到申请的考核发证机关应当在5个工作日内完成对特种作业人员所提交申请材料的审查，作出受理或者不予受理的决定。能够当场作出受理决定的，应当当场作出受理决定；申请材料不齐全或者不符合要求的，应当当场或者在5个工作日内一次告知申请人需要补正的全部内容，逾期不告知的，视为自收到申请材料之日起即已被受理。

第十八条 对已经受理的申请，考核发证机关应当在20个工作日内完成审核工作。符合条件的，颁发特种作业操作证；不符合条件的，应当说明理由。

第十九条 特种作业操作证有效期为6年，在全国范围内有效。

特种作业操作证由安全监管总局统一式样、标准及编号。

第二十条 特种作业操作证遗失的，应当向原考核发证机关提出书面申请，经原考核发证机关审查同意后，予以补发。

4. 有关复审的规定

在第四章复审中，对相关事项作了规定。

第二十一条 特种作业操作证每3年复审1次。

特种作业人员在特种作业操作证有效期内，连续从事本工种10年以上，严格遵守有关安全生产法律法规的，经原考核发证机关或者从业所在地考核发证机关同意，特种作业操作证的复审时间可以延长至每6年1次。

第二十二条　特种作业操作证需要复审的，应当在期满前60日内，由申请人或者申请人的用人单位向原考核发证机关或者从业所在地考核发证机关提出申请，并提交下列材料：

（1）社区或者县级以上医疗机构出具的健康证明；

（2）从事特种作业的情况；

（3）安全培训考试合格记录。

特种作业操作证有效期届满需要延期换证的，应当按照前款的规定申请延期复审。

第二十三条　特种作业操作证申请复审或者延期复审前，特种作业人员应当参加必要的安全培训并考试合格。

安全培训时间不少于8个学时，主要培训法律、法规、标准、事故案例和有关新工艺、新技术、新装备等知识。

第二十四条　申请复审的，考核发证机关应当在收到申请之日起20个工作日内完成复审工作。复审合格的，由考核发证机关签章、登记，予以确认；不合格的，说明理由。

申请延期复审的，经复审合格后，由考核发证机关重新颁发特种作业操作证。

第二十五条　特种作业人员有下列情形之一的，复审或者延期复审不予通过：

（1）健康体检不合格的。

（2）违章操作造成严重后果或者有2次以上违章行为，并经查证确实的。

（3）有安全生产违法行为，并给予行政处罚的。

（4）拒绝、阻碍安全生产监管监察部门监督检查的。

（5）未按规定参加安全培训，或者考试不合格的。

（6）具有本规定第三十条、第三十一条规定情形的。

5. 罚则中的有关规定

在第六章罚则中，对相关事项作了规定。

第三十九条　生产经营单位未建立健全特种作业人员档案的，给予警告，并处1万元以下的罚款。

第四十条　生产经营单位使用未取得特种作业操作证的特种作业人员上岗作业的，责令限期改正；逾期未改正的，责令停产停业整顿，可以并处2万元以下的罚款。

第四十一条　生产经营单位非法印制、伪造、倒卖特种作业操作证，或者使用非法印制、伪造、倒卖的特种作业操作证的，给予警告，并处1万元以上3万元以下的罚款；构成犯罪的，依法追究刑事责任。

第四十二条　特种作业人员伪造、涂改特种作业操作证或者使用伪造的特种作业操作证的，给予警告，并处1 000元以上5 000元以下的罚款。

特种作业人员转借、转让、冒用特种作业操作证的，给予警告，并处2 000元以上10 000元以下的罚款。

附件：特种作业目录（与机械制造企业相关部分）

1. 电工作业

指对电气设备进行运行、维护、安装、检修、改造、施工、调试等作业（不含电力系统进网作业）。

（1）高压电工作业。指对1 kV（千伏）及以上的高压电气设备进行运行、维护、安装、检修、改造、施工、调试、试验及绝缘工、器具进行试验的作业。

（2）低压电工作业。指对1 kV（千伏）以下的低压电气设备进行安装、调试、运行操作、维护、检修、改造施工和试验的作业。

（3）防爆电气作业。指对各种防爆电气设备进行安装、检修、维护的作业。

2. 焊接与热切割作业

指运用焊接或者热切割方法对材料进行加工的作业（不含《特种设备安全监察条例》规定的有关作业）。

（1）熔化焊接与热切割作业。指使用局部加热的方法将连接处的金属或其他材料加热至熔化状态而完成焊接与切割的作业。

适用于气焊与气割、焊条电弧焊与碳弧气刨、埋弧焊、气体保护焊、等离子弧焊、电渣焊、电子束焊、激光焊、氧熔剂切割、激光切割、等离子切割等作业。

（2）压力焊作业。指利用焊接时施加一定压力而完成的焊接作业。

适用于电阻焊、气压焊、爆炸焊、摩擦焊、冷压焊、超声波焊、锻焊等作业。

（3）钎焊作业。指使用比母材熔点低的材料作钎料，将焊件和钎料加热到高于钎料熔点，但低于母材熔点的温度，利用液态钎料润湿母材，填充接头间隙并与母材相互扩散而实现连接焊件的作业。

适用于火焰钎焊作业、电阻钎焊作业、感应钎焊作业、浸渍钎焊作业、炉中钎焊作业，不包括烙铁钎焊作业。

3. 高处作业

指专门或经常在坠落高度基准面2 m及以上有可能坠落的高处进行的作业。

（1）登高架设作业。指在高处从事脚手架、跨越架架设或拆除的作业。

（2）高处安装、维护、拆除作业。指在高处从事安装、维护、拆除的作业。

适用于利用专用设备进行建筑物内外装饰、清洁、装修，电力、电信等线路架设，高处管道架设，小型空调高处安装、维修，各种设备设施与户外广告设施的安装、检修、维护以及在高处从事建筑物、设备设施拆除作业。

4. 制冷与空调作业

指对大中型制冷与空调设备运行操作、安装与修理的作业。

（1）制冷与空调设备运行操作作业。指对各类生产经营企业和事业等单位的大中型制冷与空调设备运行操作的作业。适用于机械类（冷加工、冷处理、工艺性空调）生产企业，运输类（冷藏运输）经营企业和服务类（电信机房、体育场馆、建筑的集中空调）经营企业和事业等单位的大中型制冷与空调设备运行操作作业。

（2）制冷与空调设备安装修理作业。指对制冷与空调设备整机、部件及相关系统进行安装、调试与维修的作业。

三、《特种设备作业人员监督管理办法》要点

2011年5月3日，国家质量监督检验检疫总局公布《关于修改〈特种设备作业人员监督管理办法〉的决定》（国家质量监督检验检疫总局令第140号），自2011年7月1日起施行。原有规定与本办法要求不一致的，以本办法为准。

《特种设备作业人员监督管理办法》分为五章四十一条，各章内容为：第一章总则，第二章考试和审核发证程序，第三章证书使用及监督管理，第四章罚则，第五章附则。制定本办法的目的是加强特种设备作业人员监督管理工作，规范作业人员考核发证程序，保障特种设备安全运行。

1. 总则中的有关规定

在第一章总则中，对相关事项作了规定。

第二条　锅炉、压力容器（含气瓶）、压力管道、电梯、起重机械、客运索道、大型游乐设施、场（厂）内专用机动车辆等特种设备的作业人员及其相关管理人员统称特种设备作业人员。特种设备作业人员作业种类与项目目录由国家质量监督检验检疫总局统一发布。

从事特种设备作业的人员应当按照本办法的规定，经考核合格取得《特种设备作业人员证》，方可从事相应的作业或者管理工作。

第三条　国家质量监督检验检疫总局（以下简称国家质检总局）负责全国特种设备作业人员的监督管理，县以上质量技术监督部门负责本辖区内的特种设备作业人员的监督管理。

第四条　申请《特种设备作业人员证》的人员，应当首先向省级质量技术监督部门指定的特种设备作业人员考试机构（以下简称考试机构）报名参加考试。

第五条　特种设备生产、使用单位（以下统称用人单位）应当聘（雇）用取得《特种设备作业人员证》的人员从事相关管理和作业工作，并对作业人员进行严格管理。

特种设备作业人员应当持证上岗，按章操作，发现隐患及时处置或者报告。

2. 有关考试和审核发证程序的规定

在第二章考试和审核发证程序中，对相关事项作了规定。

第八条　特种设备作业人员考试和审核发证程序包括考试报名、考试、领证申请、受理、审核、发证。

第十条　申请《特种设备作业人员证》的人员应当符合下列条件：

（1）年龄在18周岁以上。

（2）身体健康并满足申请从事的作业种类对身体的特殊要求。

（3）有与申请作业种类相适应的文化程度。

（4）具有相应的安全技术知识与技能。

（5）符合安全技术规范规定的其他要求。

作业人员的具体条件应当按照相关安全技术规范的规定执行。

第十一条　用人单位应当对作业人员进行安全教育和培训，保证特种设备作业人员具备必要的特种设备安全作业知识、作业技能和及时进行知识更新。作业人员未能参加用人单位培训的，可以选择专业培训机构进行培训。

作业人员培训的内容按照国家质检总局制定的相关作业人员培训考核大纲等安全技术规范执行。

第十二条　符合条件的申请人员应当向考试机构提交有关证明材料，报名参加考试。

第十三条　考试机构应当制定和认真落实特种设备作业人员的考试组织工作的各项规章制度，严格按照公开、公正、公平的原则，组织实施特种设备作业人员的考试，确保考试工作质量。

第十四条　考试结束后，考试机构应当在20个工作日内将考试结果告知申请人，并公布考试成绩。

第十五条　考试合格的人员，凭考试结果通知单和其他相关证明材料，向发证部门申请办理《特种设备作业人员证》。

第十六条　发证部门应当在5个工作日内对报送材料进行审查，或者告知申请人补正申请材料，并作出是否受理的决定。能够当场审查的，应当当场办理。

第十七条　对同意受理的申请，发证部门应当在20个工作日内完成审核批准手续。准予发证的，在10个工作日内向申请人颁发《特种设备作业人员证》；不予发证的，应当书面说明理由。

3. 有关证书使用及监督管理的规定

在第三章证书使用及监督管理中，对相关事项作了规定。

第十九条　持有《特种设备作业人员证》的人员，必须经用人单位的法定代表人（负责人）或者其授权人雇（聘）用后，方可在许可的项目范围内作业。

第二十条　用人单位应当加强对特种设备作业现场和作业人员的管理，履行下列义务：

（1）制定特种设备操作规程和有关安全管理制度。

（2）聘用持证作业人员，并建立特种设备作业人员管理档案。

（3）对作业人员进行安全教育和培训。

（4）确保持证上岗和按章操作。

（5）提供必要的安全作业条件。

（6）其他规定的义务。

用人单位可以指定一名本单位管理人员作为特种设备安全管理负责人，具体负责前款规定的相关工作。

第二十一条　特种设备作业人员应当遵守以下规定：

（1）作业时随身携带证件，并自觉接受用人单位的安全管理和质量技术监督部门的监督检查。

（2）积极参加特种设备安全教育和安全技术培训。

（3）严格执行特种设备操作规程和有关安全规章制度。

（4）拒绝违章指挥。

（5）发现事故隐患或者不安全因素应当立即向现场管理人员和单位有关负责人报告。

（6）其他有关规定。

第二十二条　《特种设备作业人员证》每 4 年复审一次。持证人员应当在复审期届满 3 个月前，向发证部门提出复审申请。对持证人员在 4 年内符合有关安全技术规范规定的不间断作业要求和安全、节能教育培训要求，且无违章操作或者管理等不良记录、未造成事故的，发证部门应当按照有关安全技术规范的规定准予复审合格，并在证书正本上加盖发证部门复审合格章。

复审不合格、逾期未复审的，其《特种设备作业人员证》予以注销。

第二十三条　有下列情形之一的，应当撤销《特种设备作业人员证》：

（1）持证作业人员以考试作弊或者以其他欺骗方式取得《特种设备作业人员证》的。

（2）持证作业人员违反特种设备的操作规程和有关的安全规章制度操作，情节严重的。

（3）持证作业人员在作业过程中发现事故隐患或者其他不安全因素未立即报告，情节严重的。

（4）考试机构或者发证部门工作人员滥用职权、玩忽职守、违反法定程序或者超越发证范围考核发证的。

（5）依法可以撤销的其他情形。

违反前款第（1）项规定的，持证人 3 年内不得再次申请《特种设备作业人员证》。

第二十四条　《特种设备作业人员证》遗失或者损毁的，持证人应当及时报告发证部门，并在当地媒体予以公告。查证属实的，由发证部门补办证书。

第二十五条　任何单位和个人不得非法印制、伪造、涂改、倒卖、出租或者出借《特种设备作业人员证》。

第二十六条　各级质量技术监督部门应当对特种设备作业活动进行监督检查，查处违法作业行为。

4. 罚则中的有关规定

在第四章罚则中，对相关事项作了规定。

第三十条　申请人隐瞒有关情况或者提供虚假材料申请《特种设备作业人员证》的，

不予受理或者不予批准发证，并在1年内不得再次申请《特种设备作业人员证》。

第三十一条　有下列情形之一的，责令用人单位改正，并处1 000元以上3万元以下罚款：

(1) 违章指挥特种设备作业的。

(2) 作业人员违反特种设备的操作规程和有关的安全规章制度操作，或者在作业过程中发现事故隐患或者其他不安全因素未立即向现场管理人员和单位有关负责人报告，用人单位未给予批评教育或者处分的。

第三十六条　特种设备作业人员未取得《特种设备作业人员证》上岗作业，或者用人单位未对特种设备作业人员进行安全教育和培训的，按照《特种设备安全监察条例》第八十六条的规定对用人单位予以处罚。

第二节　金属切削加工机械安全要求与安全操作规程

一、金属切削加工机械安全基本要求

1. 对机械设备和人员的基本要求

(1) 工作场地要清洁、整齐，必须有足够的照明，随时保持走道畅通。成品、半成品和工具等堆放整齐、稳妥，堆集不宜过高，小型工件不超过0.5 m，中型工件不超过1 m，大型工件不超过1.5 m，特殊情况应取得安全人员同意后方可堆放。

(2) 金属切削加工机械的限位器、保险离合器、保险销、防护罩及其他安全防护装置应齐全有效，不得任意拆除或调整，安全装置的调整与修理要有专人负责，不准用脚开停开关，按钮开关按照“绿开红停”要确切分开。

(3) 金属切削加工机械操作人员必须经过培训，持证上岗，未能取得上岗证的人员不能进行单独操作。

(4) 金属切削加工机械操作人员对所使用的机械设备必须做到“四会”（会操作、会检查、会维修、会排除故障）、“四懂”（懂原理、懂结构、懂性能、懂用途）。

(5) 安全生产，人人有责。工作中要互相关心，互相爱护，同心协力，密切配合，大力发扬集体主义精神，绝不允许不顾他人安危的行为发生。工作中若发现不适应继续工作的情况，如出现安全隐患，冒险作业，酗酒，突发疾病等，班组长及周围人员应立即劝阻，并制止其工作，做到妥善处理。

2. 金属切削加工机械安全操作基本规则

金属切削加工机械操作人员的安全在很大程度上取决于操作者是否认真执行安全操作规程，为确保安全，操作人员应做到以下几点：

（1）操作人员应按照规定着装，穿好紧身合适的防护衣服，把袖口扣紧或者把衣袖卷起，把上衣扎在裤子里，腰带端头不应悬摆，不要穿过于肥大、领口敞开的衬衫或外套。留有长发时要戴防护帽。

（2）操作人员应佩戴防打击的护目镜。护目镜包括硬质玻璃护目镜、胶质黏合玻璃片护目镜、钢丝网护目镜。护目镜的特点是不易打碎，破裂时呈龟裂状，不飞溅，故不易伤眼。操作时应选用没有气泡、杂质且表面平滑的平光镜，以免佩戴时感到视线不清、头晕，影响视力。同时要注意镜片与镜架衔接是否牢固，镜架是否圆滑、无锐角，以免造成擦伤或有压迫感。颜色不能用单色的，要用混合色的，如黄绿色、蓝绿色、灰色的比较好。

（3）开动机床前要详细检查机床上危险部件的防护装置是否安全可靠，润滑机床，并做空载试验。

（4）工作时，工作地点要保持整洁，有条不紊。待加工和已加工工件应摆在架子上或专门设备内，不能将工件或工具放在机床上，尤其不能放在机床的运动部件上及工作地通道上。

（5）工件及刀具的装夹要牢靠，以防工件和刀具从夹具中脱落。装卸笨重工件时应使用起重设备。

（6）在机床运转时，禁止用手调整机床或测量工件；禁止把手肘支撑在机床上；禁止用手触摸机床的旋转部分；禁止取下或安装护板或防护装置。不要用手清除切屑，而应用钩子、刷子或专门的工具清除切屑。

（7）在机床运转时，操作者不能离开工作地，发现机床运转不正常时应立即停车，请检修工检查。当停止供电时，要立即关闭机床或其他启动机构，并把刀具退出工作部位。

（8）不要使污物或废油混入机床切削液中，否则不仅会弄脏切削液，甚至会传播疾病。为防止皮肤病，严禁使用乳化液、煤油、机油洗手。

（9）必须使用压缩空气清除切屑或切屑飞溅严重时，为了不危害别的操作人员，应在机床周围安装挡板，使操作区隔离。压缩空气的压力应尽可能低。不能用压缩空气吹除衣服或头发上的尘土或污物，否则会引起耳朵和眼睛的损伤。

（10）工作结束应关闭机床和电动机，把刀具和工件从工作位置退出，清理安放好所使用的工具、夹具、量具，仔细清擦机床。

3. 金属切削加工工作前应做的准备工作

（1）穿工作服，扎紧袖口，将头发压在工作帽内。戴护目镜，防止飞崩的切屑和飞溅的切削液伤眼。

（2）检查工作场地，了解前班作业中机床使用情况。

（3）检查木质脚踏板状态，发现不安全因素应及时消除。

（4）检查手工工具状态（如锉刀把应有金属环，以防劈开扎手；扳手要合适）。

（5）布置工作场地，按左、右手习惯放置工具、刀具等，毛坯、零件要堆放好。

（6）检查本机床专用起重设备状态。

（7）检查机床状况：固定式防护装置的牢固性，电机导线、操作手柄和手轮、切削液软管等是否与机床运动件及回转刀具相碰等。

（8）合上刀开关，接通电源，打开照明灯。

（9）空车检查启动和停止按钮、手柄、润滑冷却系统。进一步根据加工工艺要求调整好机床。

（10）大型机床需两人以上操作时，必须明确主操作人员负责统一指挥、互相配合。

4. 金属切削加工工作中的安全注意事项

（1）被加工工件的质量、轮廓尺寸应与机床的技术性能数据相适应。

（2）被加工工件质量大于 20 kg 时，应使用起重设备。

（3）在工件或刀具回转的情况下，禁止戴手套操作。

（4）紧固工件、刀具或机床附件时要站稳，勿用力过猛。

（5）每次开动机床前都要确认对任何人都无危险，机床附件、工件及刀具均已固定可靠。

（6）当机床已在工作时不能变动手柄及进行测量、调整和清理等工作。操作者应观察加工进程。

（7）如果在加工过程中形成飞起的切屑，为安全起见，应放防护挡板。从工作地和机床上清除切屑及防止切屑缠绕在工件或刀具上，不能直接用手，也不能用压缩空气吹，而要用专门的工具。

（8）正确安放工件，不要堵塞机床附近的通道，要及时清扫切屑，工作场地特别是脚踏板上不能有切削液。

（9）当用压缩空气作为机床附件驱动力时，废气排放口应对着远离机床的方向。

（10）经常检查零件在工作地或库房内堆放的稳固性，当将这些零件移到运箱中时，要确保它们位置稳定及运箱本身稳定。

（11）当离开机床时，甚至是短时间离开，也一定要切断电源。

（12）当出现电绝缘发热气味，发现运转声音不正常时，要迅速停车检查。

二、金属切削加工机械安全操作规程

1. 车床操作工安全操作规程

（1）操作人员必须经过培训，持证上岗，未能取得上岗证的人员不能单独操作车床。

（2）操作者要穿紧身防护服，扣紧袖口，如留长发要戴防护帽，操作时不能戴手套。切削工件和磨刀时必须戴防护眼镜。

（3）开机前，首先检查油路和转动部件是否灵活正常，夹持工件的卡盘、拨盘、鸡心夹头的凸出部分最好使用防护罩，如无防护罩，操作时应注意保持距离，不要靠近，以免绞住衣服及发生碰撞事故。开机时要观察设备运转是否正常。

(4) 车刀要夹牢固，吃刀深度不能超过设备本身的负荷，刀头伸出部分不要超出刀柄厚度的1.5倍，垫片的形状、尺寸应与刀柄的形状、尺寸相一致，垫片应尽可能少而平。转动刀架时要把车刀退回到安全的位置，防止车刀碰撞卡盘。在机床主轴上装卸卡盘应在停机后进行，不可借用电动机的力量取下卡盘。

(5) 装卸大工件时，床面上要垫木板。用吊车配合装卸工件时，卡盘未夹紧工件，不允许卸下吊具，并且要把吊车的全部控制电源断开。工件夹紧后车床转动前，须将吊具卸下。

(6) 加工细长工件要用顶尖、中心架、跟刀架。车头前面伸出部分不得超过工件直径的20～25倍；车头后面伸出超过300 mm时，必须加托架和防护罩，以防止工件甩弯伤人。

(7) 使用砂布磨工件时，砂布要用硬木垫，车刀要移到安全位置，刀架面上不准放置工具和零件，划线盘要放牢。加工内孔时，不可用手指支持砂布，应用木棍代替，同时速度不宜太快。

(8) 变换转速应在车床停止转动后方可进行，以免碰伤齿轮，开车时，车刀要慢慢接近工件，以免切屑崩伤人或损坏工件。

(9) 加工偏心工件时必须加平衡铁，并要坚固牢靠，制动不要过猛。

(10) 除车床上装有运转中自动测量装置外，均应停车测量工件，并将刀架移到安全位置。

(11) 工作时间不能随意离开工作岗位，禁止玩笑打闹，有事离开必须停机断电。工作时思想要集中，不能在运转中的车床附近更换衣服。禁止把工具、夹具或工件放在车床床身上和主轴箱上。

(12) 开车时禁止用手摸或测量工件，禁止将头部伸到工件里看进给情况，不准用手直接清除切屑。

(13) 工作场地应保持整齐、清洁，工件存放要稳妥；不能堆放过高，切屑应用钩子及时清除，严禁用手拉；电器发生故障应马上断开总电源，及时叫电工检修，不能擅自乱动。

2. 钻床操作工安全操作规程

(1) 开机前检查电器、传动机构及钻杆起落是否灵活好用，防护装置是否齐全，润滑油是否充足，钻头夹具是否灵活可靠。

(2) 钻孔时钻头要慢慢接近工件，用力均匀适当，孔快钻穿时不要用力太大，以免工件转动或钻头折断伤人。精铰深孔、拔锥棒时不可用力过猛，以免手撞在刀具上。

(3) 根据工件的大小，钻孔时必须夹紧，尤其是轻体零件必须牢固地夹紧在工作台上，严禁用手握住工件。钻薄板孔时要用木板垫底，钻厚工件时钻够一定深度后应退出钻头排屑，并加切削液冷却，以免折断钻头，停钻前应从工件中退出钻头。

(4) 不准在旋转的刀具下翻转、夹压或测量工件；手不准触摸旋转的刀具。

(5) 使用自动进给时，要选好进给速度，调整好行程限位块。手动进给时，逐渐增加压力或逐渐减小压力，以免用力过猛造成事故。

(6) 使用摇臂钻床时，横臂回转范围内不准站人，不准有障碍物，工作时横臂必须夹紧。横臂及工作台上不准堆放物件。

(7) 严禁戴手套操作。钻出的切屑不能用手拿、口吹，需用刷子及其他工具清扫。钻头缠有长切屑时，要停车用刷子或铁钩清除，禁止用手拉。

(8) 磨钻头时一定要戴防护眼镜，钻头、钻夹头脱落时，必须停机才能重新安装，开机后不准用手摸钻头、对样板、量尺寸等。

(9) 工作结束时，要将横臂降到最低位置，主轴箱靠近主轴，并且要夹紧。

(10) 工作时思想集中，设备运转中不准离开或托他人看管。

(11) 工作场地要清洁整齐，工件不能堆放在工作台上，以防掉落伤人。

3. 刨床操作工安全操作规程

(1) 工作时应穿工作服，戴工作帽，头发应塞在工作帽内。

(2) 开机前必须认真检查机床电气与转动机构是否良好、可靠，油路是否畅通，润滑油是否加足。

(3) 工作时的操作位置要正确，不得站在工作台前面，以防止切屑及工件落下伤人。

(4) 工件、刀具及夹具必须装夹牢固，刀杆及刀头尽量缩短使用。以防工件“走动”甚至滑出，使刀具损坏或折断，甚至造成设备事故和人身伤害事故。

(5) 刨床安全保护装置均应保持完好无缺、灵敏可靠，不得随意拆下，并要随时检查，按规定时间保养，保持机床运转良好。

(6) 机床运行前，应检查和清理遗留在机床工作台面上的物品，机床上不得随意放置工具或其他物品，以免机床开动后发生意外伤人。同时应检查所有手柄和开关及控制旋钮是否处于正确位置。暂时不使用的其他部分应停留在适当的位置，并使其操纵或控制系统处于空挡位置。

(7) 机床运转时，禁止装卸工件、调整刀具、检测工件和清除切屑。机床运行时，操作者不得离开工作岗位。观测切削情况时，头部和手在任何情况下不能靠近刀的行程之内，以免碰伤。

(8) 不准用手去抚摸工件表面，不得用手清除切屑，以免伤人及切屑飞入眼内；切屑要用专用工具清扫，并应在停车后进行。

(9) 牛头刨床工作台或龙门刨床刀架做快速移动时，应将手柄取下或脱开离合器，以免手柄快速转动损坏或飞出伤人。

(10) 装卸大型工件时应尽量用起重设备。工件起吊后，不得站在工件的下面，以免发生意外事故。工件卸下后，要将工件放在合适的位置，且要放置平稳。

（11）工作结束后，应关闭机床电气系统并切断电源。所有操作手柄和控制旋钮都扳到空挡位置，然后再做清理工作，并润滑机床。

4. 铣床操作工安全操作规程

（1）应穿紧身工作服，袖口扎紧；女工要戴防护帽；高速铣削时要戴防护镜；铣削铸铁件时应戴口罩；操作时严禁戴手套，以防将手卷入旋转刀具和工件之间。

（2）操作前应检查铣床各部件、电气部分及安全装置是否安全可靠，检查各个手柄是否处于正常位置，并按规定对各部位加注润滑油，然后开动机床，观察机床各部位有无异常现象。

（3）工作时，先开动主轴，然后做进给运动，在铣刀还没有完全离开工件时不应先停止主轴旋转。机床运转时，不得调整、测量工件和改变润滑方式，以防手触及刀具而碰伤手指。

（4）做一个方向进给时，最好把另两个移动方位的紧固手柄锁紧，以减少工作时的振动，有利于提高加工精度。

（5）在机动快速进给时，要把手轮离合器打开，以防手轮快速旋转伤人。在铣刀旋转未完全停止前，不能用手去制动。

（6）铣削中不要用手清除切屑，也不要用嘴吹，以防切屑损伤皮肤和眼睛。

（7）装卸工件时，应将工作台退到安全位置，使用扳手紧固工件时，用力方向应避开铣刀，以防扳手打滑时撞到刀具或夹具。将沉重的工件和夹具搬上工作台时一定要轻放，不许撞击，并且不要在工作台面上做任何敲击动作。

（8）把工件、夹具和附件安装在工作台上时，必须清除和擦净工作台面以及夹具附件安装面上的切屑和污物，以免影响加工精度，同时应经常换位置，以使丝杆和导轨磨损均匀。

（9）装拆铣刀时要用专用衬垫垫好，不要用手直接握住铣刀。在卧式铣床上安装铣刀时，应尽量使铣刀靠近主轴，以减少心轴和悬梁的变形。

（10）注意选择合适的铣削用量，铣削用量应与机床使用说明书所推荐的数据相适应。

（11）工作完毕应清洗机床，加油，检查手柄位置，以及对机床夹具、刀具等做一般性检查，发现问题要及时调整或修理，不能自行解决时应向班组长反映情况。

5. 镗床操作工安全操作规程

（1）工作前应认真检查夹具及锁紧装置是否完好正常。

（2）调整镗床时应注意：升降镗床主轴箱之前，要先松开立柱上的夹紧装置，否则会使镗杆弯曲及夹紧装置损坏而造成伤害事故。装镗杆前应仔细检查主轴孔和镗杆是否有损伤，是否清洁，安装时不要用锤子和其他工具敲击镗杆，迫使镗杆穿过尾座支架。

（3）工件夹紧要牢固，工作中不应松动。

（4）工作开始时应用手动给进，当刀具接近加工部位时再用机动给进。

（5）当工具在工作位置时不要停车或开车，待其离开工作位置时再开车或停车。

（6）机床运转时切勿将手伸过工作台；在检验工件时，如手有碰刀具的危险，应在检查之前将刀具退到安全位置。

（7）大型镗床应设有梯子或台阶，以便于人员操作和观察。梯子坡度不应大于50°，并设有防滑脚踏板。

6. 磨床操作工安全操作规程

（1）操作内圆磨床、外圆磨床、平面磨床、工具磨床、曲轴磨床等都必须遵守金属切削机械的安全操作规程。工作时要穿工作服，戴工作帽。

（2）工件加工前，应根据工件的材料、硬度、精磨和粗磨等情况合理选择适用的砂轮。

（3）更换砂轮时，要用声响检查法检查砂轮是否有裂纹，并校核砂轮的圆周速度是否合适，切不可超过砂轮的允许速度运转。必须正确安装和紧固砂轮，砂轮装完后，要按规定尺寸安装防护罩。安装砂轮时须经平衡试验，开空车试运行 5～10 min，确认无误后方可使用。

（4）磨削时，先将纵向挡铁调整并紧固好。人不准站在正面，应站在砂轮的侧面。

（5）进给时，不准将砂轮快速接触工件，要留有空隙，缓慢地进给，以防砂轮突然受力后爆裂而发生事故。

（6）砂轮未退离工件时，不得中途停止运转。装卸工件、测量精度时均应停车，将砂轮退到安全位置，以防磨伤手。

（7）用金刚钻修整砂轮时，要用固定的托架，湿磨的机床要用切削液冲，干磨的机床要开启吸尘器。

（8）干磨的工件不准突然转为湿磨，以防止砂轮碎裂。湿磨工作切削液中断时要立即停磨。工作完毕应将砂轮空转 5 min，将砂轮上的切削液甩掉。

（9）平面磨床一次磨多个工件时，装夹工件时要靠紧、垫妥，防止工件飞出或砂轮爆裂伤人。

（10）外圆磨床用两顶尖加工的工件，应注意顶尖是否良好。用卡盘加工的工件要夹紧。

（11）用内圆磨床磨削内孔，用塞规或仪表测量工件时，应将砂轮退到安全位置，待砂轮停转后方能进行。

（12）在用工具磨床磨削各种刀具、花键、键槽等有断续表面的工件时，不能使用自动进给，进给量不宜过大。

（13）应注意万能磨床油压系统的压力，不得低于规定值。液压缸内有空气时，可移动工作台至两端，排除空气，以防液压系统失灵而造成事故。

（14）不是专用的端面砂轮不准磨削较宽的平面，以防止碎裂伤人。

（15）须经常更换切削液，以防止污染环境。

7. 插床操作工安全操作规程

（1）工作时应穿工作服，戴工作帽，头发应塞在工作帽内。

（2）开机前必须认真检查机床电气与转动机构是否良好、可靠，油路是否畅通，润滑油是否加足。

（3）装夹工件要选好基准面；压板、垫铁要平稳可靠，压紧力要适当，保证工件在切削中不松动。

（4）使用的扳手与螺母必须相符，用力要适当，以防止滑倒。

（5）工作时思想集中，设备运转中不准离开或托他人看管。

（6）禁止在运行中变换滑枕速度、滑枕行程和插程位置，滑枕调好后必须锁紧。

（7）工作中操作者的头部不许伸入滑枕冲程中观察加工情况。

（8）测量工件、清理切屑时必须停车进行。

（9）工作台和机床导轨上不允许堆放物件。

8. 锯床操作工安全操作规程

（1）工作时应穿工作服，戴工作帽，头发应塞在工作帽内。

（2）工作前，应仔细检查锯床各部件是否正常，并认真向各油道孔注油。然后启动锯床做空转运行，检查有无异常现象，待确认完好时方能进行正式工作。

（3）所锯钢料必须放平稳且夹持牢固，工作中要集中精力，随时注意锯床的运转情况，如果发现钢料松动，有异常噪声、异常气味或发热等不正常现象，应立即停车处理，待确认安全无误时方能再启动锯床。

（4）开动锯床时，必须同时开动冷却泵及打开切削液的开关，调节适当的切削液量，防止因干锯而烧坏锯片。

（5）调整转速必须停机进行，锯床工作中不得用手摸锯片及传动部分，以防发生人身伤害事故。

（6）下长料和大料时要用吊车吊住切下的钢料，以防锯断时突然落下打坏机器和造成人身伤害。油压锯床最大夹钢料直径不得超过 150 mm，圆锯床最大锯料直径不得超过 240 mm。

（7）工作完毕要切断电源，清除切屑，随时保持锯床及环境卫生。

（8）非操作人员未经许可一律不得动用锯床。

9. 小台钻安全操作规程

（1）使用前对设备各部位进行检查，防止脱落、漏电现象，工作时不准戴手套。

（2）钻孔时工件必须用钳子、夹具或压铁压紧压牢，禁止用手拿着工件钻孔，工件下面应垫木板。

（3）运转中不能进行变速或测量，装卸工件、夹具、刀具时要停机。

（4）不准在钻孔时直接用手清除切屑，也不允许用手擦拭。

（5）钻孔开始或工件要钻穿时用力要轻，以防工件转动或甩出伤人。

（6）工作中要把工件放正，用力要均匀，以防钻头折断。

（7）工作后应对设备进行清洁。

10. 砂轮机安全操作规程

（1）根据砂轮使用说明书，选择与砂轮机主轴转速相符合的砂轮。

（2）新砂轮要有出厂合格证或检查、试验标志。安装前如发现砂轮的质量、硬度、粒度和外观有裂缝等缺陷时，不能使用。

（3）安装砂轮时，砂轮的内孔与主轴配合的间隙不宜太紧，应按松动配合的技术要求，一般间隙控制在 0.05～0.10 mm 之间。

（4）砂轮两面要装有法兰盘，其直径不得小于砂轮直径的 1/3，砂轮与法兰盘之间应垫好衬垫。

（5）拧紧螺母时要用专用的扳手，不能拧得太紧，严禁用硬的东西锤击，以防止砂轮受击碎裂。

（6）砂轮装好后，要装防护罩、挡板和托架。挡板和托架与砂轮之间的间隙应保持在 1～3 mm 内，并要略低于砂轮的中心点。

（7）新装砂轮启动时不要过急，先点动检查，经过 5～10 min 试转后才能使用。

（8）初磨时不能用力过猛，以免砂轮受力不均而发生事故。

（9）禁止磨削纯铜、铅、木头等工件，以防砂轮嵌塞。

（10）磨削时，人应站在砂轮机的侧面，戴好防护眼镜，不准两人同时在一块砂轮上磨削。

（11）磨削时间较长的工件应及时进行冷却，防止烫手。

（12）经常修整砂轮表面的平衡度，保持良好的状态。

（13）吸尘机必须完好有效，如发现故障应及时修复。

第三节　金属热加工安全要求与安全操作规程

金属热加工一般是指铸造、锻造、焊接和热处理等工作，其特点是生产过程中常伴随着高温、有害气体、粉尘和噪声等，劳动条件恶劣，易发生人员伤害事故。金属热加工安全操作规程主要有铸造工安全操作规程、锻造工安全操作规程、热处理工安全操作规程。

一、铸造工安全操作规程

1. 电弧炉炼钢工安全操作规程

（1）通电前应检查熔炼设备，如发现漏电、漏水、漏油时应及时处理。

（2）出钢坑、出渣坑及渣罐内必须保持干燥，以防止爆炸。坑沿要保持清洁，并设有良好的安全栏杆。

（3）清理渣坑工作应在熔化期进行，并给予警示标志。

（4）加矿石时不要过急，应缓慢地将矿石加入炉内，防止沸腾造成跑钢。在熔化期和氧化期熔渣流入渣罐时，严禁将水和潮湿物品扔入渣罐内，以防止爆炸。

（5）扒渣要稳，不要用力过猛，以防止钢液溅出伤人。

（6）往炉内加入炭粉、硅铁粉、铝粉等粉状物时，要站在炉门侧面加入，以防止喷火伤人。

（7）使用大锤时，要事先检查锤头是否牢固，周围禁止站人，打锤时不能戴手套。

（8）打出钢口时，在炉前的操作人员不得往炉内加入易燃材料，以防止喷火伤人。

（9）出钢时，炼钢工必须与配电工联系，先将电源切断，否则不能倾炉。

（10）换电极、调整电极、换炉盖等操作应在停电后进行，并由专人指挥吊车，防止电极折断脱落。

（11）在修砌出钢槽时不准倾炉，以防倾炉时将人翻入坑中。

（12）装料时炉门必须关闭，炉料中不准有密封容器类和易爆类炉料。进二次料时，不准用潮湿的炉料，任何人不得到炉子上去拣料，以防爆炸伤人。

（13）在正常生产期间，非生产人员未经批准不得进入配电室和变压器室。

（14）出钢前应将盛钢桶对好，在得到浇注工信号后方可翻炉出钢。

（15）使用氧气吹烧前必须检查氧气开关是否灵活，胶管和吹氧管的接头处螺母是否松动，并有专人开闭氧气阀门。

（16）凡伸入炉内的工具和往炉内加入的材料必须干燥，以防止爆炸。

2. 冲天炉化铁工安全操作规程

（1）修炉

1）进炉工作前，应认真检查所使用的设备和工具是否安全可靠，检查所用软梯、铁梯是否牢固。

2）除炉渣时应从上往下清理，禁止因较大振动而造成砌砖体裂缝。

3）修炉材料中不得混有煤粉，以防止爆炸。

4）修炉底板时支柱基础必须牢固，炉底板应安放灵活，支撑好炉底板后，需将炉脚和支柱下用沙子盖好。

（2）砸铁

1）工作前必须检查砸铁机气路部分工作是否正常，安全防护装置是否良好，并按规定加好润滑油。工作前应先开空车试运行，检查传动部分安全可靠后方可正常运行。

2）砸铁机操作人员工作时精力必须集中，手、脚等部分不得置于冲锤下面。

3）砸铁工作现场不准无关人员进入。

4）搬拿铁块时应从上到下逐层搬，手、脚不能放在铁块底部或两铁块之间，以免伤人。

（3）加料

1）加料前必须检查所用设备是否正常，并加润滑油。

2）不准将密封容器类和有爆炸可能的炉料装入冲天炉，不允许将有污物和挂水的炉料装入冲天炉，以免引起爆炸。

3）在开炉过程中须保持加料小车轨道清洁，上、下运转灵活。

4）用电磁盘吊运炉料时，严禁在磁盘下工作和站立。

5）冲天炉工作中，加料平台上的操作人员不得靠近加料炉门。

（4）炉前

1）开炉前应保持炉底下面及附近场地干燥，并检查冲天炉各部位是否正常，冲天炉周围 5 m 之内不准有易燃物。

2）检查炉底板是否牢固、灵活，炉门是否填塞妥当、安全。

3）开炉时所用的工具都应预热。

4）出铁液前，浇包必须烘烤干燥，并检查卡子是否锁好，吊车是否能正常工作。一切检查妥当方可出铁液，铁液量不得超过浇包安全线。

5）在捅风眼时应注意后面是否有人，且操作者应站在侧面观察及清理风眼。

6）出渣后必须将出渣口堵好，方能打开出铁口出铁液。

7）要保证风眼盖上的观察玻璃完好无损。

8）在化铁过程中，如果发现炉壳变红，不准用水浇，应用空压风冷却或采取其他有效措施排除故障。

9）在进行球化处理等容易出现铁液翻腾的操作时，要特别注意防止铁液飞溅伤人。

10）熔炼过程中如遇到故障，炉前工必须及时通知有关人员，协同排除故障。

11）打炉底时要注意防护，打炉后的剩余炉料应立即喷水熄火冷却，其他人员要远离炉底。

12）冲天炉工作过程中应定时检查鼓风机，注意风量、风压的变化，检查运转是否正常，发现问题应及时采取措施排除。

3. 铸钢浇注工安全操作规程

（1）工作前应仔细检查工作场地是否完全。各种工具应准备妥当，检查盛钢桶上用的箍环及吊包的保险和钩环等是否完好。包龄末期要特别注意包壁的侵蚀情况。

（2）浇注场地及其附近应经常保持整洁，不准有积水。

（3）各种锭模、工具、吊具、废钢、垃圾不准任意堆放，以免堵塞通道，应及时运走或放到指定位置。

（4）检查钢锭模内部或盛钢桶时，必须用 36 V 的安全电压手提灯。盛钢桶吊至出钢槽以后，不准进入桶内工作，如需检查，必须将盛钢桶吊离出钢槽位置。

(5) 绝对禁止在吊车吊物下面行走或停留。遇吊运特大件或盛满钢液的盛钢桶时，必须前后各设一人监护，并由一人指挥。浇注 6 t 以上的铸件时，未经有关人员同意，不准在地面上进行。

(6) 用吊车吊挂钢锭、锭模、冒口和中注管等物件时必须挂稳，确保牢固可靠后再给起吊信号。吊 U 形封闭吊把的锭模和中注管等重物时，必须用专用的钩子和链条，不准用环链或绳套，以防滑落伤人。

(7) 盛钢桶在使用前必须经过仔细检查，各机械部分必须牢固灵活，如发现问题要及时修理，修理好后才能使用。盛钢桶要足够干燥。

(8) 出钢时，禁止站在盛钢桶台架附近或出钢槽对面，以免发生烧伤事故。

(9) 浇注时，与浇注工作无关的人员禁止站在浇注坑附近。底盘或中注管跑钢时要使用铁沫子或生铁块堵塞，不准使用稀泥浆，以免发生爆炸。浇注铸件前应检查砂箱的压铁和紧固螺栓是否卡牢，以保证浇注时钢液不易抬型射出。当钢液在浇冒口内沸腾时，浇注人员要远离砂箱，以免烫伤。

(10) 浇完钢液后，盛钢桶内的残钢、熔渣应缓慢地倒入干燥的废钢锭模和渣罐内，此时，所有人员都应远离渣罐，严防熔渣飞溅伤人。

(11) 如在浇注过程中，由于塞头关不住钢液产生飞溅时，必须由浇注工一人正确指挥吊车，其余人员应迅速离开。

(12) 取钢样的勺子和试样杯必须充分干燥。

(13) 当浇注坑中有人工作时，严禁用吊车在地坑上面吊运物件。

(14) 若用氧气烧割装载钢液的盛钢桶注口时，所用的钢管长度不得小于 2 m，氧气瓶应离开盛钢桶 10 m 以外存放。使用的软管、钢管不能漏气，不准用有油污的手开氧气瓶的阀门或用带油的东西接触氧气瓶瓶嘴和阀门软管。不准用吊车吊运氧气瓶。

(15) 出钢后，当盛钢桶上部往外流渣时，不准进行浇注，必须等熔渣停止外流时再进行浇注。

(16) 禁止将尚未凝固的钢锭从钢锭模中拔出来。

(17) 不准使用未经烘干的盛钢桶、中注管、塞杆。浇注前必须将盛钢桶上的残渣打掉方能进行浇注。

(18) 往平车上放中注管、钢锭、锭模、渣罐、盛钢桶等物件时必须放平稳，以免倾倒伤人。

(19) 在安装塞头时一定要使其与注口砖接触良好，不得有漏钢现象。紧固螺栓时一定要牢固。上塞砖时手要拿住砖，不得任意放下。

4. 铸铁浇注工安全操作规程

(1) 检查浇包的吊环、手抬包耳环的状况，若发现问题应及时解决。浇包在使用前要预先烘烤，以保证使用安全。

（2）仔细检查浇包的转动部分，必须保证回转灵活。

（3）用平车运送浇包时一定要放平稳，平车轨道附近不能有障碍物。

（4）使用手抬包时，前后工人必须步调一致，并清理好所经道路，保证畅通无阻。

（5）使用手端包时，包体应在操作者的侧面，以防铁液溢出伤人。

（6）吊运浇包时必须卡好保险卡，铁液容量不得超过安全线，并保持平稳，由专人指挥，吊车钩要挂牢，不准吊着浇包从人头顶通过。

（7）严禁从冒口处观察铁液，浇包对面不准站人，以防铁液喷出伤人。

（8）浇注高大铸件时，要选择稳定及有退步的地方站稳，方可浇注。6 t以上的铸件，未经有关人员同意不准在地面上浇注。

（9）浇注大型铸件时要有专人扒渣、挡渣、引气，以免发生爆炸事故。

（10）剩余铁液不得乱倒，必须倒在预热的锭模中。

（11）前炉所有铁液不允许超过浇包的容量。

（12）浇注小件时应尽量采用小浇包，扒渣和挡渣不允许用空心棒。

5. 型砂工安全操作规程

（1）机器设备要有专人负责，工作前要对转动部分和不可缺少的防护装置进行检查，经试运行后方可使用。

（2）对所用的砂斗、工具及钢丝绳要经常检查，如有不当应停止使用。

（3）在工作中要随时观察混砂机及运输带等设备，如发现异常要停车检修。

（4）混砂机在运转时，不准将铁锹或扫帚伸入碾内，不准用手检查转动部位或到碾盘内取砂样，一定要用工具从取样门取样，或者停机取样。

（5）在检修混砂系统设备时，必须在电源开关处挂上“正在修理，禁止开动”的警示牌，以免发生意外。

（6）供砂前应先空车运转，正常后方可供砂。

（7）手动操作刮板供砂时，应在砂斗装满时立即提起刮板。

（8）在运输带运行时不准横跨运输带行走，或隔着运输带递送工件。排除故障或清扫卫生时必须停车。

（9）高空检查应遵守高空作业安全规程，没有防护遮栏的地方不得进行高空作业，如必须进行时，应采取措施保证安全。

（10）不准坐、卧于运输带机上休息。

（11）校正运输带位置或松紧度时必须停机进行。运输带走偏时，禁止用手或工具在停机前进行校正。

（12）开机时先开运输带机，再打开供砂斗闸门（或开动给料器）。停机时，先停止供砂，关闭供砂闸门，待运输带上余砂卸尽后再关运输带机。

(13) 定期对传动装置进行检查，更换损坏的零件，并按规定进行润滑。

6. 造型工安全操作规程

(1) 检查工作场地，清除绊脚物。不用的砂箱、模样、工具等要堆放整齐，保证人行道畅通。垫铁和箱卡子要随用随收，摆放整齐。

(2) 使用砂箱前，应先检查箱把是否牢固，如有松动现象禁止使用。箱带破损严重而又未经焊接修理的砂箱不得使用。

(3) 检查钢丝绳是否符合规定的标准，捣固器有无磨损和缺陷，发现问题须立即更换或修理。

(4) 在使用吊车前，应先检查钢丝绳和链条有无损坏及裂纹，如有缺陷应及时清理。

(5) 吊运砂箱时，必须两人挂钩、挂链，互相配合。起吊时，操作人员应位于 1 m 以外，绝对不允许站在被吊物与邻近固定物之间，并且只许一人指挥吊车开动。

(6) 指挥吊砂箱的吊车运行时，禁止站在砂箱、芯板或吊运的芯（型）上充当平衡锤。

(7) 吊砂箱时必须用双绳挂两个把，禁止用单绳套斜挂，以防止砂箱偏斜脱落。

(8) 用两台吊车同时起吊同一工件时，应按吊车额定载重量合理分配，统一指挥，步调一致。

(9) 堆摞铸型要用同一高度的垫铁，堆摞高度不得超过其宽度的两倍。堆放模板时，要将大的放在下面，小的放在上面，堆摞平稳。

(10) 舂砂时要双手握风动捣固器，防止碰伤自己的脚。在使用捣固器时螺纹容易脱落，操作者要随时注意把各节螺纹拧紧，以免飞出伤人。

(11) 吊车在翻型（特别是大件）时，要有专人指挥和监督，附近的工作人员要远离，指挥人员要站在吊车运行物的侧面。

(12) 合型时要有专人指挥。吊车起落动作要慢，发现砂芯压坏或有浮砂时，禁止伸头进去打扫，必须将上砂型吊到旁边再进行修理或清扫。

(13) 禁止在吊起的砂型或砂芯下面修补铸型，应在固定架下或地坑下进行修理。

(14) 摞箱时禁止用木块或砖头垫箱，应使用专用垫铁（如工字铁或日字铁）。

(15) 吊运砂箱或翻型、合型时，两端链条必须平衡。

(16) 吊车吊运砂箱时，起吊前先指挥吊车使吊绳（或链）与地面垂直，听到铃声应及时躲开吊件，以防脱落伤人。

(17) 禁止在砂堆上或地面松动处堆放砂箱和工件。

(18) 当合型、放箱时，禁止用手握砂箱下面的箱口，防止压坏手指。

(19) 天然气要有专人负责管理，在使用天然气时必须先点火再放气，以防烧伤。用过天然气后一定要将阀门关死，以防气体逸出。

(20) 地坑造型时，下班前必须用草绳将周围拦起来，并挂标志或危险警示牌。

7. 清砂工安全操作规程

（1）了解和熟悉风铲的工作特性，检查所有连接部位是否结实、牢固，操作阀门是否灵活。若风铲进风口和胶管连接不牢时，绝不能凑合使用，以免胶管脱落伤人。

（2）清砂时，要一手掌稳风铲，一手把握铲头方向，并防止钢钎滑落将脚砸伤。严禁用手扶铲头与枪连接部位，以免将手挤伤。

（3）清砂时铲头对面不得站人，以防止铲空或飞砂伤人。

（4）清理较大的铸件时要放平稳，不得用重心高或易滚动的工件作为垫块。铲刺或打冒口时，不准对着周围人员操作，以防飞刺伤人。

（5）用撬棍时应注意前后是否有人，翻动铸件时不得将撬棍穿在铸件孔内，以免回转失手伤人。清理完的浇冒口、铁块、芯骨应堆放在指定位置。

（6）使用桥式起重机起吊铸件或翻转铸件时，应严格遵守起重、挂钩工安全操作规程，并注意检查挂钩、钢丝绳是否符合规定要求，听到桥式起重机铃响时应立即躲开。

（7）较长时间休息或离开工作场地时，不准将割炬放在地上，必须熄灭割炬，关闭阀门，减去压力，放出管中所存余气，并收拾好软管和工具。

（8）点火时的要求与气割工相同。在操作割炬时，不准将橡胶软管背在背上操作。禁止使用割炬火焰来照明。

（9）砂轮机应有防护罩。使用砂轮机打磨铸件时先空转启动，待空转正常后，再由轻而重均匀用力。用力不能太大或猛力磕碰，以免砂轮片破裂伤人。

（10）禁止他人随便使用砂轮机或敲击砂轮。换砂轮片时，须检查砂轮片是否受潮，有无裂纹。装砂轮片时要垫平夹牢，不准使用不合格的砂轮片。

（11）打磨铸件时，砂轮机转动方向两侧不准站人，以免砂粒迸溅伤人。

（12）工作完毕应关闭阀门，将砂轮机摆放到干燥安全的地方，以免砂轮片受潮。

（13）风动砂轮要有专人保管，并要随时检查和修理。

（14）在喷丸室工作时，非工作人员不得靠近喷丸室，以免铁丸伤人。非喷丸室操作人员不得开动设备。

（15）当设备发生故障时须立即停车，关闭电源。在维修设备时也应切断电源。

（16）喷丸室有下列情况时禁止工作：

1）防护帘损坏，失去防护作用。

2）喷丸室或喷丸机有局部被铁丸穿透现象。

3）供丸系统被堵塞。

4）喷丸机台车转动不平衡。

5）没有通风除尘装置或通风除尘设备已损坏时。

6）只有一个人不得启动设备。

（17）喷丸室必须遵守以下规定：

1）喷丸机未启动时，禁止打开供丸控制阀。

2）每启动一次喷丸机后，必须进行运行检查。喷丸室在工作时必须经常检查供丸系统，以防止堵塞。

3）禁止在台车上翻转铸件。

4）平车运行前，须检查平车供电线是否在轨道上。禁止使用破皮的电线供电。

5）散落在设备周围的铁丸必须经常清理。加入喷丸室中的铁丸必须过筛。

二、锻造工安全操作规程

1. 锻工通用安全操作规程

（1）工作前，检查设备、工具、夹具是否安全可靠，加热炉及附属设备、设施是否完好。

（2）冬季工作前，必须将锤砧、模具预热至150～200℃，以防断裂。

（3）在高温季节操作时必须采取降温措施，保证生产作业现场有良好的通风。

（4）用投掷方法传送锻件时必须注意并保证其他现场人员的安全；传送大锻件时必须用钳子夹牢。

（5）工作中必须经常检查设备和工具、模具受冲击部分是否有损伤、松动或裂纹，并及时处理。

（6）掌钳操作时，严禁将手指置于两钳把之间；也不得将钳把对准自己或他人，必须置于身体侧面。

（7）锻打任何工件，首锤必须轻击。

（8）严禁直接用手清除砧面上的氧化皮或取拿物品。

（9）严禁将易燃易爆品或可燃物质置放在加热炉或已加温的锻件附近。

（10）夏天停锤时，必须在上、下砧之间垫放一垫块，利于冷却。

（11）加热或煅打后的工件必须存放在指定区域，严禁遍地散放或放在通道上。工件存放区域应设置明显的隔离设施或警示标志。

（12）严禁锻打冷料或过烧的坯料，以防止飞裂伤人。

（13）严禁锻打低于停锻温度的工件。

（14）严禁锻打的工件厚度规定：

560 kgf空气锤的工件厚度≤10 mm；

250 kgf以下（含）空气锤的工件厚度≤5 mm。

2. 掌钳工安全操作规程

（1）必须选用与锻件几何形状相吻合的锻钳，以保证夹持牢固。拔长工件时钳柄必须套上钳箍，以避免工件飞出伤人。

（2）操作时钳身必须放平，工件平稳地放在砧子中心。翻转工件时，必须待锤头上升至上止点方可进行。

(3) 剁料或冲孔时必须将剁刀或冲子的油、水擦拭干净，剁刀必须放正。剁切厚度较大的工件时只能加平整的垫块，严禁加楔形垫块。当料头快断开时必须轻击。严禁站在料头飞出方向。

(4) 从垫模中脱出工件或从工件中脱出冲子时，必须使用平整的漏盘；严禁用高低不平的料头等代替漏盘。

(5) 使用脚踏板控制锻锤时，必须遵守司锤工安全操作规程。测量工件时，脚必须离开脚踏开关，以防止因误操作而导致事故。

3. 司锤工安全操作规程

(1) 开锤前应做好以下检查和准备工作：

1) 检查设备、工具、夹具有无缺陷，锤杆上、下砧与砧座的连接楔子有无松动，各部位螺钉、螺母有无松动，运动件的连接是否牢固。

2) 检查润滑系统是否良好，并加注润滑油。

3) 开车空负荷运转，检查有无异响或异常振动。

(2) 锻锤在使用过程中，必须随时观察砧面上工件的变形情况，在用工具是否合适，锤头、楔子等是否松动。

(3) 司锤工锻打时，必须听从掌钳工的指挥。

(4) 严格执行六不打

1) 工件换位过程中或未放平稳不打。

2) 钳子夹不住工件或有松动现象时不打。

3) 冬季所用工具、模具未预热不打。

4) 锻件不够始锻温度或低于终锻温度不打。

5) 掌钳工将钳把对着人身，剁料时工件不在砧子中央或拿刀不正时不打。

6) 不打空锤。

4. 司炉工安全操作规程

(1) 检查加热炉是否完好，炉门升降是否灵活、可靠。检查风机、天然气阀门、管道、循环水系统是否完好。

(2) 随时清理炉膛内的氧化皮、碎砖及其他杂物，保持炉内清洁。

(3) 开动循环水泵，确认有出水后方可点火。

(4) 天然气炉点火必须执行以下程序：

打开炉门→开启风机，吹扫炉膛内积存的可燃气体，3～5 min 后关闭→将火炬送入烧嘴下→缓慢开启天然气气阀点燃→开启风机，缓慢打开风闸，调节风量至正常后升温。

(5) 停炉时必须先关天然气阀，再关空气阀，最后停风机。

(6) 使用火钩、撬棍、火钳等工具时必须注意周围人员的安全，严禁随手乱扔；工件进、出炉时操作不可过猛，以防伤人。

（7）停电、鼓风机出故障以及天然气气压波动过大时，必须立即关闭天然气阀门，停炉进行处理。

（8）严禁用明火引燃的办法检查天然气管道或炉膛内是否漏气。

5. 校直工安全操作规程

（1）工作前检查设备和工装、夹具、量具是否完好。

（2）加压校直时严禁在工件两端站人。

（3）校直压力严禁超过设备的额定范围。

（4）热校时必须采取防烫伤的措施。

（5）采取气焊对零件烘热或热点校直时，必须严格遵守气焊工安全技术操作规程。无焊工操作证者严禁使用气焊设备。

（6）采用垫块校直时，垫块必须放正，以防歪斜飞出伤人。

（7）手工校直时用锤不得用力过猛，以防止工件飞出伤人。

6. 铆工安全操作规程

（1）工作前，必须检查所需使用的各种工具是否存在不安全的缺陷，各种承受锤击的工具顶部严禁淬火。

（2）进行铲、剁、铆等工作时，严禁对着他人进行操作。使用风铲，在工作间断时，必须将铲头取下，以免发生事故。

（3）工作中，在使用油压机、摩擦压力机、刨边机、剪板机等设备时，必须事先检查设备运转是否正常，并严格遵守该设备安全操作规程。

（4）凿冲钢板时，必须将钢板放置平稳，严禁用圆形物体（如铁管、铁球、铁棒等）作支撑物，避免钢板滚动伤人。

（5）用行车翻转工件时，现场人员必须离开危险区域；所用吊具必须事先认真检查，并严格遵守行车起重安全操作规程。

（6）使用大锤时应注意锤头运动范围，顾及前后；操作者应禁止对面站人，防止抡锤时造成危险。打大锤时不准戴手套。

（7）加热后的材料要定点存放，必须待其冷却后方可搬动，以防止烫伤。

（8）严禁在加热铆接工作现场放置易燃易爆物品；地炉熄灭时，应在浇水前将风门打开，以防爆炸；待火熄灭后进行复查，避免火星复燃。

（9）铆接工件的孔不对位时严禁用手探试，必须用尖顶穿杆找正，然后穿钉。打冲子时，冲子穿出的方向不准站人。

（10）高空作业时必须执行相关安全程序，并详细检查登高架、梯、跳板搭设是否牢固。

（11）在圆形工件上工作时必须将工件垫稳、塞牢，以防止工件滚动。

（12）远距离扔、接加热后的工件或铆钉时，严禁在作业区域内有其他交叉作业；扔、接操作必须在双方注意力集中的情况下进行；为防止行人通过作业区域，应在工作现场周围设置禁止通行的隔离设施和警示标志。

三、热处理工安全操作规程

1. 热处理工通用安全操作规程

（1）操作人员必须具备防火、防爆、防毒、防烫、防触电的基本知识和有关自救、互救知识。

（2）工作前必须检查电气设备，接地、仪表、工装、夹具、通风系统及防护装置等是否完好，消防器材是否齐备、完好。

（3）化学物品必须有专人管理，严格按有关规定存放。

（4）淬火油槽油温严禁高于80℃，保持进出油通畅，淬火油槽周围严禁堆放易燃、易爆物品。

（5）各种废液、废料、废油必须分类存放、统一回收和处理，禁止随意乱倒，防止污染环境。

（6）必须每周检查各地下油库和盐水池，其储存量不得低于下限储量，保持储量充足，输送通畅，不泄漏。

（7）及时清除库内积水、垃圾和杂物。

2. 高、中频热处理工安全操作规程

（1）工作前打开通风设备，排除淬火过程中产生的油烟、废气等。

（2）工作前必须先打开冷却水阀，水压必须符合规定值。

（3）严禁用设备的冷却水洗手。

（4）更换工件前必须关闭高频电源。

（5）严禁手接触汇流排和感应器。

（6）工作时必须关闭所有屏蔽门。设备运行过程中严禁进入加热装置内。

（7）工作结束，断开电源后继续供水15～20 min，确保电子元件充分冷却。

（8）必须空载启动变频机。

（9）严禁连续启动机组，两次启动间隔时间不得少于15 min。

3. 盐浴炉工安全操作规程

（1）工作前，必须打开电极冷却水闸阀（出水温度必须低于40℃），检查发火器是否压紧，导电是否良好。

（2）入炉的工件、夹具、热电偶及新盐、脱氧剂等必须预先烘烤干燥。

（3）检查并确保起重设备和吊具完好可靠，并执行相关安全操作规程。

（4）盐浴炉使用温度限制规定：

高温盐浴炉≤1300℃；

中温盐浴炉≤950℃；

分级盐浴炉≤600℃。

(5) 捞取掉入炉内的工件时必须切断电源。

4. 箱式电阻炉工安全操作规程

(1) 检查炉内耐火材料，应无损坏；两块炉底板接触紧密；电阻带无脱落、断裂现象。

(2) 检查炉门的限位开关，应保证炉门启动后主回路断电。

(3) 工件进、出炉时避免撞击，严禁工件与电阻带接触。

(4) 箱式电阻炉使用温度不得超过950℃。

5. 台车式退火炉工安全操作规程

(1) 装卸工件一定要垫平放稳，相邻工件之间要适当留出空隙，装夹高度不得超过工艺规定。

(2) 点火前要检查烟道口有无堵塞，保持烟道通畅。打开前后炉门，关闭天然气阀门，打开风机吹扫残余天然气后，方可按设备操作规程点火。

(3) 点火后，按工艺要求由低温向所需温度逐渐加温，严格执行升温、保温、降温要求。

(4) 出炉前，关闭天然气阀门和风机。检查台车是否完好。

(5) 出炉时操作人员应站在台车侧面，避免工件倒塌伤人。严禁在炉体周围休息或堆放物品。

(6) 使用行车吊运工件时必须遵守起重工安全操作规程。当铸件温度高于400℃时禁止起吊。

6. 气体渗碳炉工安全操作规程

(1) 工作前，必须打开冷却水管（出水温度不得大于60℃），检查渗碳剂管道、排气管、滴油器是否畅通，炉盖是否密封。

(2) 气体渗碳炉最高工作温度不得超过950℃，工件装炉量和最大尺寸必须符合各设备的技术要求。

(3) 开炉后，炉温在600℃以下禁止滴入甲醇；煤油在800℃以上滴入炉内。

(4) 渗碳过程中必须点燃从炉内排出的废气，并按工艺规定，炉内维持一定的正压。

(5) 停炉后，必须将煤油、甲醇的阀门关严。

(6) 冷炉升温时不可紧固炉盖螺栓，应半敞开炉盖1 h以上。

7. 井式电阻炉工安全操作规程

(1) 使用前，必须检查设备及炉盖的升降装置、工件夹具、吊具是否缺损，设备接地是否良好。

(2) 装炉或出炉时必须切断电流，关闭风扇，严禁带电操作；吊装工件时，待工件停稳不摆动后再吊装，防止工件碰撞炉筒，造成与电阻丝接触。

（3）开炉过程中，工作温度不得超过该设备额定值。

8. 热处理仪表工安全操作规程

（1）所有测温仪表应有专人管理和负责使用。

（2）仪表工应熟悉仪表的性能及所使用的各类仪表的安装、使用和维护方法。

（3）工作前，应按热处理工艺要求调整测温仪表的灵敏度；检查热电偶、补偿导线、仪表之间的连线有无短路、断路或接触不良的情况。

（4）工作前，应首先测定电气设备的接地情况。

（5）工作中，未经仪表工同意，严禁其他任何人调用仪表。

（6）如发现仪表指示不准确或有故障，经调整无效时，应立即停止使用仪表，并及时更换。

（7）随时注意巡检各测温仪表的使用状况，并定时做好仪表各部位的清洁工作。

（8）所有测温仪表必须按规定和检验周期进行计量检定，未经检定和过期未检定的仪表禁止使用。

（9）记录仪表工作状态，作为交接班的依据。

第四节　冲压机械安全要求与安全操作规程

冲压机械是指利用金属模具将钢材或坯料进行分离或变形加工的机械。其特点是类型多，品种多，工序简单，速度快，绝大多数是通过压力以间断的往复运动方式进行工作的，往复运动一次就完成一个工序或一个零件。冲压机械主要有冲床和剪板机（剪床）。冲压工虽然不属于特殊工种，但是作业危险性很大，需要在操作过程中严格遵守安全操作规程，才能保证安全。

一、冲压作业安全基本要求

1. 冲压作业安全基本要求

（1）压力机操作工、冲模安装调整工以及压力机的维修人员在进入车间工作前 4 h 不得酗酒。企业发现有醉酒者，不得让其进入车间，或令其停止工作并离开车间。

（2）企业应统一发放适用的工作服、工作鞋和工作帽。生产工人和辅助工人工作前应按规定穿好工作服、工作鞋，戴好工作帽。女工的发辫不应露在工作帽外。

（3）不得穿凉鞋、拖鞋或赤脚进入车间。工作时不得穿高跟鞋。

（4）冲压工、剪切工和其他有关工人工作前及工作中应注意检查着装和防护用具。

（5）冲压设备（剪切设备）运转时，操作者不许与他人直接或间接闲谈。

(6) 冲压作业（剪切作业）时严禁吸烟。

(7) 工作前应仔细检查工位是否布置妥当，工作区域有无异物，设备和机具的状况等，在确认无误后方可工作或启动设备。

(8) 一台设备有多人操作时，必须使用多人操作按钮进行工作。

(9) 严禁手或手臂伸入冲模内放置或取出工件。在冲模内取放工件必须使用手用工具。

(10) 工作前应将设备空运转 1～3 min。严禁操纵有故障的设备。

(11) 冲模安装与调整、设备检修以及需要停机排除各种故障时，必须在设备启动开关旁悬挂警示牌。警示牌的色调、字体必须醒目易见，必要时应有人监护开关。

(12) 冲压作业（剪切作业）人员必须严格遵守安全操作规程，不得违反安全操作规程冒险作业。

2. 冲压作业安全禁令

(1) 严禁非冲压工擅自操作冲压机床。

(2) 严禁手及其他器官进入冲模区。

(3) 启用光电安全装置，严禁使用连续挡。

(4) 安全防护装置不完好时必须停止作业。

(5) 严禁违章不使用安全辅助工具。

(6) 脚踏电气开关必须配置防护罩。

(7) 油压力机严禁违章使用电气连动。

(8) 遇有故障必须停机（断电）排除。

二、冲压作业安全操作规程

1. 冲压工安全操作规程

(1) 工作前的要求

1) 扣好袖口，女工要戴好工作帽。

2) 仔细查看交接班记录。

3) 坐着操作的工人，要按自己的高度调整好座椅，并检查座椅是否良好。

4) 检查活动式照明应以照射模具为主调整好。

5) 设备上的一切防护罩要牢固放妥，并校正。

6) 注意使离合器处于分离状态，在接通主电机时，不允许任何人和操作者靠近冲模，以防止设备可能会发生偶然冲击。

7) 坯料放至适当位置，坯料码垛高度要适当，其最高高度不得超过下模平面的高度，以防坯料下滑。

8) 在适当的位置设有成品箱和下脚料箱，便于工作。

9) 向车间领取有关所制零件的工艺卡，工艺卡中除了包括生产所需要的项目外，还须包括保证安全操作的具体项目。

10）会同安全员一起，检查设备的运行是否正常。在使用单次行程操作时，设备应在一次冲压后即分离，而滑块必须停在上死点位置。如果设备有连冲现象，则在未经调整前不可工作。

11）一般情况下，不允许使用连续行程操作。特殊情况下，要遵守工艺卡的规定，才允许使用。

12）如果使用手用工具操作时，要检查手用工具是否完好。

13）如果使用光线式安全装置或感应式安全装置时，除了根据使用说明书的要求安装、调整、检查外，还要重点检查下列项目：每道光束的遮光检查或破坏感应幕的检查，此项检查在每次启动主电动机后都要进行；回程期间，遮光时或破坏感应幕时不停机功能的检查；遮光或破坏感应幕停机后的自保功能检查；安全距离的检查，此项检查在每次更换模具后都要进行，且按需要调整好。

14）如果采用其他保护装置时，应按保护装置的操作规程进行检查。

15）如果发现设备或安全装置不正常时，立即报告安全员，不可擅自修理，待设备或安全装置修复后才可工作。

（2）工作时的要求

1）集中精力，认真操作。

2）发生下列情况时，要停止工作并报告：听到设备有不正常的敲击声；在单次行程操作时，发现有连冲；坯料卡死在冲模上，或发现废品；照明熄灭；安全装置不正常等。

3）坯料放在冲模中后，才可把脚放在脚踏板上。

4）每冲完一个冲压件后，手或脚必须离开按钮或踏板，以防误动作。

5）两个人以上操作时，应每个操作者都同时按下启动按钮时，才能启动滑块。

6）按照工艺卡的要求，随时用适当的用具加油到导板或冲模或坯料上。

7）保持工作地的整洁。操作者站立等部位要采取严格的防滑措施。

8）在下列情况下，要停机并把脚踏板移到空挡处或锁住：暂时离开；发现不正常；由于停电而电动机停止运转。

9）不要在冲模上放一个以上的坯料，否则会使设备或模具损坏，并有发生人身事故的可能。

10）设备运转时，不可进行清洁擦拭。

（3）工作完毕后的要求

1）关闭主电动机，直到设备全部停止。

2）带有安全支柱的设备，待设备完全停止后，将安全支柱支在滑块与工作台之间，防止滑块下滑。

3）清理工作地，收集所有坯料、冲压件。

4）揩清设备和模具，并在模具上涂油。

5）填写交替班记录。

6）将脚踏板移至空挡或锁住，并放在规定位置。

2. 剪切工安全操作规程

（1）工作前的要求

1）扣好袖口，戴好手套。

2）仔细查看交接班记录。

3）检查和校正挡尺的位置。

4）检查工作地照明，特别要查看剪切线的照度是否足够。

5）检查防护挡板、齿轮、轴和带的护罩是否齐全和完好。

6）检查剪板机是否校正，剪刀和压板的位置是否正确。

7）要把设备上的一切防护罩放妥，并校正。

8）仔细检查和校正剪刀及压板的位置。

9）注意使离合器处于分离位置，只有在确定这种情况后才可接通设备的主电动机。

10）根据剪切板的厚度，调整好刀片间隙。

11）裁剪长板料时，应有辅助支架。

12）裁剪大而重的板料时，应滚动支架，吊起板料要有起重装置，以及有足够的辅助工。

13）向车间领取有关所制零件的工艺卡，工艺卡中除了包括生产所需要的项目外，还必须包括保证安全操作的具体措施项目。

14）检查设备的运行是否正常，设备的自动分离机构应在一次剪切后即分离，刀架必须停止在上死点位置。

15）如果使用手用工具操作时，要检查手用工具是否齐全完好。

16）如果使用光线式安全装置时，除了根据其使用说明书的要求安装、调整和检查外，还要重点检查下列项目：每道光束的遮光检查，此项检查在每次启动主电动机后都要进行；遮光后的自保功能检查。

17）如果采用其他安全装置时，应按其安全装置的操作规程进行检查和操作。

18）如果发现设备或安全装置不正常时，立即报告，不可擅自修理，待设备或安全装置修复后才可工作。

（2）工作时的要求

1）防护挡板位置要正确。

2）与辅助工的工作应协调。

3）集中精力，认真操作。

4）发生下列情况时，要停止工作并报告：剪切机突然发生连剪现象时；发现剪切机工作不正常时；照明熄灭；安全装置不正常。

5）剪切一次后，脚必须离开启动踏板，以防误动作。

6）两人以上操作时，应配合一致。

7）不要用手取出卡在剪刀下的剪切件，要用铲子取出。

8）不可用钝口剪刀工作，及时检查剪切件的裁边。

9）保持工作地的整洁，及时把裁片放在适当的位置。

10）在下列情况下，要停机并把启动踏板移到空挡处或锁住：暂时离开；发现不正常；由于停电而电动机停止运转。

11）设备运转时，不可进行清洁工作。

（3）工作完毕的要求

1）关闭主电动机，直到设备全部停止。

2）收拾工作地，收集所有剪切件、裁片，并放在规定的位置。

3）揩清设备和刀片，并涂油。

4）填写交接班记录。

5）将启动踏板放在空挡处或锁住。

第五节　特种作业人员安全要求与安全操作规程

在机械制造企业，电工、焊工是主要的特种作业人员，作业危险性比较大，每年发生的人员伤害事故很多，因此特别需要预防人员伤害事故的发生。预防事故的发生，一是要建立健全规章制度。合理规章制度是从人们长期生产实践中总结出来的，是保证安全生产的有效措施。安全操作规程、电气安装规程、运行管理和维护检修制度及其他规章制度都与安全有直接关系。二是根据工种特点建立并完善各种安全操作规程，要求作业人员严格遵守操作规程。

一、机械制造企业电工安全操作规程

1. 电工通用安全操作规程

电工（包括通用电工、内外线电工、电器大修工、变电站维修工、配电室值班电工等）在操作过程中，除必须遵守通用安全操作规程外，还必须遵守本操作规程和相关安全操作规程。

（1）电工必须经过国家有关部门组织的专业培训和考试合格以后，取得相应的特殊工种操作证，方可上岗。

（2）工作前，必须严格检查防护用品、工具、仪器和器具等是否完好，特别是绝缘性

能和护具的强度是否可靠。公用绝缘工具和手套、鞋必须定期送交法定部门检测合格后，方可使用。严禁在高压配电室内放置梯子、金属杆件或其他杂物。

(3) 在高压设备或线路上工作，操作人员的正常活动范围小于规定距离时，必须停电作业。

(4) 在低压设备上带电工作时，必须设专人监护，穿戴绝缘劳动防护用品，使用有绝缘柄的工具，并站在干燥的绝缘物上进行工作；相邻相的带电部分应用绝缘板隔开；严禁使用全金属工具。

(5) 使用喷灯工作时，遵守喷灯使用的安全规定。

(6) 电动工具的外壳必须接地。严禁将电动工具的外壳接地线和工作零线拧在一起插入插座。必须使用两线带地或三线带地插座。或者将外壳接地线单独接到接地干线上，防止因接触不良，引起外壳带电。用橡套软电缆连接移动设备时，专供接零的芯线上不得有工作电流通过。

(7) 检修电气设备，必须在停机后切断设备的电源，取下熔断器，悬挂“禁止合闸，有人工作”的警示牌，并验明确认无电后，方可进行工作。在检修工作中临时离开，回来继续工作时，必须重新验电和检查，确认无误后，方可继续工作。

(8) 任何电器设备未经验电，一律视为有电，严禁用手或身体其他部位触及。

(9) 严禁在电器线路有负荷的状态下断开或合拢动力配电箱的闸刀开关。

(10) 拆除电器或线路后，必须随即用绝缘胶布包扎裸露线头。拆除高压电动机或电器后，遗留线头必须短路接地。

(11) 遇6级以上（含6级）强风、大雨、雷电、大雾等气候情况，严禁从事野外作业、高空作业、检修作业或倒闸操作。

(12) 进行高空作业时，严格遵守高空作业安全操作规程。

(13) 严禁在动力配电盘、配电箱、开关板、变压器等各种电气设备附近堆放各种易燃、易爆、潮湿或其他影响操作的物件。

(14) 因工作需要敷设的临时用电线路或活动线路，必须向电力管理部门履行申报程序，按规范连接和用电。工作完毕，必须在1个工作日内拆除。

(15) 严禁安装或使用超过线路负载值的熔断装置。

(16) 安装灯头时，必须将开关接在火线上，灯口螺纹接挂零线上。

(17) 使用电烙铁、电炉等电热工具，必须远离易燃物和可燃物，离开时必须断电。

(18) 使用电工刀时，刀口向外，避免对人；削线时，用力不可过猛，防止伤手。

(19) 发生电气设备火灾时，必须立即切断电源，并使用四氯化碳或二氧化碳灭火器灭火。严禁用水灭火。

2. 电机、电器大修工安全操作规程

(1) 电机通电试验时，外壳必须接地；电机短路试验时，禁止用手握住旋转轴。

（2）在大修变压器时，必须把线圈、铁芯固定好，防止翻倒伤人。

（3）焊接电器设备和接线头时，防止灼伤与触电。

（4）调试用的插头、开关、电线应保持绝缘良好，如有破损和裸露部分，必须及时修复或更换。

（5）用电炉烘干线圈时，必须将线圈放在铁架上，严禁直接放在电炉上面。

（6）电机、电器检修完工后，必须检查是否有装配错误或物件遗留在设备内。

（7）试车启动前，必须确认现场安全。

3. 变电站维修电工安全操作规程

（1）在配电总盘及母线上进行工作时，在验明无电后应挂临时接地线。装拆接地线必须由值班电工进行。

（2）工作临时中断后或每班开始工作前，都必须重新检查电源确已断开，并验明无电。

（3）每次维修结束时，必须清点所带工具、零件是否齐全，防止因遗留在设备内造成事故。

（4）由专门检修人员修理电气设备时，值班电工要进行登记，完工后要做好交代并共同检查，然后方可送电。

（5）带电装卸熔断器管时，要戴防护眼镜和绝缘手套，必要时使用绝缘夹钳，站在绝缘垫上。

（6）熔断器的容量要与设备和线路安装容量相适应。

（7）电气设备及临时装设的电气设备必须将金属外壳接地（接零）。接地线必须符合标准。有电设备不准断开外壳接地线。

（8）检修及维护人员要熟悉所用设备的性能、原理，不要随意拆修电器设备。

（9）维修人员应做好值班监视工作，经常巡视各种机件动作是否正常，定期测试，定期检查。

（10）在处理线路故障时，要注意弱电与强电交叉接触处。如辨别不清时，应先行验电。

（11）变电站内严禁明火作业。易燃物品必须妥善保管。在需用汽油或酒精擦洗设备时，必须加入70%的四氯化碳。清洗时应戴上防毒面具。

4. 配电室值班电工安全操作规程

（1）除持有“特种作业人员操作证”外，本工种人员还必须经电力部门专业培训合格，取得“电工进网作业许可证”并经公司人事部门批准后才能上岗。

（2）必须熟悉供电系统和配电室各种设备的性能和操作方法，并具备在异常情况下采取应急措施的能力。

（3）了解计算机保护理论，具备计算机操作能力。

（4）严格遵守电力系统的相关供、变电操作程序和安全规程。

(5) 严格遵守电站运行管理的所有规章制度。

(6) 允许单独巡视高压设备及担任监护人的人员，必须经公司动力部门领导批准并备案可查。

(7) 不论高压设备带电与否，严禁值班人员单独移开隔离栏进行工作。若有必要移开隔离栏时，必须有监护人在场，并符合设备不停电时的安全距离。

(8) 雷雨天气需要巡视室外高压设备时，必须穿绝缘鞋，并不得靠近避雷器与避雷针。

(9) 巡视配电装置，进出高压室必须随手关门。

(10) 与供电单位或用户联系，进行停、送电倒闸操作时，值班负责人（当值正班）必须复诵核对无误，并且将联系内容和联系人姓名记录备查。

(11) 停电拉闸操作必须按照油开关（或负荷开关等）、负荷侧刀闸、母线侧刀闸的顺序依次操作。送电操作顺序相反。

(12) 高压设备和大容量低压总盘上的倒闸操作，必须由两人共同执行，并由对设备更熟悉的人员担任监护。

(13) 用绝缘棒拉合高压刀闸或经传动机构拉合高压刀闸和油开关时，必须戴绝缘手套。操作室外高压设备时，应穿绝缘靴。

(14) 带电装卸熔断器时，必须戴防护眼镜和绝缘手套，必要时使用绝缘夹钳，并站在绝缘垫上。

(15) 电气设备停电后，在未拉开刀闸和采取安全措施以前应视为有电，不得触及设备或进入隔离栏，防止因突然来电造成人员伤害事故。

(16) 因施工和检修需要停电时，值班人员必须执行工作票规定的安全程序，包括：停电、验电、装设临时接地线、装设隔离栏和悬挂警示标志、会同工作负责人现场确认无电，并交代附近带电设备位置和注意事项，然后双方办理许可开工的签证，方可开始工作。

(17) 工作结束时，工作人员撤离，工作负责人应向值班人员交代清楚，并共同检查，然后双方办理工作终结签证后，值班人员方可拆除安全措施，恢复送电。值班员必须对上述过程进行登记，在未办理工作终结手续前，值班人员严禁合闸送电。

(18) 停电时必须切断各回线可能来电的电源。严禁只拉开油开关进行工作，而必须拉开刀闸，使各回线至少有一个明显的断开点。变压器与电压互感器必须从高、低压两侧断开。电压互感器的一两次熔断器都要取下。油开关的操作电源要断开。刀闸的操作把手要锁住。

(19) 验电时必须用电压等级合适，并且合格的验电器，在检修设备的进出线两侧分别验电。验电前，必须先在有电设备上试验证明验电器良好。在高压设备上验电必须戴绝缘手套。

(20) 当验明设备确已无电压后，应立即将检修设备导体接地并互相短路。对可能送电至停电设备的各方面或可能产生感应电压的部分都要装设接地线。接地线应使用多股裸软铜线，其截面积不得小于25 mm^2。接地线必须使用专用的线夹固定在导体上，严禁用缠绕的方法进行接地和短路。装设接地线时必须先接好接地端，后接导体端，拆除时的顺序与此相反。装拆接地线都应使用绝缘棒或戴绝缘手套。装拆工作必须由两人进行。不许检修人员自行装拆和变动接地线。接地线应编号并放在固定地点。装拆接地线应做好记录，并在交接班时交代清楚。

（21）在电容器组回路上工作时，必须将电容器逐个对地放电。

（22）在一经合闸即可送电到工作地点的开关和刀闸操作把手上都应悬挂“禁止合闸，有人工作”的警示牌。工作地点两旁和对面的带电设备遮拦上和禁止通行的过道上悬挂“止步、高压危险”的警示牌。工作地点应悬挂“应在此地工作”的警示牌。

（23）线路或用户检修要求停电时，值班人员应采取安全措施，然后通知对方负责人开始工作并进行登记。工作结束后必须接到原负责人通知方可恢复送电。严禁约时停、送电。

（24）在带电设备附近工作时，必须设专人监护。带电设备只能在工作人员的前面或一侧，否则应停电进行。

（25）低压回路停电检修应断开电源，取下熔断器。在刀闸操作把手上挂“禁止合闸，有人工作”的警示牌。

（26）低压设备带电工作时，应设专人监护。工作中要戴工作帽，穿长袖衣服，戴绝缘手套，使用有绝缘柄的工具，并站在干燥的绝缘物上进行工作。相邻相的带电部分，应用绝缘板材隔开。严禁使用锉刀、金属尺和带有金属物的毛刷、毛掸等工具。

（27）在带电的电流互感器二次回路上工作时，要严防电流互感器二次侧开路产生高电压。断开电流回路时，必须使用短路片或短路线在电流互感器二次侧的专用端子上短路。严禁用导线缠绕。工作中不得将回路的永久接地点断开。工作时必须有专人监护，使用绝缘工具，并站在绝缘垫止。

（28）发生人身触电事故或火灾事故时，值班电工可以不经联系或报告立即采取断开有关设备的电源，以保证施救。

（29）电器设备发生火灾时，应该用四氯化碳、二氧化碳灭火器或1211灭火器扑救。变压器着火时，只有在周围全部停电后才能用泡沫灭火器扑救。

（30）值班电工应经常保持机房和机件设备的清洁。

二、焊接与切割作业安全基本要求

1. 作业前准备工作安全基本要求

（1）明确工艺要求和焊接与切割安全卫生注意事项。

（2）正确使用个人防护用品。

（3）检查设备、工具及附件，确认正常后方可使用。

（4）仔细观察、检查作业部位和周围环境，确保焊接与切割作业安全。

（5）常用检查方法是“问、看、听、测”。

◆问：向生产组织管理者及现场有关人员询问作业现场的情况。

◆看：对作业地点、周围环境及设施的安全状况进行查看，查看设备、防护用品是否完好，绝缘是否良好。

◆听：听焊机及其附属设备声音是否正常。

◆测：对作业场所易燃、易爆、有毒气体进行测定，确认无火灾、爆炸、中毒或窒息的危险后方可作业。

2. 作业中安全基本要求

（1）焊工应遵守的“十不焊割”的规定

1）焊工未经安全技术培训考试合格，领取操作证，不能焊割。

2）在重点要害部门和重要场所，未采取措施，未经单位有关领导、车间、安全、保卫部门批准和办理动火证手续，不能焊割。

3）在容器内工作无人在场监护，没有 12 V 低压照明和通风不良，不能焊割。

4）未经领导同意，车间、部门擅自拿来的物件，在不了解其使用情况和构造情况下，不能焊割。

5）盛装过易燃、易爆气体（固体）的容器管道，未经用碱水等彻底清洗和处理消除火灾爆炸危险的，不能焊割。

6）用可燃材料充作保温层、隔热、隔音设备的部位，未采取切实可靠的安全措施，不能焊割。

7）有压力的管道或密闭容器，如空气压缩机、高压气瓶、高压管道等，不能焊割。

8）焊接场所附近有易燃物品，未清除或未采取安全措施，不能焊割。

9）在禁火区内（防爆车间、危险品仓库附近）未采取严格隔离等安全措施，不能焊割。

10）在一定距离内，有与焊割明火操作相抵触的工种（如汽油擦洗、喷漆、灌装汽油等工作会排出大量易燃气体），不能焊割。

（2）凡在禁火区域用火，应按规定办理审批手续，并采取安全可靠的防护措施。

（3）在受限空间内作业，应加强通风，严格执行监护制度。

（4）严禁用氧气通风、降温和吹扫。

（5）焊、割炬及氧气胶管、乙炔胶管应随人进出狭小空间、容器、管道、舱室。在平台上作业时，不准将焊、割炬插在平台孔内。

（6）在有吊装作业时，要选择正确的站位并注意吊物运行方向。

（7）为防止乙炔气体聚集发生爆炸，平台底部应保持通风，并经常清除平台的熔渣物。

（8）暂停工作或作业后，应可靠地切断电源和气源。

3. 焊接与切割作业人员安全职责

焊接与切割作业人员应认真履行以下安全职责：

（1）自觉做到持证上岗，严禁无证操作。

（2）个人防护用品穿戴齐全，并符合要求。

（3）严格遵守安全操作规程；遵守安全管理制度，执行安全技术措施。

（4）做到互相帮助、互相监护、互相监督及“三不伤害”（不伤害自己、不伤害他人以及不被他人伤害）。

（5）在遇有违章指挥或可能发生事故的情况时，应拒绝违章指挥，采取紧急有效措施，并按规定及时向有关部门报告。

（6）焊接与切割时精心操作，保证质量。

（7）爱护和正确使用焊接与切割设备、工器具和安全卫生防护设施。

（8）发生事故应立即报告，并如实反映情况。

三、气焊（割）工安全操作规程

1. 安全操作基本要求

（1）工作前，必须检查焊接场地是否配有消防器材；照明和通风是否良好；距焊接作业点 10 m 以内，禁止存放易燃易爆物品。

（2）在禁火作业场所和有可能发生火灾、爆炸的场所作业时，必须事先履行危险作业审批程序，并寻求消防支持。

（3）对受压、密闭容器，各种油桶、管道或沾有可燃物的工件进行操作时，必须事先检查，并经过冲洗，通风除掉有毒、有害、易燃、易爆物质，解除容器及管道压力，消除容器密闭状态（敞开口，旋开盖，打开道门），然后进行工作。

（4）在容器内焊接，必须有良好的通风，外面设专人监护，照明电压采用 12 V。严禁在刚进行油漆或喷涂过塑料的容器内焊接。

（5）高空作业时，必须系安全带，严禁将气管缠在身上，地面必须有人监护。

2. 气焊（割）工安全操作规程

（1）点燃焊（割）炬时，应先开乙炔阀点火，然后开氧气阀调整火焰。应先关闭乙炔阀，再关闭氧气阀。

（2）点火时，焊炬口不得对着人，不得将正在燃烧的焊炬放在工件或地面上。焊炬带有乙炔气和氧气时，不得放在金属容器内。

（3）作业中发现气路或气阀漏气时，必须立即停止作业。

（4）作业中若氧气管着火应立即关闭氧气阀门，不得折弯胶管断气；若乙炔管着火，应先关熄炬火，可用弯折前面一段软管的办法止火。

（5）高处作业时，氧气瓶、乙炔瓶、液化气瓶不得放在作业区域正下方，应与作业点正下方保持在 10 m 以上的距离。必须清除作业区域下方的易燃物。

（6）不得将橡胶软管背在背上操作。

（7）作业后应卸下减压器，拧紧气瓶安全帽，将软管盘起捆好，挂在室内干燥处；检查操作场地，确认无着火危险后方可离开。

（8）冬天露天作业时，如减压阀软管和流量计冻结，应使用热水（热水袋）、蒸汽或暖气设备化冻，严禁用火烘烤。

（9）使用氧气瓶应遵守下列规定：

1）氧气瓶应与其他易燃气瓶、油脂和易燃、易爆物品分别存放。

2）存储高压气瓶时应旋紧瓶帽，放置整齐，留有通道，加以固定。

3）气瓶库房应与高温、明火地点保持 10 m 以上的距离。

4）氧气瓶在运输时应平放，并加以固定，其高度不得超过车厢槽帮。

5）严禁用自行车、叉车或起重设备吊运高压钢瓶。

6）氧气瓶应设有防震圈和安全帽，搬运和使用时严禁撞击。

7）氧气瓶阀不得沾有油脂、灰土。不得用带油脂的工具、手套或工作服接触氧气瓶阀。

8）氧气瓶不得在强烈日光下暴晒，夏季露天工作时，应搭设防晒罩、棚。

9）氧气瓶与焊炬、割炬、炉子和其他明火的距离应不小于 10 m。与乙炔瓶的距离不得小于 5 m。

10）开启氧气瓶阀门时，操作人员不得面对减压器，应用专用工具。开启动作要缓慢，压力表指针应灵敏、正常。氧气瓶中的氧气不得全部用尽，必须保持不小于 49 kPa 的压强。

11）严禁使用无减压器的氧气瓶作业。

12）安装减压器时，应先检查氧气瓶阀门，接头不得有油脂，并略开阀门清除油垢，然后安装减压器。作业人员不得正对氧气瓶阀门出气口。关闭氧气阀门时，必须先松开减压器的活门螺钉。

13）作业中，如发现氧气瓶阀门失灵或损坏不能关闭时，应待瓶内的氧气自动逸尽后，再拆卸修理。

14）检查瓶口是否漏气时，应使用肥皂水涂在瓶口上观察，不得用明火试。冬季阀门被冻结时，可用温水或蒸汽加热，严禁用火烤。

（10）使用乙炔瓶应遵守下列规定：

1）现场乙炔瓶储存量不得超过 5 瓶，5 瓶以上时应放在储存间。储存间与明火的距离不得小于 15 m，并应通风良好，设有降温设施、消防设施和通道，避免阳光直射。

2）储存乙炔瓶时，乙炔瓶应直立，并必须采取防止倾斜的措施。严禁与氯气瓶、氧气瓶及其他易燃、易燃物同间储存。

3）储存间必须设专人管理，应在醒目的地方设安全标志。

4）应使用专用小车运送乙炔瓶。装卸乙炔瓶的动作应轻，不得抛、滑、滚、碰。严禁剧烈震动和撞击。

5）汽车运输乙炔瓶时，乙炔瓶应妥善固定。气瓶宜横向放置，头向一方。直立放置时，车厢高度不得低于瓶高的2/3。

6）乙炔瓶在使用时必须直立放置。

7）乙炔瓶与热源的距离不得小于10 m。乙炔瓶表面温度不得超过40℃。

8）乙炔瓶使用时必须装设专用减压器，减压器与瓶阀的连接应可靠，不得漏气。

9）乙炔瓶内气体不得用尽，必须保留不小于98 kPa的压强。

10）严禁铜、银、汞等及其制品与乙炔接触。

（11）使用液化石油气瓶应遵守下列规定：

1）液化石油气瓶必须放置在室内通风良好处，室内严禁烟火，并按规定配备消防器材。

2）气瓶冬季加温时，可使用40℃以下温水，严禁火烤或用沸水加温。

3）气瓶在运输、存储时必须直立放置，并加以固定，搬运时不得碰撞。

4）气瓶不得倒置，严禁倒出残液。

5）瓶阀管子不得漏气，丝堵、角阀丝扣不得锈蚀。

6）气瓶不得充满液体，应留出10％～15％的气化空间。

7）胶管和衬垫材料应采用耐油性材料。

8）使用时应先点火，后开气，使用后关闭全部阀门。

（12）使用减压器应遵守下列规定：

1）不同气体的减压器严禁混用。

2）减压器出口接头与胶管应扎紧。

3）减压器冻结时应采用热水或蒸汽加热解冻，严禁用火烤。

4）安装减压器前，应略开氧气阀门，吹除污物。

5）安装减压器前，应进行检查，减压器不得沾有油脂。

6）打开氧气阀门时，必须慢慢开启，不得用力过猛。

7）减压器发生自流现象或漏气时，必须迅速关闭氧气瓶气阀，卸下减压器进行修理。

（13）使用焊矩和割炬应遵守下列规定：

1）使用焊矩和割矩前必须检查射吸情况，射吸不正常时，必须修理，正常后方可使用。

2）焊炬和割炬点火前，应检查连接处和各气阀的严密性，连接处和气阀不得漏气；焊嘴、割嘴不得漏气、堵塞。使用过程中，如发现焊炬、割炬气体通路和气阀有漏气现象，应立即停止作业，修好后再使用。

3）严禁在氧气阀门和乙炔阀门同时开启时用手或其他物体堵住焊嘴或割嘴。

4）焊嘴或割嘴不得过分受热，温度过高时，应放入水中冷却。

5）焊炬、割炬的气体通路均不得沾有油脂。

（14）使用橡胶软管应遵守下列规定：

1）橡胶软管必须能承受气体压力，各种气体的软管不得混用。

2）胶管长度不得小于 5 m，以 10～15 m 为宜，氧气软管接头必须扎紧。

3）使用中，氧气软管和乙炔软管不得沾有油脂，不得触及灼热金属或尖刃物体。

四、电焊工安全操作规程

1. 手工电弧焊工安全操作规程

（1）电焊工属于特种作业人员，必须经专业安全技术培训，考试合格，获得特种作业操作证后方准上岗独立操作。非电焊工严禁进行电焊作业。

（2）操作时应穿电焊工作服、绝缘鞋和戴电焊手套、防护面罩等安全防护用品，高处作业时系安全带。

（3）电焊作业现场周围 10 m 范围内不得堆放易燃易爆物品。

（4）雨、雪、风力六级以上（含六级）天气不得露天作业。雨、雪后应清除积水、积雪后方可作业。

（5）操作前应首先检查焊机和工具，如焊钳和焊接电缆的绝缘、焊机外壳保护接地和焊机的各接线点等，确认安全合格方可作业。

（6）严禁在易燃易爆气体或液体扩散区域内、运行中的压力管道和装有易燃易爆物品的容器内以及受力构件上焊接和切割。

（7）焊接曾储存易燃、易爆物品的容器时，应根据介质进行多次置换及清洗，并打开所有孔口，经检测确认安全后方可施焊。

（8）在密封容器内施焊时，应采取通风措施。间歇作业时焊工应到外面休息。容器内照明电压不得超过 12 V，焊工身体应用绝缘材料与焊件隔离。焊接时必须设专人监护，监护人应熟知焊接操作规程和抢救方法。

（9）焊接铜、铝、铅、锌合金金属时，必须穿戴防护用品，在通风良好的地方作业。在有害介质场所进行焊接时，应采取防毒措施，必要时进行强制通风。

（10）施焊地点潮湿或焊工身体出汗后而使衣服潮湿时，严禁靠在带电钢板或工件上，焊工应在干燥的绝缘板或胶垫上作业，配合人员应穿绝缘鞋或站在绝缘板上。

（11）焊接时临时接地线头严禁浮搭，必须固定、压紧，用胶布包严。

（12）操作时遇下列情况必须切断电源：

1）改变电焊机接头时；

2）更换焊件需要改接二次回路时；

3）转移工作地点搬动焊机时；

4）焊机发生故障需要进行检修时；

5）更换保险装置时；

6）工作完毕或临时离开操作现场时。

（13）高处作业必须遵守下列规定：

1）必须使用标准的防火安全带，并系在可靠的构架上。

2）必须在作业点正下方 5 m 外设置护栏，并设专人监护。必须清除作业点下方区域易燃、易爆物品。

3）必须戴盔式面罩。焊接电缆应绑紧在固定处，严禁绕在身上或搭在背上作业。

4）焊工必须站在稳固的操作平台上作业，焊机必须放置平稳、牢固，设有良好的接地保护装置。

（14）操作时严禁焊钳夹在腋下去搬被焊工件或将焊接电缆挂在脖颈上。

（15）焊接时二次线必须双线到位，严禁借用金属管道、金属脚手架、轨道及结构钢筋作回路地线。焊把线无破损，绝缘良好。焊把线必须加装电焊机触电保护器。

（16）焊接电缆通过道路时，必须架高或采取其他保护措施。

（17）焊把线不得放在电弧附近或炽热的焊缝旁。不得碾轧焊把线。应采取防止焊把线被尖利器物损伤的措施。

（18）清除焊渣时应佩戴防护眼镜或面罩。焊条头应集中堆放。

（19）下班后必须拉闸断电，必须将地线与焊把线分开，并确认火已熄灭方可离开现场。

2. 电焊设备维护使用安全要求

（1）电焊机必须安放在通风良好、干燥、无腐蚀介质、远离高温高湿和多粉尘的地方。露天使用的焊机应搭设防雨棚，焊机应用绝缘物垫起，垫起高度不得小于 20 cm，按规定配备消防器材。

（2）电焊机使用前，必须检查绝缘及接线情况，接线部分必须使用绝缘胶布缠严，不得腐蚀、受潮及松动。

（3）电焊机必须设单独的电源开关、自动断电装置。一次侧电源线长度应不大于 5 m，二次线焊把线长度应不大于 30 m。两侧接线应压接牢固，必须安装可靠防护罩。

（4）电焊机的外壳必须设可靠的接零或接地保护。

（5）电焊机焊接电缆线必须使用多股细铜线电缆，其截面应根据电焊机使用规定选用。电缆外皮应完好、柔软，其绝缘电阻不小于 1 MΩ。

（6）电焊机内部应保持清洁。定期吹净尘土。清扫时必须切断电源。

（7）电焊机启动后，必须空载运行一段时间。调节焊接电流及极性开关应在空载下进行。直流焊机空载电压不得超过 90 V，交流焊机空载电压不得超过 80 V。

(8) 使用交流电焊机作业应遵守下列规定：

1) 多台焊机接线时三相负载应平衡，初级线上必须有开关及熔断保护器。

2) 电焊机应绝缘良好。焊接变压器的一次线圈绕组与二次线圈绕组之间、绕组与外壳之间的绝缘电阻不得小于 1 MΩ。

3) 电焊机的工作负荷应依照设计规定，不得超载运行。作业中应经常检查电焊机的温升，超过 A 级 60℃、B 级 80℃时必须停止运转。

(9) 使用硅整流电焊机作业应遵守下列规定：

1) 使用硅整流电焊机时，必须开启风扇，运转中应无异响，电压表指示值应正常。

2) 应经常清洁硅整流器及各部件，清洁工作必须在停机断电后进行。

(10) 使用氩弧焊机作业应遵守下列规定：

1) 工作前应检查管路，气管、水管不得受压、泄漏。

2) 氩气减压阀、管接头不得沾有油脂。安装后应试验，管路应无障碍、不漏气。

3) 水冷型焊机冷却水应保持清洁，焊接中水流量应正常，严禁断水施焊。

4) 高频氩弧焊机，必须保证高频防护装置良好，不得发生短路。

5) 更换钨极时，必须切断电源。磨削钨极必须戴手套和口罩。磨削下来的粉尘应及时清除。钍、铈钨极必须放置在密闭的铅盒内保存，不得随身携带。

6) 氩气瓶内氩气不得用完，应保留 98～226 kPa。氩气瓶应直立、固定放置，不得倒放。

7) 作业后切断电源，关闭水源和气源。焊接人员必须及时脱去工作服，清洗手脸和外露的皮肤。

(11) 使用二氧化碳气体保护焊机作业应遵守下列规定：

1) 作业前预热 15 min，开气时，操作人员必须站在瓶嘴的侧面。

2) 二氧化碳气体预热器端的电压不得高于 36 V。

3) 二氧化碳气瓶应放在阴凉处，不得靠近热源。最高温度不得超过 30℃，并应放置牢靠。

4) 作业前应进行检查，焊丝的进给机构、电源的连接部分、二氧化碳气体的供应系统以及冷却水循环系统均应符合要求。

(12) 使用埋弧自动、半自动焊机作业应遵守下列规定：

1) 作业前应进行检查，送丝滚轮的沟槽及齿纹应完好，滚轮、导电嘴（块）必须接触良好，减速箱油槽中的润滑油应充量合格。

2) 软管式送丝机构的软管槽孔应保持清洁，定期吹洗。

(13) 焊钳和焊接电缆应符合下列规定：

1) 焊钳应保证任何斜度都能夹紧焊条，且便于更换焊条。

2) 焊钳必须具有良好的绝缘、隔热能力。手柄绝热性能应良好。

3）焊钳与电缆的连接应简便可靠，导体不得外露。

4）焊钳弹簧失效，应立即更换。钳口处应经常保持清洁。

5）焊接电缆应具有良好的导电能力和绝缘外层。

6）焊接电缆的选择应根据焊接电流的大小和电缆长度，按规定选用较大的截面积。

7）焊接电缆接头应采用铜导体，且接触良好，安装牢固可靠。

第五节　特种设备作业人员安全要求与安全操作规程

在机械制造企业，离不开起重机械、运输车辆。根据生产需要、工艺流程、货运量、货物性质，在仓库与车间、车间与车间、车间内各工序之间及码头、货场等生产作业区域或施工现场等，将各种原材料、成品、半成品等物料进行搬运，以达到完成整个生产过程的目的，这种作业称为企业内运输。担负企业内运输的车辆，被称为企业内运输车辆。而企业内机动车辆是指在企业内行驶的各类运输车辆，如载重卡车（汽车）、铲车、翻斗车、叉车、电瓶车、牵引车等。加强企业起重机械、运输车辆的安全管理，保证安全，是十分重要的任务。

一、企业内机动车辆安全操作基本要求

1. 企业内机动车辆安全操作基本要求

（1）企业内机动车辆操作人员必须经过安全技术培训，考核合格后，持证上岗。驾驶车辆时，必须随身携带操作证。

（2）企业内机动车辆操作人员必须经体检，凡患有高血压、心脏病、癫痫病和有碍安全操作的疾病与生理缺陷，不得从事企业内机动车辆的操作。

（3）机动车辆行车前，必须检查车辆的制动系统、转向系统、喇叭、灯光、液压系统等装置是否完好、灵敏、可靠，严禁开带病车。

（4）机动车辆行驶中，驾驶员必须精力集中，严禁吸烟、饮食、闲谈、使用移动通信工具和耳机、做其他与驾驶操作无关的事。严禁酒后开车。

（5）机动车辆在行驶过程中，除驾驶室以外的任何部位严禁载人；铲车在设有副座和扶手的情况下，除驾驶员以外，可搭乘1人；其他车辆的驾驶室乘坐人数，以产品说明书核定的人数为限。严禁超过额定载荷铲运或行驶。

（6）机动车辆行驶中，必须遵守限速、限时、禁行规定。严禁在企业内禁止车辆通行的路段行驶。

（7）机动车辆进入油库，必须履行油库安全管理程序；添加燃油时，必须熄灭发动机，并防止燃油外溢，引发火灾。

(8) 机动车辆严禁采用直流供油方式行驶。

(9) 机动车辆严禁在桥面上急转方向和紧急刹车。通过桥洞前必须限高，确认安全后低速通过。

(10) 机动车辆作业前应依照安全技术措施交底检查作业现场，查明地上、地下管线和构筑物的状况。不得在距现状电力、通信电缆、燃气管道等周围 2 m 以内作业。

(11) 机动车辆在沟槽附近行驶时应低速，作业中必须避开管线和构筑物，并与沟槽边保持不小于 1.5 m 的安全距离。

(12) 机动车辆在发电站、变电站、配电室等附近作业时，不得进入危险区域。在高压线的距离应符合有关规定要求。

(13) 配合机动车辆作业人员，必须在机动车辆回转半径以外作业，机上、机下人员应保持密切联系。

(14) 机动车辆在作业中遇到不能保证作业和运行安全的情况，应立即停止操作。

(15) 车辆的转向系统和制动系统有故障时，严禁被其他车辆牵引。

(16) 驾驶真空助力转向、制动或液压助力转向、制动装置的车辆，严禁利用坡道滑行发动车辆。

(17) 机动车辆行驶时，不得进行任何紧固、保养、润滑、检查等作业。机动车辆作业时，人员不得上下车辆。

(18) 机动车辆坡道停机时，不得横向停放。纵向停放时，必须挡掩，并将工作装置落地辅助制动，确认制动可靠后，操作人员方可离开。

(19) 工作中临时离开车辆，必须熄灭发动机，取下电门钥匙，防止他人动用车辆。

(20) 未经主管人员同意，严禁将车辆交给他人驾驶。

(21) 操作企业内机动车辆时，应遵守企业有关道路交通、消防和治安保卫管理的规定和制度。

(22) 机动车辆在企业外公路上行驶时，必须遵守交通管理部门的有关规定。

(23) 机动车辆发生交通事故，参照《中华人民共和国道路交通事故处理办法》执行。

2. 机动车辆修理安全操作基本要求

机动车辆修理安全操作基本要求，适用于所有从事各类企业内机动车辆修理的作业人员，同时也适用于配合车辆修理作业的机动车辆驾驶人员。

(1) 工作前，必须检查需用设备、工具和其他专用器具是否完好。

(2) 顶垫举升车辆时，必须保证平稳、可靠。使用电动举升器顶车时，应前后同步，高低一致，严禁超过举升器的最高行程；不需要整车举升时，必须事先用垫木将不离地车轮塞牢后，再举升车辆；使用千斤顶举升车辆时，必须同时用顶车凳或垫车木将车辆垫牢，方可在车下进行修理作业；放下车辆前，必须观察确认车辆周围和下方无人工作时，方可将车辆放下。

（3）严禁在斜坡路段顶垫举升和修理车辆，严禁直接用行车、吊车或其他起重设备吊升车辆或零部件总成进行修理。

（4）清洗零部件时，必须遵守以下安全规定：

1）严禁在发动机运行中清洗发动机外部及其他部件。

2）用各种油品或酒精清洗零部件时，必须远离火源；用汽油或酒精清洗零部件时，严禁使用钢丝刷；盛油容器必须加盖密封。

3）用蒸汽或碱水清洗零部件时，必须使用专门工具，有防止烫伤、烧伤的安全措施。

4）严禁将洗涤后的油类或酸、碱溶液随处倾倒。

（5）多工种在一台车上同时进行修理作业时，必须密切配合，相互照应，在确保各方操作者安全的前提下进行。

（6）发动机试车运行时，严禁直流供油。

（7）装拆轮胎和充气时，充气压力不得大于内胎额定值，同时必须采取防止内胎爆裂崩出伤人的安全技术措施。

（8）修理时拆卸的电器线路，必须妥善包扎，严禁裸露。

（9）维修蓄电池，必须遵守以下安全规定：

1）保持蓄电池维修间空气流通，室内严禁烟火。

2）配制电液时，应将硫酸轻缓注入蒸馏水内，同时用玻璃棒搅拌，达到迅速散热和搅拌均匀的目的。严禁将水注入硫酸内。

3）操作人员必须穿戴耐酸水鞋和橡胶手套，戴防护眼镜。

4）充电时应将电池盖打开，电液温度不得超过45℃。

5）测量蓄电池必须用放电叉，严禁使用手钳或其他金属物代替，防止发生爆炸。

（10）保证修理场地有良好的采光和照明，移动式照明必须是36 V安全电压灯具。

（11）配合焊工作业时，必须佩戴防护眼镜和手套。

（12）修理焊接油箱或其他盛油容器，必须经过严格的清洗，确保容器内的油品蒸气浓度低于该油品爆炸极限值（汽油为1.58％，煤油为1.40％，轻柴油为1.50％）。

（13）对修理竣工的车辆进行道路试验，必须由专业试车人员或本车驾驶员进行，严禁无证驾驶车辆。

二、企业内常用机动车辆安全操作规程

1. 叉车安全操作规程

（1）检查车辆

1）叉车作业前，应检查外观，加注燃料、润滑油和冷却水。

2）检查启动、运转及制动性能。

3）检查灯光、音响信号是否齐全有效。

4）叉车运行过程中应检查压力、温度是否正常。

5）叉车运行后应检查外漏泄情况并及时更换密封件。

6）电瓶叉车除应检查以上内容外，还应按电瓶车的有关检查内容，对电瓶叉车的电路进行检查。

（2）起步

1）起步前，观察四周，确认无妨碍行车安全的障碍后，先鸣笛，后起步。

2）气压制动的车辆，制动气压表读数须达到规定值方可起步。

3）叉车在载物起步时，驾驶员应先确认所载货物平稳可靠。

4）起步时须缓慢平稳起步。

（3）行驶

1）行驶时，货叉底端距地高度应保持 300～400 mm，门架须后倾。

2）行驶时不得将货叉升得太高。进出作业现场或行驶途中，要注意上空有无障碍物刮碰。载物行驶时，如货叉升得太高，还会增加叉车总体重心高度，影响叉车的稳定性。

3）卸货后应先降落货叉至正常的行驶位置后再行驶。

4）转弯时，如附近有行人或车辆，应发出信号，并禁止高速急转弯。高速急转弯会导致车辆失去横向稳定而倾翻。

5）内燃叉车在下坡时严禁熄火滑行。

6）非特殊情况，禁止载物行驶中急刹车。

7）载物行驶在坡度超过 7°和用高于一挡的速度上下坡时，非特殊情况不得使用制动器。

8）叉车运行时要遵守企业内交通规则，必须与前面的车辆保持一定的安全距离。

9）叉车行驶时，载荷必须处在不妨碍行驶的最低位置，门架要适当后倾。除堆垛或装车时，不得升高载荷。搬运庞大物件时，物件挡住驾驶员的视线，此时应倒开叉车。

10）叉车由后轮控制转向，所以必须时刻注意车后的摆幅，避免初学者驾驶时经常出现的转弯过急的现象。

11）禁止在坡道上转弯，也不应横跨坡道行驶。

（4）装卸

1）叉载物品时，应按需要调整两货叉间距，使两叉负荷均衡，不得偏斜，物品的一面应贴靠挡货架；叉载的重量应符合载荷中心曲线标志牌的规定。

2）载物高度不得遮挡驾驶员的视线。

3）在物品装卸过程中，必须用制动器制动叉车。

4）货叉在接近或撤离物品时，车速应缓慢平稳，注意车轮不要碾压物品垫木，以免碾压物崩起伤人。

5）用货叉叉货时，货叉应尽可能深地叉入载荷下面，还要注意货叉尖不能碰到其他货物或物件。应采用最小的门架后倾来稳定载荷，以免载荷向后滑动。放下载荷时可使门架少量前倾，以便于安放载荷和抽出货叉。

6）禁止高速叉取货物和用叉头向坚硬物体碰撞。

7）叉车作业时禁止人员站在货叉上。

8）叉车叉物作业时，禁止人员站在货叉周围，以免货物倒塌伤人。

9）禁止用货叉举升人员从事高处作业，以免发生高处坠落事故。

10）不准用制动惯性溜放物品。

11）不准在码头岸边直接叉装船上货物。

12）禁止使用单叉作业。

13）禁止超载作业。

2. 蓄电池车安全操作规程

（1）检查车辆

1）作业前，检查启动、运转及制动性能，检查压力、温度以及密封件的外泄漏的情况。

2）检查行驶电动机及油泵电动机的主回路的电路，是否有绝缘不良、短路现象。

3）检查各接触器的接触工作情况，应平整、严密。

4）检查蓄电池内电解液充入情况，相对密度和电压是否合乎规定要求，各电极接头应紧固和清洁。

5）检查各电线接头及熔断器，应紧固、接触良好。

6）检查照明系统，应显示良好。

（2）起步

1）起步前，观察四周，确认无妨碍行车安全的障碍后，先鸣笛，后起步。

2）车辆起步后应由慢渐快地平稳加速。

（3）行驶

1）应在规定的安全通道内行驶。

2）低速行驶一般不宜超过 10 s。

3）全速满载行驶不应超过 1 h。

4）车辆不得接近火源；禁止在距机床、管道、熔炉、加热炉以及电气设备 0.5 m 以内的地方行驶。

5）普通型电瓶车不得在易燃易爆的场所行驶。

6）在坡道上行驶，上坡坡度不得超过 3%，下坡坡度不得超过 8%。

7）不得在雨中行驶。

8）电瓶叉车除应遵守以上要求外，行驶时，还应遵守叉车安全操作的有关要求。

（4）装载

1）普通型电瓶车严禁装载易燃易爆物品。

2）严禁顶推其他车辆。

3）严禁电瓶叉车的行驶电动机和油泵电动机同时使用。

3. 前置翻斗车安全操作规程

（1）检查车辆

1）检查燃油、冷却水、润滑油情况。

2）检查启动、运转及制动性能是否处于完好状态。

3）车辆行驶时应随时观察压力及温度是否正常。

（2）起步

1）起步前观察四周，先鸣笛，后起步。

2）在坡道上或路面不良时，一律一挡起步。

（3）挂挡、换挡

严禁强行挂挡或换挡。

（4）行驶

1）下坡时，不准高速行驶。严禁脱挡高速滑行，尽量避免急刹车。

2）在狭窄环境中行驶应注意四周的安全，转弯时不得碰撞他物。

（5）装卸料

1）载物高度不得遮挡驾驶员视线。

2）装载散装物料时不得有散落。

3）在危险地带如坑、沟边缘以及土质松软地段卸料时，应在坑、沟边缘处设置安全挡板，车辆应提前减低车速，行驶到安全挡板处倒料，不得超越界限。

4）载运炽热炉灰时，须先冷却后再装运。

5）黏结在翻斗内壁上的物料不易倒出时，应用人工刮除，禁止利用高速行驶制动的惯性卸料。

6）卸料后，须将翻斗复位后再行驶。

7）在高处作业的施工现场行驶时，驾驶员须佩戴安全帽，不得驾车擅自出入安全封闭区域。

8）装卸物料时翻斗的锁止机构开启，锁止应灵敏、可靠。

4. 装载机安全操作规程

（1）检查车辆

1）检查燃油、冷却水及润滑油情况。

2）检查行车、驻车制动可靠性。

3）检查空载时铲斗系统运行情况。

4）检查“叉车检查内容”中与装载机有关的项目。

（2）起步

1）起步前观察四周，确认无妨碍安全行车的障碍后，先鸣笛，再起步。

2）制动气压表读数达到规定值方可起步。

3）起步时不得突然加速，应平稳起步。

（3）行驶

1）行驶前取下前后车体安全连接杆，并妥善保管。

2）在坡道上行驶时，应使启动操纵杆处于接通位置，启动必须是正向行驶。

3）改变行驶方向及变换驱动操纵杆必须在停车后进行。

4）运载物料时，应保持动臂下铰点离地面 400 mm 以上。不得将铲斗提升到最高位置运送物料。

5）应尽量避免在斜坡横向行驶及铲装物料。

（4）装卸作业

1）发动机的水温及润滑油温度达到规定值时方可进行全负荷作业，当水温、润滑油温超过 90℃（363K）时应停车，查找原因，待水温低于 90℃（363K）时方可作业，否则会损坏发动机。

2）禁止在前后车体形成角度时铲装货物。取货前，应使前后车体形成直线，对正并靠近货堆，同时使铲斗平行接触地面，然后取货。

3）除散粮以外，不准用高速挡取货。

4）不准边行驶边起升铲斗。

5）铲斗铲装货物应均衡，不准铲斗偏重装载货物。

6）装载车是用来进行装载及短途运输散装物料的车辆，禁止用铲斗进行挖掘作业。

7）驾驶员离车前，应将铲斗放到地面，禁止在铲斗悬空时驾驶员离车。

8）起升的铲斗下面严禁站人或进行检修作业。若必须在铲斗起升时检修车辆，应对铲斗采取支承措施，并保证牢固可靠。

9）禁止用铲斗举升人员从事高处作业。

10）禁止在码头岸边直接铲装船上的物料。

11）在架空管线下面作业，铲斗起升时不要碰到上方的障碍物，在高压输电线路下面作业时，铲斗还应与输电线保持足够的安全距离。

12）在为载重汽车倾卸物料，铲斗前翻时不得刮碰车辆，卸载动作要缓和。在卸车作业时，注意铲斗不要刮碰车厢。在推运或刮平作业中，应随时观察运行情况，发现车辆前进受阻，应审慎操作，不得强行前进。

13）停车后应将换向操纵杆放到中央位置，将前后车体安全连接杆安装好。

三、桥式起重机安全操作规程

1. 桥式起重机安全操作基本要求

（1）桥式起重机的相关的设计、制造、安装、使用、检验、改造、维护，必须符合相关安全规程要求。

（2）起重机的电动机、电器和液压装置等应符合相应的规程。

（3）起重机的变幅指示器、力矩限制器、起重量限制器以及各种行程限位开关等安全保护装置等，应完好齐全、灵敏可靠，不得随意调整或更改及拆除。严禁利用限制器和限位装置代替操纵机构。

（4）起重机应有良好的警报装置，警报装置出现故障，应在修复后才能使用。

（5）现场作业负责人员应为起重机提供足够的作业场地，并消除或避开吊物起落及起重机行进中的障碍物。

（6）操作人员在作业前，必须持证上岗，并且熟悉工作现场的环境、行驶道路、架空电缆、建筑物及构件重量和分布，同时在运行前进行检查和试运行。

（7）操作人员应具有对起重机全部机构及装置的性能和用途以及全部电气设备常识，要具有对全部机构的操作维护知识和实际操作技能，并熟悉各种起重指挥信号的含义。

（8）起重吊装的指挥人员必须持证上岗，作业时应与操作人员密切配合，并执行规定的指挥信号。操作人员按照指挥人员的信号进行作业，当信号不清或违章指挥时，操作人员有权拒绝操作执行。

（9）操纵室远离地面的起重机，在正常指挥困难时，地面和高空作业人员应采用必要的通信工具进行联系和指挥。

（10）操作人员遇到恶劣天气或者其他意外情况超出规范要求时，应停止作业，并且再次吊物作业时应进行试运行，以检查系统的安全性能。

（11）操作人员进行起重机回转、变幅、行走和吊具升降前，应给予警报信号。

（12）操作人员应按规定的起重性能作业，不得超载。在特殊情况下需超载使用时，必须经过计算，有安全保证的技术措施和专题报告，经企业技术负责人批准和专人现场监护下方可作业。

（13）起重机作业时，严禁起重臂、吊物下方有人停留、工作或通过，并同时给出警报。起重机吊物后应在专用的通道运行，严禁在人的上方经过和起重机载人。

（14）起吊重物应牢靠，不允许有超出吊具的物品和零散物品。吊索与物件的夹角宜采用45°～60°，且不得小于30°，吊索与物件棱角之间应加垫块。

（15）起吊载荷达到起重机额定起重量的90%及以上时，应先将重物吊离地面200～500 mm后，检验起重机的稳定性，制动器的可靠性，重物的平衡性，捆绑的牢靠性，确认无误后，方可继续起吊。对易晃动的重物，应拴拉绳。

（16）重物起升和下降速度应平稳，不得突然制动。左右回转应平稳，当回转未停稳前，不得做反向动作。非重力下降式起重机不得带载自由下降。

（17）严禁起吊重物长时间悬挂在空中，作业中遇突发故障，应采取措施将重物降落到安全地方，并关闭发动机或切断电源后进行检修。突然停电时，应立即把所有控制器拨到零位，断开电源总开关，并采取措施使重物降到地面。

(18) 起重机不得靠近架空输电线路作业。起重机的任何部位与架空输电导线的安全距离不得小于相关规定要求。

(19) 严禁使用起重机拖拉设备，尤其是在重量不明的状况下，操作人员应拒绝吊运。当吊运现场的混凝土或模板，必须全部松动后方可起吊。

(20) 起重机运行时，严禁有人上下，也不允许在运行中检查和调整机件。

2. 桥式起重机作业前检查要求

(1) 严格遵守交接班制度，做好交接班工作。

(2) 对起重机作全面检查，在确认一切正常后，即推合保护柜总刀闸，对各机构进行空车试运转几次，仔细检查各安全联锁开关及限位开关动作的灵敏可靠性，并记录在交接记录本中。

(3) 桥式起重机重点检查的项目应符合下列要求：

1) 机械结构外观正常，各连接件无松动。

2) 钢丝绳表面状况良好，绳卡牢固。

3) 各安全装置和限位装置齐全完好。

(4) 操作室内应垫木板或绝缘板，接通电源后，应采用试电笔测试金属结构部分，确认无漏电方可上机；上、下起重机或操作时应使用专用扶梯。

(5) 作业前，应进行试运转，待一切正常后，方可作业。

(6) 作业前，应给出警报信号，重物的提升和下降应平稳匀速，在提升大件时不得用快速，并用拴拉绳防止摆动。

(7) 吊运易燃、易爆、有害等危险品时，应经安全部门批准，并应有相应的安全保护措施。

3. 桥式起重机作业过程中的安全要求

(1) 操作人员操作时不准吸烟、吃东西、看书报等，应着装整齐，符合规定，严格遵守劳动纪律。

(2) 在下列情况下，操作人员应发出警告信号：

1) 起重机启动后即将开动前；

2) 靠近同层其他起重机时；

3) 在起吊下降吊物时；

4) 吊物在吊运中接近地面工作人员时；

5) 起重机在吊运通道上方吊物运行时；

6) 起重机在吊运过程中设备发生故障时。

(3) 操作人员不准用限位器作为断电停车手段。

(4) 重物吊运严禁在人员上方或设备上方通过，应在专用通道运行，并提升到相应高度。空载时，吊钩应距离地面 2 m 以上。

（5）吊运重物时应慢速行驶，行驶中不得突然变速或倒退。两台起重机同时作业时，应保持 3～5 m 的距离。严禁用一台起重机顶推另一台起重机。

（6）起重机行走时，两侧驱动轮应同步，发现偏移，应停止作业，调整好后方可继续作业。

（7）作业中，严禁任何人员从一台起重机跨越到另一台起重机。

（8）严格遵守起重机“十不吊”：

1）指挥信号不明确或违章指挥不吊。

2）超负荷不吊。

3）工件或吊物捆绑不牢不吊。

4）吊物上面有人不吊。

5）安全装置不齐全或有动作不灵敏、失效者不吊。

6）工件埋在地下、与地面建筑物或设备有勾挂不吊。

7）光线隐暗视线不清不吊。

8）斜拉歪拽工件不吊。

9）棱角物件无防切割措施不吊。

10）在六级以上强风时不吊。

（9）维护保养人员由操纵室进入桥架或运行保养检修时，应有自动断电联锁装置或事先切断电源，并有专人监护，同时电源上有明显的“人员作业，请勿合闸”标识。

（10）露天作业的桥式起重机，当遇到恶劣天气时，应停止作业，并夹紧夹轨器。

（11）桥式起重机的主梁挠度超过规定值时，必须修复后方可使用。

4. 桥式起重机作业后的安全要求

（1）应将吊钩升至接近上极限位置的高度，不准吊挂吊具、吊物等。

（2）将起重小车停放在主梁远离大车滑触线的一端，不得置于跨中部位；大车应开到固定停放位置。

（3）电磁吸盘和抓斗起重机，应将吸盘或抓斗放在地面上，不得在空中悬吊。

（4）所有控制器手柄应回零位，将紧急开关扳转断路，拉下保护柜刀开关，关闭司机室门后下车。

（5）露天工作的起重机的大、小车，特别是大车，应采取措施固定牢靠，以防被大风吹跑。

（6）操作人员在下班时应对起重机进行检查，将工作中发生的问题及检查情况记录在交接记录本中，并交给接班人。

第四章 机械制造企业安全生产标准化建设

企业安全生产标准化（又被称为企业安全质量标准化）是指通过建立安全生产责任制，制定安全管理制度和操作规程，排查治理隐患和监控重大危险源，建立预防机制，规范生产行为，使各生产环节符合有关安全生产法律法规和标准规范的要求，人、机、物、环处于良好的生产状态，并持续改进，不断加强企业安全生产规范化建设。自2004年以来，在全国所有工矿、商贸、交通运输、建筑施工等企业普遍开展安全质量标准化活动，促进了企业的安全生产工作，改善了企业的安全生产环境，企业安全管理取得了显著效果。

第一节 机械制造企业安全生产标准化建设相关政策法规要点

现代安全管理的特点是以预防事故为中心，从提高设备的可靠性入手，把安全和生产稳定发展统一起来。安全管理规范化、标准化是企业发展的必然需求，也是企业安全管理的需要。通过开展安全生产标准化建设，可以使大量不安全因素得到整改，强化设备设施的本质安全性，理顺各职能部门之间的内在联系，提高企业安全管理水平，提升企业整体形象。企业在实施安全生产标准化的过程中，还需要从大处着眼、小处着手，注重细节的改进。从预防事故的角度来看，只有不断改进，消除潜在的事故隐患，才能有效预防事故发生。

一、《关于深入开展企业安全生产标准化建设的指导意见》要点

2011年5月3日，国务院安全生产委员会印发《关于深入开展企业安全生产标准化建设的指导意见》（安委〔2011〕4号）。《指导意见》指出，为深入贯彻落实《国务院关于进一步加强企业安全生产工作的通知》（国发〔2010〕23号，以下简称《国务院通知》）和《国务院办公厅关于继续深化“安全生产年”活动的通知》（国办发〔2011〕11号，以下简称《国办通知》）精神，全面推进企业安全生产标准化建设，进一步规范企业安全生产行

为，改善安全生产条件，强化安全基础管理，有效防范和坚决遏制重特大事故发生，经报国务院领导同志同意，就深入开展企业安全生产标准化建设提出指导意见。

《指导意见》的主要内容如下：

1. 充分认识深入开展企业安全生产标准化建设的重要意义

（1）落实企业安全生产主体责任的必要途径。国家有关安全生产法律法规和规定明确要求，要严格企业安全管理，全面开展安全达标。企业是安全生产的责任主体，也是安全生产标准化建设的主体，要通过加强企业每个岗位和环节的安全生产标准化建设，不断提高安全管理水平，促进企业安全生产主体责任落实到位。

（2）强化企业安全生产基础工作的长效制度。安全生产标准化建设涵盖了增强人员安全素质、提高装备设施水平、改善作业环境、强化岗位责任落实等各个方面，是一项长期的、基础性的系统工程，有利于全面促进企业提高安全生产保障水平。

（3）政府实施安全生产分类指导、分级监管的重要依据。实施安全生产标准化建设考评，将企业划分为不同等级，能够客观真实地反映出各地区企业安全生产状况和不同安全生产水平的企业数量，为加强安全监管提供有效的基础数据。

（4）有效防范事故发生的重要手段。深入开展安全生产标准化建设，能够进一步规范从业人员的安全行为，提高机械化和信息化水平，促进现场各类隐患的排查治理，推进安全生产长效机制建设，有效防范和坚决遏制事故发生，促进全国安全生产状况持续稳定好转。

各地区、各有关部门和企业要把深入开展企业安全生产标准化建设的思想行动统一到《国务院通知》的规定要求上来，充分认识深入开展安全生产标准化建设对加强安全生产工作的重要意义，切实增强推动企业安全生产标准化建设的自觉性和主动性，确保取得实效。

2. 总体要求和目标任务

（1）总体要求。深入贯彻落实科学发展观，坚持“安全第一、预防为主、综合治理”的方针，牢固树立以人为本、安全发展理念，全面落实《国务院通知》和《国办通知》精神，按照《企业安全生产标准化基本规范》（AQ/T 9006—2010，以下简称《基本规范》）和相关规定，制定完善安全生产标准和制度规范。严格落实企业安全生产责任制，加强安全科学管理，实现企业安全管理的规范化。加强安全教育培训，强化安全意识、技术操作和防范技能，杜绝“三违”。加大安全投入，提高专业技术装备水平，深化隐患排查治理，改进现场作业条件。通过安全生产标准化建设，实现岗位达标、专业达标和企业达标，各行业（领域）企业的安全生产水平明显提高，安全管理和事故防范能力明显增强。

（2）目标任务。在工矿商贸和交通运输行业（领域）深入开展安全生产标准化建设，重点突出煤矿、非煤矿山、交通运输、建筑施工、危险化学品、烟花爆竹、民用爆炸物品、冶金等行业（领域）。其中，煤矿要在2011年年底前，危险化学品、烟花爆竹企业要在2012年年底前，非煤矿山和冶金、机械等工贸行业（领域）规模以上企业要在2013年年底前，冶金、机械等工贸行业（领域）规模以下企业要在 2015 年前实现达标。要建立健全各行业（领域）企业安全生产标准化评定标准和考评体系；进一步加强企业安全生产规范化管理，推进全员、全方位、全过程安全管理；加强安全生产科技装备，提高安全保障能力；严格把关，分行业（领域）开展达标考评验收；不断完善工作机制，将安全生产标准化建设纳入企业生产经营全过程，促进安全生产标准化建设的动态化、规范化和制度化，有效提高企业本质安全水平。

3. 实施方法

（1）打基础，建章立制。按照《基本规范》的要求，将企业安全生产标准化等级规范为一、二、三级。各地区、各有关部门要分行业（领域）制定安全生产标准化建设实施方案，完善达标标准和考评办法。企业要从组织机构、安全投入、规章制度、教育培训、装备设施、现场管理、隐患排查治理、重大危险源监控、职业健康、应急管理以及事故报告、绩效评定等方面，严格对应评定标准要求，建立完善安全生产标准化建设实施方案。

（2）重建设，严加整改。企业要对照规定要求，深入开展自检自查，建立企业达标建设基础档案，加强动态管理，分类指导，严抓整改。对评为安全生产标准化一级的企业要重点抓巩固、二级企业着力抓提升、三级企业督促抓改进，对不达标的企业要限期抓整顿。各地区和有关部门要加强对安全生产标准化建设工作的指导和督促检查，对问题集中、整改难度大的企业，要组织专业技术人员进行“会诊”，提出具体办法和措施，集中力量，重点解决；督促企业做到隐患排查治理的措施、责任、资金、时限和预案“五到位”，对存在重大隐患的企业，要责令停产整顿，并跟踪督办。对发生较大以上生产安全事故、存在非法违法生产经营建设行为、重大隐患限期整顿仍达不到安全要求，以及未按规定要求开展安全生产标准化建设且在规定限期内未及时整改的，取消其安全生产标准化达标参评资格。

（3）抓达标，严格考评。各地区、各有关部门要加强对企业安全生产标准化建设的督促检查，严格组织开展达标考评。对安全生产标准化一级企业的评审、公告、授牌等有关事项，由国家有关部门或授权单位组织实施；二级、三级企业的评审、公告、授牌等具体办法，由省级有关部门制定。各地区、各有关部门在企业安全生产标准化创建中不得收取费用。要严格达标等级考评，明确企业的专业达标最低等级为企业达标等级，有一个专业不达标则该企业不达标。

各地区、各有关部门要结合本地区、本行业（领域）企业的实际情况，对安全生产标准化建设工作作出具体安排，积极推进，成熟一批、考评一批、公告一批、授牌一批。对在规定时间内经整改仍不具备最低安全生产标准化等级的企业，地方政府要依法责令其停产整改直至依法关闭。各地区、各有关部门要将考评结果汇总后报送国务院安委会办公室备案，国务院安委会办公室将适时组织抽检。

4. 工作要求

（1）加强领导，落实责任。按照属地管理和“谁主管、谁负责”的原则，企业安全生产标准化建设工作由地方各级人民政府统一领导，明确相关部门负责组织实施。国家有关部门负责指导和推动本行业（领域）企业安全生产标准化建设，制定实施方案和达标细则。企业是安全生产标准化建设工作的责任主体，要坚持高标准、严要求，全面落实安全生产法律法规和标准规范，加大投入，规范管理，加快实现企业高标准达标。

（2）分类指导，重点推进。对于尚未制定企业安全生产标准化评定标准和考评办法的行业（领域），要抓紧制定；已经制定的，要按照《基本规范》和相关规定进行修改完善，规范已达标企业的等级认定。要针对不同行业（领域）的特点，加强工作指导，把影响安全生产的重大隐患排查治理、重大危险源监控、安全生产系统改造、产业技术升级、应急能力提升、消防安全保障等作为重点，在达标建设过程中切实做到“六个结合”，即与深入开展执法行动相结合，依法严厉打击各类非法违法生产经营建设行为；与安全专项整治相结合，深化重点行业（领域）隐患排查治理；与推进落实企业安全生产主体责任相结合，强化安全生产基层和基础建设；与促进提高安全生产保障能力相结合，着力提高先进安全技术装备和物联网技术应用等信息化水平；与加强职业安全健康工作相结合，改善从业人员的作业环境和条件；与完善安全生产应急救援体系相结合，加快救援基地和相关专业队伍标准化建设，切实提高实战救援能力。

（3）严抓整改，规范管理。严格安全生产行政许可制度，促进隐患整改。对达标的企业，要深入分析二级与一级、三级与二级之间的差距，找准薄弱点，完善工作措施，推进达标升级；对未达标的企业，要盯住抓紧，督促加强整改，限期达标。通过安全生产标准化建设，实现“四个一批”：对在规定期限内仍达不到最低标准、不具备安全生产条件、不符合国家产业政策、破坏环境、浪费资源，以及发生各类非法违法生产经营建设行为的企业，要依法关闭取缔一批；对在规定时间内未实现达标的，要依法暂扣其生产许可证、安全生产许可证，责令停产整顿一批；对具备基本达标条件，但安全技术装备相对落后的，要促进达标升级，改造提升一批；对在本行业（领域）具有示范带动作用的企业，要加大支持力度，巩固发展一批。

（4）创新机制，注重实效。各地区、各有关部门要加强协调联动，建立推进安全生产标准化建设工作机制，及时发现解决建设过程中出现的突出矛盾和问题，对重大问题要组织相关部门开展联合执法，切实把安全生产标准化建设工作作为促进落实和完善安全生产法规规章、推广应用先进技术装备、强化先进安全理念、提高企业安全管理水平的重要途径，作为落实安全生产企业主体责任、部门监管责任、属地管理责任的重要手段，作为调整产业结构、加快转变经济发展方式的重要方式，扎实推进。要把安全生产标准化建设纳入安全生产“十二五”规划及有关行业（领域）发展规划。要积极研究采取相关激励政策措施，将达标结果向银行、证券、保险、担保等主管部门通报，作为企业绩效考核、信用评级、投融资和评先推优等的重要参考依据，促进提高达标建设的质量和水平。

（5）严格监督，加强宣传。各地区、各有关部门要分行业（领域）、分阶段组织实施，加强对安全生产标准化建设工作的督促检查，严格对有关评审和咨询单位进行规范管理。要深入基层、企业，加强对重点地区和重点企业的专题服务指导。加强安全专题教育，提高企业安全管理人员和从业人员的技能素质。充分利用各类舆论媒体，积极宣传安全生产标准化建设的重要意义和具体标准要求，营造安全生产标准化建设的浓厚社会氛围。国务院安委会办公室以及各地区、各有关部门要建立公告制度，定期发布安全生产标准化建设进展情况和达标企业、关闭取缔企业名单；及时总结推广有关地区、有关部门和企业的经验做法，培育典型，示范引导，推进安全生产标准化建设工作广泛深入、扎实有效开展。

二、《关于深入开展全国冶金等工贸企业安全生产标准化建设的实施意见》要点

2011年5月13日，国务院安全生产委员会办公室印发《关于深入开展全国冶金等工贸企业安全生产标准化建设的实施意见》（安委办〔2011〕18号）。《实施意见》指出，为深入贯彻落实《国务院关于进一步加强企业安全生产工作的通知》（国发〔2010〕23号）和《国务院办公厅关于继续深化“安全生产年”活动的通知》（国办发〔2011〕11号）精神，按照《国务院安委会关于深入开展企业安全生产标准化建设的指导意见》（安委〔2011〕4号）的总体要求，结合冶金、有色、建材、机械、轻工、纺织、烟草、商贸等工贸行业企业（以下简称工贸企业）的特点，全面推进工贸企业安全生产标准化建设工作，提出实施意见。

《实施意见》分为三个部分，即第一部分：指导思想、工作原则和工作目标；第二部分：明确安全生产标准化建设的主要途径；第三部分：落实安全生产标准化建设的保障措施。第二部分对安全生产标准化建设的主要途径提出明确的实施意见。

明确安全生产标准化建设的主要途径如下：

1. 制定工作方案

地方各级安全监管部门要摸清本地区工贸企业的基本情况，包括企业数量、规模、种类、从业人员、生产工艺和安全管理等，并根据本实施意见，制定本地区规模以上企业三年达标、所有企业五年达标的工作方案，明确工作进度安排和保障措施。

2. 建立和完善评定标准体系

（1）按照“既与国际先进标准接轨，又符合国情”的原则，充分发挥有关科研机构、行业协会和大型企业的技术优势，完善危险性较大和重点行业的企业安全生产标准化评定标准。在已发布轧钢、冶金焦化、烧结球团、铁合金、氧化铝、电解铝、水泥企业安全生产标准化评定标准的基础上，2011年底前抓紧完成炼铁、炼钢、冶金煤气、有色重金属冶炼、有色金属延压加工、平板玻璃、建筑卫生陶瓷、机械制造、造纸、家具、白酒、啤酒、乳制品、食品、纺织、烟草、商业、现代物流商贸等评定标准的制修订工作。随着安全生产标准化建设的不断深入，进一步制定、细化、完善和提高各行业的评定标准。

（2）为保证评定标准的统一性和评定结果的可对比性，对于国家安全监管总局已制定

的评定标准，各地要严格执行；对于国家安全监管总局尚未制定评定标准的行业（领域），原则上按照《企业安全生产标准化基本规范评分细则》，并参照有关评定标准，进行二级、三级安全生产标准化企业的评定。

3. 建立和健全考评体系

（1）制定考评办法。国家安全监管总局组织制定和发布《全国冶金等工贸企业安全生产标准化考评办法》，对考评过程实行统一、规范化管理。工贸企业安全生产标准化考评程序主要包括：企业自评和申请、评审组织单位对申请进行初步审查、评审单位进行现场评审并形成评审报告、安全监管部门进行审核和公告、安全监管部门或其确定的评审组织单位颁发证书和牌匾。各地安全监管部门可制定该考评办法的实施细则；对规模以下企业的考评工作，要创新方式方法，简化程序和内容，提高工作效率。

（2）确定评审单位。一级安全生产标准化企业的评审组织单位和评审单位由国家安全监管总局确定。二级、三级安全生产标准化企业的评审组织单位和评审单位由省级安全监管局综合考虑本地企业类型、数量和分布情况，以及评审单位应具备的基本条件和技术力量等因素确定，并报国家安全监管总局备案。各级安全监管部门要发挥安全评价机构的作用，原则上具备工贸企业安全评价资质的评价机构经省级安全监管局认可后，可以参加相应企业的评审工作。各评审单位都应有一定数量经过安全生产标准化培训合格的评审人员。

（3）加强考评管理。各级安全监管部门要总结经验，不断完善安全生产标准化考评工作程序，严格考评流程控制，加强对评审组织单位和评审单位的管理，规范考评工作，严把考评质量关。对于违反规定、弄虚作假的评审单位，要严肃处理；情节严重的，要取消评审资格。

4. 加大培训工作力度

（1）加强安全生产标准化有关法规、标准的宣贯培训，把安全生产标准化的宣贯培训工作列为各级安全监管部门、各企业教育培训工作的一项重点内容，以培训促进安全生产标准化建设工作。

（2）要加强企业培训。各级安全监管部门要按照职责分工，分层次、分专业开展企业负责人、安全管理人员的培训，重点解决安全生产标准化建设的思想认识和关键问题。企业要开展各种形式的安全生产标准化培训，尤其是要加强基层职工培训，提高职工按照安全规程作业的意识和技能，促进岗位达标。

（3）要加强安全监管人员的培训。国家安全监管总局负责组织省级安全监管人员的培训，省级安全监管局负责组织省级以下安全监管人员的培训，培训内容主要是安全生产标准化的内涵和意义、考评制度和程序等。

（4）要加强评审人员的培训。国家安全监管总局负责组织培训师资和一级安全生产标准化企业评审人员的培训，省级安全监管局负责组织二级、三级安全生产标准化企业评审人员的培训。培训内容主要是评定标准和考评程序等。

5. 树立典型示范

（1）根据产业分布和经济特点，国家安全监管总局确定在广州市、沈阳市、宁波市和山东省诸城市等地区开展工贸企业安全生产标准化建设示范城市试点。试点城市要大胆先行先试，进一步创新工作思路，创新达标模式，创新监管体制机制，建立一套切实可行的激励约束机制，为全国深入开展安全生产标准化建设工作积累经验，发挥示范引领作用。

（2）国家安全监管总局在每个行业选择 2～4 家大型企业或行业领先企业作为典型企业，为同类企业有效开展安全生产标准化工作树立标杆和样板，为评定标准的制修订、加快与国际先进标准对接提供技术支持，为企业之间的交流提供平台。

（3）地方各级安全监管部门要结合本地区实际，积极创建安全生产标准化建设示范地区和示范园区，在每个行业树立多家典型企业，以点带面，推动安全生产标准化建设工作。

6. 推进达标建设

（1）各地要按照达标工作方案的安排和要求，指导和督促企业、评审组织单位和评审单位积极开展安全生产标准化建设和评审工作，按期完成工作任务，确保工作质量，防止搞形式、走过场。

（2）企业要加强对安全生产标准化建设工作的领导，组织专门的技术力量，或聘请熟悉安全生产标准化工作的单位或专家开展技术咨询，对照相关评定标准，开展自查自纠，全面深入查找隐患和问题，认真加以整改，确保企业通过自评达到评定标准的要求，并依照有关规定向当地安全监管部门申报。

（3）国有企业和行业领先企业要在安全生产标准化建设工作中发挥表率作用，推动下属单位积极开展安全生产标准化建设工作，原则上以集团公司或上市股份公司为主体申报达标评级，实现整个企业的全面达标。

（4）鼓励大型企业发挥带动辐射作用，在采购招标过程中逐步把关联企业和配套企业安全达标作为必要条件，带动关联企业和配套企业实现共同达标。

（5）在安全生产标准化建设过程中，要从基础、基层抓起，充分发挥班组安全生产的基础作用，切实加强班组安全建设，强化现场安全管理责任和措施落实，提高职工安全操作技能，杜绝“三违”行为，实现岗位达标，以岗位达标推动企业达标。

（6）建立长效机制。已经达标的企业要进一步巩固安全生产标准化建设成果，做到持续改进和升级，不断提高安全生产标准化建设水平。

三、《全国冶金等工贸企业安全生产标准化考评办法》要点

2011 年 6 月 7 日，国家安全生产监督管理总局印发《关于印发全国冶金等工贸企业安全生产标准化考评办法的通知》（安监总管四〔2011〕84 号）。制定《全国冶金等工贸企业安全生产标准化考评办法》的目的，是根据《安全生产法》《国务院关于进一步加强企业安全生产工作的通知》（国发〔2010〕23 号），为了有效实施《企业安全生产标准化基本规范》

(AQ/T 9006—2010)，规范冶金等工贸企业安全生产标准化考评工作。本办法所称冶金等工贸企业是指冶金、有色、建材、机械、轻工、纺织、烟草、商贸等行业企业。

《全国冶金等工贸企业安全生产标准化考评办法》规定：企业安全生产标准化考评，采取自评、申请、评审、审核公告、颁发证书和牌匾的方式进行。

1. 安全生产标准化企业分级

安全生产标准化企业分为一级企业、二级企业和三级企业。一级企业由国家安全生产监督管理总局（以下简称总局）审核公告；二级企业由企业所在地省（自治区、直辖市）及新疆生产建设兵团安全生产监督管理部门（以下简称省级安全监管部门）审核公告；三级企业由所在地设区的市（州、盟）安全生产监督管理部门（以下简称市级安全监管部门）审核公告。

2. 申请安全生产标准化评审企业的条件

申请安全生产标准化评审的企业应具备以下条件：

设立有安全生产行政许可的，已依法取得国家规定的相应安全生产行政许可。

申请一级企业的，应为大型企业集团、上市公司或行业领先企业。申请评审之日前一年内，大型企业集团、上市集团公司未发生较大以上生产安全事故，集团所属成员企业90%以上无死亡生产安全事故；上市公司或行业领先企业无死亡生产安全事故。

申请二级企业的，申请评审之日前一年内，大型企业集团、上市集团公司未发生较大以上生产安全事故，集团所属成员企业 80%以上无死亡生产安全事故；企业死亡人员未超过 1 人。

申请三级企业的，申请评审之日前一年内生产安全事故累计死亡人员未超过 2 人。

行业评定标准中的企业安全绩效要求高于本条款的，按照行业标准执行；低于本条款要求的，按照本条款执行。

3. 评审依据相应的评定标准

评审依据相应的评定标准（或评分细则）采用评分的方式进行，满分为 100 分，评审标准如下：

一级：评审评分大于等于 90 分（大型集团公司 90%以上的成员企业评审评分大于等于 90 分）。

二级：评审评分大于等于 75 分（集团公司 80%以上的成员企业评审评分大于等于 75 分）。

三级：评审评分大于等于 60 分。

评定标准满分不为 100 分的，按 100 分制折算。

4. 安全生产标准化考评程序

(1) 企业自评：企业成立自评机构，按照评定标准的要求进行自评，形成自评报告。企业自评可以邀请专业技术服务机构提供支持。

（2）申请评审：企业根据自评结果，经相应的安全生产监督管理部门（以下简称安全监管部门）同意后，提出书面评审申请。

（3）申请安全生产标准化一级企业的，经所在地省级安全监管部门同意后，向一级企业评审组织单位提出申请；申请安全生产标准化二级企业的，经所在地市级安全监管部门同意后，向所在地省级安全监管部门或二级企业评审组织单位提出申请；申请安全生产标准化三级企业的，经所在地县级安全监管部门同意后，向所在地市级安全监管部门或三级企业评审组织单位提出申请。

符合申请要求的，通知相关评审单位组织评审；不符合申请要求的，书面通知申请企业，并说明理由。由评审组织单位受理申请的，评审组织单位对申请进行初步审查，报请审核公告的安全监管部门核准同意后，方可通知相关评审单位组织评审。

（4）评审与报告：评审单位收到评审通知后，应按照相关评定标准的要求进行评审。评审完成后，经申请受理单位初步审查后，将符合要求的评审报告，报送审核公告的安全监管部门；对于不符合要求的评审报告，书面通知评审单位，并说明理由。

评审结果未达到企业申请等级的，经申请企业同意，限期整改后重审；或根据评审实际达到的等级，按本办法的规定，向相应的安全监管部门申请审核。

评审工作应在收到评审通知之日起 3 个月内完成（不含企业整改时间）。

5. 审核与公告、颁发证书和牌匾

审核与公告：审核公告的安全监管部门对提交的评审报告进行审核，对符合标准的企业予以公告；对不符合标准的企业，书面通知申请受理单位，并说明理由。

颁发证书和牌匾：经公告的企业，由安全监管部门或指定的评审组织单位颁发相应等级的安全生产标准化证书和牌匾。证书和牌匾由总局统一监制，统一编号。

安全生产标准化一级企业评审组织单位和评审单位由总局确定，二级、三级企业评审组织单位和评审单位由省级安全监管部门确定。

评审单位按照评定标准，对申请企业采用资料核对、人员询问、现场考核和查证的方法进行评审。人员询问、现场考核和查证可以按一定比例进行抽查。

安全生产标准化企业证书和牌匾有效期为 3 年。期满前 3 个月，企业可按本办法的规定申请延期，换发证书、牌匾。

6. 撤销安全生产标准化等级企业事项

取得安全生产标准化证书的企业，在证书有效期内发生下列行为的，由原审核单位公告撤销其安全生产标准化企业等级：

（1）在评审过程中弄虚作假、申请材料不真实的；

（2）不接受检查、抽查的；

（3）迟报、漏报、谎报、瞒报生产安全事故的；

（4）大型企业集团、上市集团公司一级企业发生较大以上生产安全事故，或所属成员企业10%以上发生死亡生产安全事故的；

（5）一级、二级、三级企业发生人员死亡生产安全事故，半年内须申请复评，复评不合格的；

（6）企业再次发生人员死亡生产安全事故的。

被撤销安全生产标准化等级的企业，按降低至少一个等级重新申请评审；自撤销之日起满一年的，方可申请被降低前的等级。

三级企业符合撤销等级条件的，由市级审核公告单位责令限期整改，通知评审组织单位收回证书、牌匾。整改期满，经原评审单位评审，符合三级企业要求的，方可重新颁发原证书、牌匾。整改期限不得超过一年。

被撤销安全生产标准化等级的企业，应向原发证单位交回证书、牌匾。

企业取得安全生产标准化证书后，每年应对本单位安全生产标准化的实施情况至少进行一次自我评定，并形成自评报告，及时发现和解决生产中的安全问题，持续改进，不断提高安全生产水平。

企业安全生产标准化年度自评报告须按有关规定抄送相应的安全监管部门。

评审单位应严格按照相关安全生产标准化评定标准的要求开展考评的相关工作，确保安全生产标准化考评工作的质量，并对评审结果负责。

对取得安全生产标准化证书的企业，各级安全监管部门视情况组织日常检查、抽查，并对检查、抽查情况进行通报。企业在考评过程中弄虚作假、申请材料不真实，不接受检查、抽查，或者发生生产安全事故、符合本办法相关规定的，撤销其安全生产标准化企业等级。

本办法自印发之日起施行。2005年1月24日国家安全生产监督管理局印发的《机械制造企业安全质量标准化考核评级办法》（安监管管二字〔2005〕11号）和2008年1月31日总局印发的《冶金企业安全标准化考评办法（试行）》（安监总管一〔2008〕23号）同时废止。

四、《冶金等工贸企业安全生产标准化建设评审工作管理办法》要点

2011年6月8日，国家安全生产监督管理总局印发《冶金等工贸企业安全生产标准化建设评审工作管理办法》（安监总管四〔2011〕87号）的通知。制定《评审工作管理办法》的目的，是为进一步做好全国冶金等工贸企业安全生产标准化建设评审工作，加强对安全生产标准化建设评审组织单位、评审单位和评审人员的管理，并对相关事项作了规定。

1. 评审组织单位管理

（1）评审组织单位是指由各级安全监管部门考核确定、统一负责冶金等工贸企业安全生产标准化建设评审组织工作的单位。

（2）安全生产标准化一级企业的评审组织单位由国家安全监管总局确定；地方安全监

管部门根据工作实际自行确定安全生产标准化二、三级企业的评审组织单位，并由省级安全监管部门汇总，报国家安全监管总局备案。

(3) 评审组织单位应当具备下列条件：

1）有与其开展工作相适应的固定工作场所和办公设施，具有必要的技术支撑条件。

2）有健全的内部管理制度、评审组织程序文件、评审单位管理流程、评审档案管理制度等。

3）设有专职工作人员，其应具备与其承担评审组织工作相适应的能力。

4）参加有关安全生产法律法规、标准规范、文件和标准化等知识的培训。

5）严格按照安全监管部门的工作要求，依法依规办事，认真组织开展评审工作。

(4) 评审组织单位职责：

1）配合安全监管部门做好评审工作和对评审单位的日常管理工作。对评审单位的现场评审工作进行抽查，发现抽查结果不合格的，评审组织单位应向相应安全监管部门书面提出暂停评审单位评审工作的建议；对两次抽查结果不合格的，提出取消评审单位评审工作的建议。

2）对安全生产标准化达标企业在颁证后半年内进行现场抽查，并将抽查情况报告相关安全监管部门。对不符合要求的达标企业，向安全监管部门书面提出撤销其安全生产标准化企业等级的建议。

3）聘请评审专家，建立相关行业安全生产标准化评审人员库，并建立评审人员档案。

4）经安全监管部门授权，组织评审人员的培训和考核，承担评审人员培训、考核与管理等工作。

(5) 评审组织单位工作程序：

1）评审组织单位收到相关安全监管部门受理的企业申请后，应在10个工作日内完成对申请材料的合规性审查工作。文件、材料符合要求的，在相应评审业务范围内的评审单位名录中通过随机方式选择评审单位，将申请材料转交评审单位开展评审工作；不符合要求的，评审组织单位函告相关安全监管部门和申请企业，并说明原因。

2）评审完成后，评审组织单位对评审单位的评审相关材料进行审查。审查通过后，向安全监管部门提交评审报告和评审评分表等材料。

3）经安全监管部门公告的企业，由评审组织单位按照国家安全监管总局的有关规定颁发安全生产标准化证书和牌匾。

评审组织单位要自觉接受安全监管部门的监督，认真做好各项评审组织工作。应填写《安全生产标准化评审组织单位登记表》，报相应的安全监管部门备案。

2. 评审单位管理

(1) 评审单位是指由安全监管部门考核确定、具体承担安全生产标准化企业评审工作的单位。

（2）评审单位应当具备下列条件：

1）具有法人资格，没有违法行为记录。

2）有与其开展工作相适应的固定工作场所和办公设施，具有必要的技术支撑条件。

3）有健全的内部管理制度、评审程序文件、评审档案、质量控制体系、管理制度和评审人员档案等。

4）有10名以上通过评审组织单位组织的有关安全生产法律法规、标准规范、文件和标准化等知识的培训，并取得培训合格证书的评审员。

5）有与相应评定标准专业技术要求相符、满足评审工作需要、取得评审组织单位颁发聘书的评审专家。

6）配备负责安全生产标准化相关日常管理工作的专职工作人员。

7）经国家安全监管总局及评审组织单位考核合格。

（3）评审单位开展评审工作时，应当遵守下列行为规范：

1）评审单位不得自行或以安全监管部门及其工作人员的名义或以欺骗手段到企业招揽业务。

2）与申请企业存在利害关系的，应当回避。

3）坚持依法经营，遵守市场竞争规则，不采取欺诈、恶性竞争等不正当手段获取利益。

4）做到廉洁自律，坚决杜绝商业贿赂和其他形式的经济违法犯罪行为。

5）加强评审人员业务培训，不断提高整体素质和业务水平，保证评审结果的科学性、先进性和准确性，不剽窃、不抄袭他人成果。

6）评审单位技术服务收费符合法律法规和有关财政收费的规定，并与申请企业签订技术服务合同，出现违法违规乱收费行为的，取消评审单位资格，并依法追究责任。

7）评审工作资料、申请企业现场勘查记录、影像资料及相关证明材料，应及时归档，妥善保管，并遵守保密协议。

8）认真接受安全监管部门的监督检查，自觉接受社会监督，配合评审组织单位的日常管理及检查。

9）落实评审单位责任，积极服务于基层安全生产工作，帮助企业开展隐患排查和治理，消除事故隐患，为推动和规范企业安全生产标准化建设积极献计献策。

（4）评审单位应建立评审人员档案，并将下列材料汇总后报评审组织单位备案：①安全生产标准化评审人员登记表；②学历和专业技术能力证明；③评审员培训合格证书；④其他相关材料。

（5）评审单位应按照以下流程开展评审工作：

1）评审单位收到评审组织单位授权和转交的申请材料后，应在现场评审前进行文件审查，并完成文件审查报告；与申请企业确定现场评审时间，函告申请企业，并签订技术服务合同，明确评审对象、范围，以及双方权利、义务和责任。

2）现场评审时，按照申请企业评审的评定标准中的管理、技术、工艺等要求，配足相应的评审人员，组成评审组。评审组至少由5名以上评审人员组成，其中至少包括2名由评审组织单位备案的评审专家；指定1名评审员担任评审组长，负责现场评审工作；现场评审采用资料核对、人员询问、现场考核和查证的方法进行；现场评审完成后，向申请企业出具现场评审结论，并对发现的问题提出整改完成时间，评审组全体成员须在现场评审结论上签字。

3）申请企业整改完成后，评审单位依据整改情况的实际需要，进行现场或整改报告复核，确认其整改效果。若整改符合相关要求，评审单位形成评审报告，由评审单位主要负责人审核后，向评审组织单位提交评审报告、评审工作总结、评审结论原件、评审得分表、评审人员信息等相关材料。

评审工作应在接到评审组织单位授权之日起3个月内完成（不包括企业整改时间）；集团公司企业一次申请评审企业较多的，由评审组织单位根据申请数量情况批准适当延长评审时间。

填写《安全生产标准化评审单位登记表》，报国家安全监管总局及评审组织单位备案。

3. 评审人员管理

（1）本办法所称的评审人员，包括评审单位的评审员和评审组织单位聘请的评审专家。

（2）评审员应当具备下列条件：

1）属于评审单位的正式职工。

2）具有国家承认的大学以上（含大学）学历，且具有注册安全工程师、安全评价师或中级以上（含中级）专业技术职务。

3）熟悉安全生产有关法律、法规、规章、标准、规范和相关行业安全生产标准化规范、评定标准等，掌握相应的评审方法。

4）通过评审组织单位组织的有关安全生产法律法规、标准规范、文件和标准化等知识的培训，考试合格，取得培训合格证书，并按时接受复训。

（3）评审专家应当具备下列条件：

1）生产经营单位、科研院所、高等院校、中介机构、社会团体等相关专业技术人员，身体状况良好，能胜任评审工作。

2）具有至少5年以上相关专业技术或安全管理现场工作经历，并经所在单位推荐确认。

3）具有国家承认的大学以上（含大学）学历，且具有工程类高级专业技术职务。

4）具有与评审工作要求相适应的观察、分析和判断能力，能够协助或独立开展对申请单位的文件评审和现场评审等工作。

5）参加评审组织单位组织的有关安全生产法律法规、标准规范、文件和标准化等知识的培训。

6）取得评审组织单位颁发的聘书。

（4）评审人员应履行下列职责：

1）认真贯彻执行国家有关安全生产的法律、法规、规章、标准、规范和相关行业安全生产标准化规范、评定标准。

2）评审前主动向评审单位公开与申请企业的利害关系，不隐瞒任何有可能影响评审公正性的信息。

3）仅参加相关专业领域的评审工作，遵守现场评审工作秩序，认真完成对申请单位的文件审查和现场评审等工作，提交完整的现场评审报告等资料，并对作出的文件审查和现场评审结论负责。

4）严格遵守公正性与保密承诺，在从事合规性审查、文件审查和现场评审时，不得泄露申请单位的技术和商业秘密。

5）认真完成安全监管部门或评审组织单位、评审单位安排的其他任务。

4. 其他有关规定

1）本办法适用于冶金、有色、建材、机械、轻工、纺织、烟草、商贸等工贸企业安全生产标准化建设评审工作。

2）评审组织单位管理适用于各级安全监管部门。

3）评审单位、评审人员管理适用于国家安全监管总局所确定的冶金等工贸行业安全生产标准化一级企业的评审单位和评审人员管理。省、市（地）级安全监管部门可以根据工作需要和本部门实际，创新工作方法，自行制定评审单位、评审人员管理办法。

4）评审组织单位、评审单位、评审人员要按照“服务企业、公正自律、确保质量、力求实效”的原则开展工作，为提高企业安全管理水平、推动企业安全生产标准化建设做出贡献。

5）经安全生产标准化一级企业评审组织单位确定的评审人员，可参加安全生产标准化二、三级企业评审工作。

6）安全生产标准化一级企业评审单位受地方各级安全监管部门及评审组织单位委派，可承担安全生产标准化二、三级企业评审工作。

第二节　机械制造企业安全生产标准化相关规范

推进安全生产标准化创建工作，是加强企业安全生产工作的一项基础性、长期性的工作，是提高企业安全管理整体水平的重要途径。为了进一步推进安全生产标准化创建工作，2010年国家安全生产监督管理总局发布了《企业安全生产标准化基本规范》（AQ/T

9006—2010)，2013年发布《机械制造企业安全生产标准化规范》（AQ/T 7009—2013）。这两个规范适用于机械制造企业开展安全生产标准化工作。机械制造企业通过安全生产标准化建设，建立安全管理制度和操作规程，排查治理隐患和监控重大危险源，建立预防机制，规范生产行为，使各生产环节符合有关安全生产法律法规和标准规范的要求。

一、《企业安全生产标准化基本规范》要点

2010年4月15日，国家安全生产监督管理总局发布了《企业安全生产标准化基本规范》(AQ/T 9006—2010)，自2010年6月1日起施行，这意味着我国广大企业的安全生产标准化工作将得到规范。

本标准适用于工矿企业开展安全生产标准化工作以及对标准化工作的咨询、服务和评审；其他企业和生产经营单位可参照执行。有关行业制定安全生产标准化标准应满足本标准的要求；已经制定行业安全生产标准化标准的，优先适用行业安全生产标准化标准。

本标准对安全生产标准化的定义是：通过建立安全生产责任制，制定安全管理制度和操作规程，排查治理隐患和监控重大危险源，建立预防机制，规范生产行为，使各生产环节符合有关安全生产法律法规和标准规范的要求，人、机、物、环处于良好的生产状态，并持续改进，不断加强企业安全生产规范化建设。

《企业安全生产标准化基本规范》分为范围、规范性引用文件、术语和定义、一般要求、核心要求五个部分。

一般要求与核心要求的具体内容如下：

1.《基本规范》一般要求

(1) 原则

企业开展安全生产标准化工作，遵循“安全第一、预防为主、综合治理”的方针，以隐患排查治理为基础，提高安全生产水平，减少事故发生，保障人身安全健康，保证生产经营活动的顺利进行。

(2) 建立和保持

企业安全生产标准化工作采用“策划、实施、检查、改进”动态循环的模式，依据本标准的要求，结合自身特点，建立并保持安全生产标准化系统；通过自我检查、自我纠正和自我完善，建立安全绩效持续改进的安全生产长效机制。

(3) 评定和监督

企业安全生产标准化工作实行企业自主评定、外部评审的方式。

企业应当根据本标准和有关评分细则，对本企业开展安全生产标准化工作情况进行评定；自主评定后申请外部评审定级。

安全生产标准化评审分为一级、二级、三级，一级为最高。

安全生产监督管理部门对评审定级进行监督管理。

2.《基本规范》核心要求

（1）目标

企业根据自身安全生产实际，制定总体和年度安全生产目标。按照所属基层单位和部门在生产经营中的职能，制定安全生产指标和考核办法。

（2）组织机构和职责

◆组织机构。企业应按规定设置安全生产管理机构，配备安全生产管理人员。

◆职责。企业主要负责人应按照安全生产法律法规赋予的职责，全面负责安全生产工作，并履行安全生产义务。企业应建立安全生产责任制，明确各级单位、部门和人员的安全生产职责。

（3）安全生产投入

企业应建立安全生产投入保障制度，完善和改进安全生产条件，按规定提取安全费用，专项用于安全生产，并建立安全费用台账。

（4）法律法规与安全管理制度

◆法律法规、标准规范。企业应建立识别和获取适用的安全生产法律法规、标准规范的制度，明确主管部门，确定获取的渠道、方式，及时识别和获取适用的安全生产法律法规、标准规范。

企业各职能部门应及时识别和获取本部门适用的安全生产法律法规、标准规范，并跟踪、掌握有关法律法规、标准规范的修订情况，及时提供给企业内负责识别和获取适用的安全生产法律法规的主管部门汇总。

企业应将适用的安全生产法律法规、标准规范及其他要求及时传达给从业人员。

企业应遵守安全生产法律法规、标准规范，并将相关要求及时转化为本单位的规章制度，贯彻到各项工作中。

◆规章制度。企业应建立健全安全生产规章制度，并发放到相关工作岗位，规范从业人员的生产作业行为。

安全生产规章制度至少应包含下列内容：安全生产职责、安全生产投入、文件和档案管理、隐患排查与治理、安全教育培训、特种作业人员管理、设备设施安全管理、建设项目安全设施“三同时”管理、生产设备设施验收管理、生产设备设施报废管理、施工和检维修安全管理、危险物品及重大危险源管理、作业安全管理、相关方及外用工管理、职业健康管理、防护用品管理、应急管理、事故管理等。

◆操作规程。企业应根据生产特点，编制岗位安全操作规程，并发放到相关岗位。

◆评估。企业应每年至少一次对安全生产法律法规、标准规范、规章制度、操作规程的执行情况进行检查评估。

◆修订。企业应根据评估情况、安全检查反馈的问题、生产安全事故案例、绩效评定结果等，对安全生产管理规章制度和操作规程进行修订，确保其有效和适用，保证每个岗位所使用的为最新有效版本。

◆文件和档案管理。企业应严格执行文件和档案管理制度，确保安全规章制度和操作规程编制、使用、评审、修订的效力。

企业应建立主要安全生产过程、事件、活动、检查的安全记录档案，并加强对安全记录的有效管理。

（5）教育培训

◆教育培训管理。企业应确定安全教育培训主管部门，按规定及岗位需要，定期识别安全教育培训需求，制定、实施安全教育培训计划，提供相应的资源保证。

应做好安全教育培训记录，建立安全教育培训档案，实施分级管理，并对培训效果进行评估和改进。

◆安全生产管理人员教育培训。企业主要负责人和安全生产管理人员，必须具备与本单位所从事的生产经营活动相适应的安全生产知识和管理能力。法律法规要求必须对其安全生产知识和管理能力进行考核的，须经考核合格后方可任职。

◆操作岗位人员教育培训。企业应对操作岗位人员进行安全教育和生产技能培训，使其熟悉有关的安全生产规章制度和安全操作规程，并确认其能力符合岗位要求。未经安全教育培训，或培训考核不合格的从业人员，不得上岗作业。

新入厂（矿）人员在上岗前必须经过厂（矿）、车间（工段、区、队）、班组三级安全教育培训。

在新工艺、新技术、新材料、新设备设施投入使用前，应对有关操作岗位人员进行专门的安全教育和培训。

操作岗位人员转岗、离岗一年以上重新上岗者，应进行车间（工段）、班组安全教育培训，经考核合格后，方可上岗工作。

从事特种作业的人员应取得特种作业操作资格证书，方可上岗作业。

◆其他人员教育培训。企业应对相关方的作业人员进行安全教育培训。作业人员进入作业现场前，应由作业现场所在单位对其进行进入现场前的安全教育培训。

企业应对外来参观、学习等人员进行有关安全规定、可能接触到的危害及应急知识的教育和告知。

◆安全文化建设。企业应通过安全文化建设，促进安全生产工作。

企业应采取多种形式的安全文化活动，引导全体从业人员的安全态度和安全行为，逐步形成为全体员工所认同、共同遵守、带有本单位特点的安全价值观，实现法律和政府监管要求之上的安全自我约束，保障企业安全生产水平持续提高。

（6）生产设备设施

◆生产设备设施建设。企业建设项目的所有设备设施应符合有关法律法规、标准规范要求；安全设备设施应与建设项目主体工程同时设计、同时施工、同时投入生产和使用。

企业应按规定对项目建议书、可行性研究、初步设计、总体开工方案、开工前安全条件确认和竣工验收等阶段进行规范管理。

生产设备设施变更应执行变更管理制度，履行变更程序，并对变更全过程进行隐患控制。

◆设备设施运行管理。企业应对生产设备设施进行规范化管理，保证其安全运行。

企业应有专人负责管理各种安全设备设施，建立台账，定期检维修。对安全设备设施应制订检维修计划。

设备设施检维修前应制定方案。检维修方案应包含作业行为分析和控制措施。检维修过程中应执行隐患控制措施并进行监督检查。

安全设备设施不得随意拆除、挪用或弃置不用；确因检维修拆除的，应采取临时安全措施，检维修完毕后立即复原。

◆新设备设施验收及旧设备拆除、报废。设备的设计、制造、安装、使用、检测、维修、改造、拆除和报废，应符合有关法律法规、标准规范的要求。

企业应执行生产设备设施到货验收和报废管理制度，应使用质量合格、设计符合要求的生产设备设施。

拆除的生产设备设施应按规定进行处置。拆除的生产设备设施涉及危险物品的，须制定危险物品处置方案和应急措施，并严格按规定组织实施。

（7）作业安全

◆生产现场管理和生产过程控制。企业应加强生产现场安全管理和生产过程的控制。对生产过程及物料、设备设施、器材、通道、作业环境等存在的隐患，应进行分析和控制。对动火作业、受限空间内作业、临时用电作业、高处作业等危险性较高的作业活动实施作业许可管理，严格履行审批手续。作业许可证应包含危害因素分析和安全措施等内容。

企业进行爆破、吊装等危险作业时，应当安排专人进行现场安全管理，确保安全规程的遵守和安全措施的落实。

◆作业行为管理。企业应加强生产作业行为的安全管理。对作业行为隐患、设备设施使用隐患、工艺技术隐患等进行分析，采取控制措施。

◆警示标志。企业应根据作业场所的实际情况，按照 GB 2894 及企业内部规定，在有较大危险因素的作业场所和设备设施上，设置明显的安全警示标志，进行危险提示、警示，告知危险的种类、后果及应急措施等。

企业应在设备设施检维修、施工、吊装等作业现场设置警戒区域和警示标志，在检维修现场的坑、井、洼、沟、陡坡等场所设置围栏和警示标志。

◆相关方管理。企业应执行承包商、供应商等相关方管理制度，对其资格预审、选择、服务前准备、作业过程、提供的产品、技术服务、表现评估、续用等进行管理。

企业应建立合格相关方的名录和档案，根据服务作业行为定期识别服务行为风险，并采取行之有效的控制措施。

企业应对进入同一作业区的相关方进行统一安全管理。

不得将项目委托给不具备相应资质或条件的相关方。企业和相关方的项目协议应明确规定双方的安全生产责任和义务。

◆变更。企业应执行变更管理制度，对机构、人员、工艺、技术、设备设施、作业过程及环境等永久性或暂时性的变化进行有计划的控制。

变更的实施应履行审批及验收程序，并对变更过程及变更所产生的隐患进行分析和控制。

（8）隐患排查和治理

◆隐患排查。企业应组织事故隐患排查工作，对隐患进行分析评估，确定隐患等级，登记建档，及时采取有效的治理措施。

法律法规、标准规范发生变更或有新的公布，以及企业操作条件或工艺改变，新建、改建、扩建项目建设，相关方进入、撤出或改变，对事故、事件或其他信息有新的认识，组织机构发生大的调整的，应及时组织隐患排查。

隐患排查前应制定排查方案，明确排查的目的、范围，选择合适的排查方法。排查方案应依据：有关安全生产法律、法规要求；设计规范、管理标准、技术标准；企业的安全生产目标等。

◆排查范围与方法

企业隐患排查的范围应包括所有与生产经营相关的场所、环境、人员、设备设施和活动。

企业应根据安全生产的需要和特点，采用综合检查、专业检查、季节性检查、节假日检查、日常检查等方式进行隐患排查。

◆隐患治理。企业应根据隐患排查的结果，制定隐患治理方案，对隐患及时进行治理。

隐患治理方案应包括目标和任务、方法和措施、经费和物资、机构和人员、时限和要求。重大事故隐患在治理前应采取临时控制措施并制定应急预案。

隐患治理措施包括工程技术措施、管理措施、教育措施、防护措施和应急措施。

治理完成后，应对治理情况进行验证和效果评估。

◆预测预警。企业应根据生产经营状况及隐患排查治理情况，运用定量的安全生产预测预警技术，建立体现企业安全生产状况及发展趋势的预警指数系统。

（9）重大危险源监控

◆辨识与评估。企业应依据有关标准对本单位的危险设施或场所进行重大危险源辨识与安全评估。

◆登记建档与备案。企业应当对确认的重大危险源及时登记建档，并按规定备案。

◆监控与管理。企业应建立健全重大危险源安全管理制度，制定重大危险源安全管理技术措施。

(10) 职业健康

◆职业健康管理。企业应按照法律法规、标准规范的要求,为从业人员提供符合职业健康要求的工作环境和条件,配备与职业健康保护相适应的设施、工具。

企业应定期对作业场所职业危害进行检测,在检测点设置标识牌予以告知,并将检测结果存入职业健康档案。

对可能发生急性职业危害的有毒、有害工作场所,应设置报警装置,制定应急预案,配置现场急救用品、设备,设置应急撤离通道和必要的泄险区。

各种防护器具应定点存放在安全、便于取用的地方,并有专人负责保管,定期校验和维护。

企业应对现场急救用品、设备和防护用品进行经常性的检维修,定期检测其性能,确保其处于正常状态。

◆职业危害告知和警示。企业与从业人员订立劳动合同时,应将工作过程中可能产生的职业危害及其后果和防护措施如实告知从业人员,并在劳动合同中写明。

企业应采用有效的方式对从业人员及相关方进行宣传,使其了解生产过程中的职业危害、预防和应急处理措施,降低或消除危害后果。

对存在严重职业危害的作业岗位,应按照 GBZ 158 要求设置警示标识和警示说明。警示说明应载明职业危害的种类、后果、预防和应急救治措施。

◆职业危害申报。企业应按规定,及时、如实向当地主管部门申报生产过程存在的职业危害因素,并依法接受其监督。

(11) 应急救援

◆应急机构和队伍。企业应按规定建立安全生产应急管理机构或指定专人负责安全生产应急管理工作。

企业应建立与本单位安全生产特点相适应的专兼职应急救援队伍,或指定专兼职应急救援人员,并组织训练;无须建立应急救援队伍的,可与附近具备专业资质的应急救援队伍签订服务协议。

◆应急预案。企业应按规定制定生产安全事故应急预案,并针对重点作业岗位制定应急处置方案或措施,形成安全生产应急预案体系。

应急预案应根据有关规定报当地主管部门备案,并通报有关应急协作单位。

应急预案应定期评审,并根据评审结果或实际情况的变化进行修订和完善。

◆应急设施、装备、物资。企业应按规定建立应急设施,配备应急装备,储备应急物资,并进行经常性检查、维护、保养,确保其完好、可靠。

◆应急演练。企业应组织生产安全事故应急演练,并对演练效果进行评估。根据评估结果,修订、完善应急预案,改进应急管理工作。

◆事故救援。企业发生事故后，应立即启动相关应急预案，积极开展事故救援。

（12）事故报告、调查和处理

◆事故报告。企业发生事故后，应按规定及时向上级单位、政府有关部门报告，并妥善保护事故现场及有关证据。必要时向相关单位和人员通报。

◆事故调查和处理。企业发生事故后，应按规定成立事故调查组，明确其职责与权限，进行事故调查或配合上级部门的事故调查。

事故调查应查明事故发生的时间、经过、原因、人员伤亡情况及直接经济损失等。

事故调查组应根据有关证据、资料，分析事故的直接、间接原因和事故责任，提出整改措施和处理建议，编制事故调查报告。

（13）绩效评定和持续改进

◆绩效评定。企业应每年至少一次对本单位安全生产标准化的实施情况进行评定，验证各项安全生产制度措施的适宜性、充分性和有效性，检查安全生产工作目标、指标的完成情况。

企业主要负责人应对绩效评定工作全面负责。评定工作应形成正式文件，并将结果向所有部门、所属单位和从业人员通报，作为年度考评的重要依据。

企业发生死亡事故后应重新评定。

◆持续改进。企业应根据安全生产标准化的评定结果和安全生产预警指数系统所反映的趋势，对安全生产目标、指标、规章制度、操作规程等进行修改完善，持续改进，不断提高安全绩效。

二、《机械制造企业安全生产标准化规范》要点

2013 年 6 月 8 日，国家安全生产监督管理总局发布《机械制造企业安全生产标准化规范》（AQ/T 7009—2013），自 2013 年 10 月 1 日起实施。

《机械制造企业安全生产标准化规范》分为前言、范围、规范性引用文件、安全生产标准化基本要求四个部分，本标准规定了机械制造企业安全生产标准化的基本要求，适用于机械制造企业开展安全生产标准化建设工作，以及对安全生产标准化工作的咨询、服务和评审。

1. 术语与定义

（1）机械制造企业是指依法设立，生产、经营、修理设备设施和零部件的企业。主要包括金属制品业，通用设备制造业，专用设备制造业，汽车制造业，铁路、船舶、航空航天和其他运输设备制造业，电气机械和器材制造业，计算机、通信和其他电子设备制造业，仪器仪表制造业，金属制品、机械和设备修理业 9 个大类、69 个中类、233 个小类的企业。

（2）安全生产标准化是指通过建立安全生产责任制，制定安全管理制度和操作规程，排查治理隐患和监控重大危险源，建立预防机制，规范生产行为，使各生产环节符合有关

安全生产法律法规和标准规范的要求，人、机、物、环处于良好的生产状态，并持续改进，不断加强企业安全生产规范化建设。

（3）安全承诺是指由企业公开做出的、代表了全体员工在关注安全和追求安全绩效方面所具有的稳定意愿及实践行动的明确表示。

（4）职业性危害因素是指在职业活动中产生的可直接危害劳动者身体健康的因素，按其性质分为物理性危害因素、化学性危害因素和生物性危害因素。

（5）相关方是指与企业的安全绩效相关联或受其影响的团体或个人。

（6）资源是指实施安全生产标准化所需的人员、资金、设施、材料、技术和方法等。

（7）卫生防护距离是指产生有害因素的部门（车间或工段）的边界至居住区边界的最小距离。

（8）定置管理是指对生产现场中的人、物、场所三者之间的关系进行科学的分析研究，使之达到最佳结合状态的一门科学管理方法。

（9）安全绩效是指根据安全生产目标，在安全生产工作方面取得的可测量结果。

2. 基础管理的基本要求

（1）目标管理

1）企业应依据法律、法规和其他要求，结合企业发展的实际，提出明确的、公开的、文件化的安全承诺，其内容应包括：防止人身伤害与职业病、持续改进职业安全健康管理与绩效的承诺；遵守与其职业安全健康危险源有关的适用法律、法规要求及应遵守其他要求的承诺。并确保安全承诺：由企业主要负责人签发，并提供必需的资源；传达到所有从业人员，并得到有效贯彻和实施；与企业安全发展规划和年度目标一致；定期评审。

2）企业应根据安全承诺，制定职业安全健康的中长期发展规划。

3）企业应针对其内部各有关职能和层次，建立文件化的年度安全生产目标，目标应可测量、可操作，并应考虑：与安全承诺、职业安全健康的中长期发展规划一致；危险源和风险；财务、运行和经营要求，以及相关方（含从业人员）的意见；可选择的技术方案。安全生产目标应逐级分解，落实到企业内基层生产经营单位。

4）企业应依据安全生产目标，制定可行的安全技术措施，以确保目标的完成。定期对目标和安全技术措施计划的实施情况进行检查、考核或修订。企业应确保实现安全技术措施计划和具备安全生产条件的资金投入，并列入企业资金使用计划。

5）企业应建立目标，采取多种形式，逐步形成全体从业人员所认同、共同遵守、带有本单位特点的企业安全文化。

（2）危险源管理

1）企业应具有形成文件的危险源辨识、风险评价及其控制的方法或企业标准，以实现有效的持续改进。

2）企业应组织不同层面的从业人员参与辨识各类危险源。危险源的辨识范围应包括企业所有的生产经营活动、基础设备设施和材料，过程、装置、运行程序和工作组织的设计，以及所有行政管辖区域。

3）企业应对辨识的危险源进行系统的风险评价，依据风险评价结果，对危险源及其风险进行分级管理。提供风险的确认、风险分级和确定的控制措施应形成文件。凡依据 GB 18218 和相关法规确定的重大危险源，应按照国家法定程序进行评估和申报。

4）企业应根据危险源辨识与风险评价结果，制定相应的控制措施。危险源控制措施的确定，应遵循下列原则：消除；替代；工程控制措施；标志、警告和（或）管理控制措施；个体防护。

5）企业应定期对危险源辨识与风险评价和确定的控制措施进行评审和更新，保存记录，并建立危险源、重大危险源档案。

企业应将危险源、重大危险源及其控制措施告知相关人员（包括受其影响的相关方）。

（3）安全生产责任制

1）企业主要负责人对本单位的安全生产工作全面负责，其主要职责为：

◆设立与本企业相符的安全管理机构，建立、健全本单位安全生产责任制。

◆组织制定本单位安全生产规章制度和操作规程。

◆确保本单位安全生产投入的有效实施。

◆督促、检查本单位的安全生产工作，及时消除生产安全事故隐患。

◆组织制定并实施本单位的生产安全事故应急救援预案。

◆及时、如实报告生产安全事故。

2）企业应按照“分级管理、分线负责”的原则建立、健全各职能部门、生产单位和所有岗位从业人员的安全生产职责，安全生产职责的描述应具体、界定清晰并能考核。

3）企业应采取措施，严格考核，确保各部门安全负责人及所有从业人员熟悉并认真履行本部门、本岗位安全生产职责。

4）企业应确保工会依法履行安全生产监督职能，收集、解决及反馈从业人员关注的职业安全健康事项。

5）企业的安全生产职责应定期评审，并根据实际变化情况予以更新。

（4）安全生产规章制度或企业标准

1）企业应建立有效途径，及时获取适用于其生产经营活动的职业安全健康法律法规与其他要求，建立档案，并传达到相关岗位的从业人员中。

2）企业应根据其风险和作业性质，建立健全安全生产规章制度或企业标准。安全生产规章制度或企业标准至少应包括以下几个方面：

◆职业安全健康培训制度；

◆安全检查与事故隐患排查治理制度；

◆伤亡事故管理制度；

◆班组安全管理制度；

◆建设项目职业安全健康“三同时”管理制度；

◆安全投入保障管理制度；

◆相关方安全管理制度；

◆防火安全管理制度；

◆危险化学品管理制度；

◆厂内交通安全管理制度；

◆职业病防治管理制度（含职业危害告知、申报、职业健康监护等）；

◆设备设施安全管理制度（含特种设备、职业病防护设施及设备设施的保养和检修等）；

◆特种作业人员安全管理制度；

◆劳动防护用品管理制度；

◆女工和未成年人保护制度；

◆危险源和应急管理制度；

◆危险作业审批和电气临时线审批制度；

◆安全生产奖惩制度；

◆生产现场安全管理制度。

3）安全生产规章制度或企业标准的内容应符合法律、法规、规章和国家（行业）相关标准的要求，且层次清晰，控制有效。

4）安全生产规章制度或企业标准发布前应经授权人批准，作出适当标识，确保其充分性和适宜性。对安全生产规章制度或企业标准应发放到相关岗位和从业人员中，并严格执行。

5）应定期对安全生产规章制度或企业标准进行评审，必要时予以修订或更新，并保存评审记录。

（5）安全技术操作规程

1）企业应依据国家和行业的法律、法规、规章、规程和标准，以及岗位识别的危险源，制定岗位安全技术操作规程或工艺安全作业指导书。

2）岗位安全技术操作规程或工艺安全作业指导书应包括适用岗位范围、岗位主要危险源、岗位职责、工艺安全作业程序和方法（包括控制要点），以及紧急情况的现场处置方案等内容。

3）企业的从业人员应能得到有效的岗位安全技术操作规程或工艺安全作业指导书文本，熟悉其内容，并能严格执行。

4）岗位安全技术操作规程或工艺安全作业指导书应经授权人批准，并定期评审或修订。

（6）机构与人员

1）企业应建立公司（厂）、车间（职能部门、作业部）以及班组三级安全生产管理网。企业决策层、管理层和安全生产委员会至少每季度应召开安全生产专题会议，分析安全生产的现状、研究并制定阶段性安全生产对策。各车间（职能部门、作业部）和班组均应明确安全负责人，并严格履行其安全职责。

2）企业应按照法律法规的相关要求，并结合其生产特点设置安全生产管理机构，确保安全生产管理机构独立履行安全生产的监督管理职责。

3）企业应按照其从业人员的2‰（及以上比例）配备专职安全管理人员。专职安全管理人员应接受相关的培训，具备必要的知识和能力，并取得培训合格证。

4）企业工会应设立工会劳动保护监督检查委员会（或工会劳动保护监督检查小组），依法维护从业人员的合法权益。

（7）职业安全健康培训

1）企业应识别、分析培训需求，拟订培训计划，编制培训大纲。培训计划应充分考虑：①安全生产法律、法规和其他要求；②危险源辨识及其风险评价的结果；③技术发展和工艺、设备变更的需要；④从业人员的意见和建议；⑤相关方的要求。

2）企业应按培训计划实施有效的培训，企业的职业安全健康培训应包括：

◆新从业人员进厂“三级”安全培训：新从业人员应进行公司（厂）、车间（职能部门、分厂）、班组三级安全生产培训，培训时间不得少于24学时。农民工或劳务工应按照上述规定执行。

◆特种作业人员（或特种设备操作人员）培训、复训：特种作业人员（或特种设备操作人员）应满足其岗位要求的基本条件，应经有资质的培训机构的安全培训，具备本工种相适应的安全知识和技能，取得安全操作证，方可上岗作业。并按期进行复训和复审。

◆企业负责人培训：职能部门、车间（分厂）主要负责人应接受安全培训，培训时间不得少于24学时。企业主要负责人应经有资质的培训机构的安全培训，考试合格并取得资格证书。并按期进行再培训。

◆安全管理人员培训：安全管理人员应经有资质的培训机构的安全培训，具备与所从事的生产经营活动相适应的安全生产知识和管理能力，经考试合格并取得资格证书。并按期进行再培训。

◆班组长培训：班组长每年应接受安全培训，具备班组安全管理知识和本班组相适应的安全操作技能，培训时间不得少于16学时。

◆转岗和复工培训应满足下列要求：①从业人员在本单位内调整工作岗位时，应当重新接受车间（职能部门、分厂）和班组的二级转岗安全培训；②从业人员因病假、产假、待岗等原因离岗一年以上重新上岗时，应当重新接受车间（职能部门、分厂）和班组的二级复工安全培训；③从业人员因工伤休工、伤愈复工重新上岗时，应当接受车间（职能部门、分厂）和班组的二级伤愈复工安全培训。

◆“四新”培训：企业实施新工艺、新技术或者使用新设备、新材料时，应当对相关从业人员进行有针对性的安全培训。

◆职业健康培训：凡接触职业性危害因素的作业人员、管理人员和技术人员均应接受相应的职业健康知识培训，具备相应的职业健康知识和管理能力。

◆全员教育培训：企业每年应对所有从业人员（含农民工或劳务工）进行安全教育培训，使其增强安全意识，增强预防事故、控制职业性危害和应急处理的能力。

3）企业的职业安全健康教育培训内容应满足相关法规和能力的需求，应对培训效果进行评估，要保存所有培训记录，并建立培训档案。

（8）建设项目的安全和职业健康“三同时”管理

1）企业进行项目可行性研究时，应依据现行法规标准对安全生产条件进行专门论证，并委托有相应资质的机构编制安全预评价报告，可能产生职业危害的项目，应委托有相应资质的机构编制职业危害预评价报告；在项目初步设计阶段，应编制安全专篇和职业危害防治专篇。上述过程应通过企业安全生产管理部门审查合格，并按有关规定进行申报、审批或备案。

2）设计单位和相关部门应严格依据可行性研究、安全预评价和职业危害预评价的要求进行安全设施和职业病防护设施的同步设计。对企业安全生产管理部门进行评估和审核。

3）企业应对项目的安全设施和职业病防护设施的实施过程进行监控，督促施工、监理和设备及材料采购供应等单位严格依据设计文件组织实施。

4）企业在进行项目验收前，应对相关的安全特性和职业性危害因素进行监测和检验，并按照有关规定进行安全验收评价和职业危害控制效果评价，对建设项目进行安全设施和职业病防护设施专项验收。上述过程应通过企业安全生产管理部门审查合格，并按有关规定进行申报、审批或备案。

5）按照国家公安部门规定的大型的人员密集场所和其他特殊建设项目，企业应当将消防设计文件报送公安机关消防机构审核。国家工程建设消防技术标准需要进行消防设计的建设项目竣工时，企业向公安机关消防机构申请消防验收、备案。未经消防验收或者消防验收不合格、抽查不合格的禁止投入使用。

6）安全设施和职业病防护设施的投资应纳入建设项目概算。

（9）相关方安全管理

1）企业应确定具有资质的供应商和承包商，在其商务活动中签订并保存安全协议，明确双方安全责任和安全管理要求。供应商和承包商在企业现场从事各种活动时，应遵守企业的安全生产要求，制定可靠的安全防范措施。企业应对供应商和承包商在其现场的活动进行监督管理。

2）企业将生产经营项目、场所、设备进行发包或出租时，应严格审查承包（承租）方的资质和安全技术条件，作业现场应有可靠的安全防范措施，签订并保存安全协议。

3）企业对在其区域内活动的短期、临时从业人员均应进行安全培训，规定其安全操作规程，告知作业场所的危险源及其控制方法，并进行监督管理。

4）企业应建立现场实习、参观及其他外来人员的安全管理规定，告知作业场所的危险源及其控制方法，并进行监督管理。企业对现场实习的在校学生应与其管理单位签订安全协议，明确各自职责和管理要点。

（10）班组安全管理

1）企业应建立安全生产标准班组记录台账，并明确班组安全管理的归口部门。

2）安全生产标准班组的基本条件：

◆已建立健全各类人员的安全生产职责，并严格执行。

◆从业人员应熟悉本岗位相关的危险源及其控制措施，严格执行安全技术操作规程或工艺安全作业指导书。

◆开展了定期的安全检查，排查事故隐患并对查出的隐患采取了有效的纠正和预防措施，或进行了逐级报告。

◆每月至少开展两次安全活动。

◆对新从业人员进厂，以及员工转岗和复工、全员等均按照规定进行了安全教育培训。

3）企业应定期对安全生产标准班组进行验收和考核，并保存验收和考核记录。

（11）劳动防护用品管理

1）企业应通过危险源辨识及其风险评价，确定劳动防护用品的需求计划和发放标准，发放标准应满足岗位风险控制要求和法规、标准要求。

2）劳动防护用品供应商应具有相应的资质，其提供的劳动防护用品的质量应符合国家、行业的相关标准。特种劳动防护用品应有特定的安全标志。

3）企业应按照发放标准为从业人员提供劳动防护用品，并确保从业人员正确使用和穿戴劳动防护用品。

（12）应急管理

1）企业应根据危险源辨识和风险评价结果，并考虑法律、法规与其他要求，确定潜在紧急情况和应急响应目标。

2）企业应根据有关法律、法规和 AQ/T 9002 的规定，结合危险源状况、危险性分析情况和可能发生的事故特点，制定相应的应急预案。应急预案按照针对情况的不同，分为综合应急预案、专项应急预案和现场处置方案。应急预案应通过评审或论证后进行备案。应急预案应发放至相关岗位的从业人员中，相关岗位的从业人员应熟悉应急预案的内容。

3）企业应按照应急预案的要求配备相应的应急物资及装备，并应确保应急物资及装备完好、有效，配备应急装备时，应考虑外部可以支援的应急能力。

4）企业应对实际的紧急情况作出响应，确保能及时启动应急预案，组织有关力量进行救援，并按照规定将事故信息及应急预案启动情况及时报告。

5）企业应组织开展应急预案的宣传教育和培训。企业应每年至少组织一次综合应急预案演练或者专项应急预案演练，每半年至少组织一次现场处置方案演练，并对应急预案演练进行评估。企业制定的应急预案应至少每三年修订一次，并保存记录。

（13）安全检查

1）企业应建立安全检查制度，并确保安全检查覆盖其所有的作业场所、设备设施、人员和相关的生产经营活动。

2）安全检查应包括日常检查、定期检查、专业检查和综合检查。

◆日常检查：设备操作者、班组长、车间安全员及其他人员每天应对作业环境、设备设施、从业人员的作业行为等进行日常检查。

◆定期检查：公司（厂）安全管理人员、车间（分厂）负责人及其他人员每周（每月）应对作业环境、设备设施、从业人员的作业行为、危险源的控制情况等进行定期检查。

◆专业检查：公司（厂）安全管理人员、职能部门专业管理人员及其他人员应定期对特种设备、消防、危险化学品、易燃易爆场所、职业病防护设施、相关方等安全状况进行专业检查。

◆综合检查：企业安全生产负责人、安全管理人员、职能部门负责人及其他人员定期应对所属单位规章制度的执行情况、隐患整改情况，以及安全和职业健康管理等进行综合检查。

对于各类安全检查，应制定安全检查表，并根据变化情况，及时更新检查内容和方法。所有安全检查均应保存记录。

3）企业应确保对安全检查和排查事故隐患中所发现的问题和事故隐患及时采取纠正措施和预防措施，并跟踪验证纠正措施和预防措施的实际效果；对于重大事故隐患应制定治理方案。企业在事故隐患治理过程中，应采取相应的安全防范措施，防止意外事故发生。企业应在事故隐患整改时实行“五定”（定措施、定责任、定资金、定时间、定预案）。企业应积极配合行政监管执法检查。

4）作业现场无违章操作或违章指挥现象。

（14）事故管理

1）企业应依法参加工伤保险，并为从业人员缴纳工伤保险费。

2）企业的工伤、火灾、交通等各类事故的实际发生数量应低于其年度计划中的控制指标值。

3）应对各类事故及时报告（最迟不超过一小时），发生事故后应按照“四不放过”的原则进行调查和处理，事故调查应符合相关的国家或地方法律、法规和 GB 6441 和 GB 6442 的相关规定，确保查明事故的原因，调查报告应提出事故的处理意见和防范措施的建议。

4）定期应对事故、事件的发生情况进行统计分析，寻找事故、事件发生的规律和趋势，采取相应的对策和预防措施。

5）企业应对所有相关文件和资料进行整理，并归档保存。

三、《机械制造企业安全生产标准化评定标准》要点

2005 年 1 月 24 日，国家安全生产监督管理总局下发《关于印发〈机械制造企业安全质量标准化考核评级办法〉和〈机械制造企业安全质量标准化考核评级标准〉的通知》（简称《通知》），《通知》指出：为贯彻落实《国务院关于进一步加强安全生产工作的决定》（国发〔2004〕2 号，简称《决定》）和国家安全生产监督管理局（简称国家局）《关于开展安全质量标准化活动的指导意见》（安监管政法字〔2004〕62 号，简称《指导意见》），指导全国机械制造企业开展安全质量标准化活动，切实加强基层和基础工作，促进企业建立自我约束、持续改进的安全生产长效机制，国家局组织制定了《机械制造企业安全质量标准化考核评级办法》（已经废止）及《机械制造企业安全质量标准化考核评级标准》，要求遵照执行。

《机械制造企业安全质量标准化考核评级标准》分为基础管理考评、基础设施安全条件考评、作业环境与职业健康三个部分，在此介绍基础管理考评部分。

基础管理考评涉及目标管理、危险源管理、安全生产责任制、安全生产规章制度或企业标准、安全技术操作规程、机构与人员、职业安全健康培训、建设项目的安全和职业健康“三同时”管理、相关方安全管理、班组安全管理、劳动防护用品管理、应急管理、安全检查、事故管理等内容，在进行考评时，根据不同情况进行评分。

基础管理考评具体内容如下：

1. 目标管理

（1）安全承诺。企业应依据法律、法规和其他要求，结合企业发展的实际，制定明确、公开、文件化的安全承诺。

（2）中长期发展规划。企业应根据安全承诺，制定职业安全健康的中长期发展规划。

（3）安全生产年度目标。企业应设立形成文件的年度安全生产目标；安全生产目标应逐级分解，落实到企业内基层生产经营单位。

（4）保障措施。企业应依据安全生产目标，制定可行的安全技术措施计划，确保目标的完成。定期对目标和安全技术措施计划的实施情况进行检查、考核或修订。

（5）安全资金投入。企业应确保实现安全技术措施计划和具备安全生产条件的资金投入，并列入企业资金使用计划。

（6）安全文化建设。企业应依据安全生产目标，制定可行的安全技术措施计划确保目标的完成，并定期对目标和安全技术措施计划的实施情况进行检查、考核或修订。企业应建立目标，采取多种形式逐步形成全体从业人员所认同、共同遵守、带有本单位特点的企业安全文化。

2. 危险源管理

（1）管理制度。企业应具有形成文件的危险源辨识、风险评价及其控制的管理制度或企业标准，以实现有效的持续改进。

（2）危险源辨识。企业应组织不同层面的从业人员参与辨识各类危险源。危险源的辨识范围，应包括企业所有的生产经营活动、基础设备设施和材料，过程、装置、运行程序和工作组织的设计，以及所有行政管辖区域。

（3）风险评价和重大危险源申报。企业应对辨识的危险源进行系统的风险评价，依据风险评价结果，对危险源及其风险进行分级管理。提供风险的确认、风险分级和确定的控制措施应形成文件。凡依据 GB 18218 确定的重大危险源，应按照国家法定程序进行评估和申报。

（4）危险源控制措施。企业应根据危险源辨识与风险评价结果，制定相应的控制措施。

（5）危险源评审、更新和告知。企业应定期对危险源辨识与风险评价和确定的控制措施进行评审和更新，保存记录，并建立危险源、重大危险源档案。企业应将危险源、重大危险源及其控制措施告知相关人员（包括受其影响的相关方）。

3. 安全生产责任制

（1）主要负责人的安全职责。企业主要负责人对本单位的安全生产工作全面负责。

（2）建立健全安全职责。企业应按照“分级管理、分线负责”的原则建立、健全各职能部门、生产单位和所有岗位从业人员的安全生产职责，安全生产职责的描述应具体、界定清晰并能考核。

（3）熟悉并履行安全职责。企业应采取措施，严格考核，确保各部门安全负责人及所有从业人员熟悉并认真履行本部门、本岗位安全生产职责。

（4）工会维权。企业应确保工会依法履行安全生产监督职能，收集、解决及反馈从业人员关注的安全事项。

（5）定期评审和更新。企业安全生产职责应定期评审，并根据实际变化情况予以更新。

4. 安全生产规章制度或企业标准

（1）法律法规与其他要求的收集和传达。企业应建立有效途径，及时获取适用于其生产经营活动的职业安全健康法律法规与其他要求，建立档案，并传达到相关岗位的从业人员中。

（2）建立健全规章制度。企业应根据其风险和作业性质，建立健全安全生产规章制度或企业标准。安全生产规章制度或企业标准至少应包括：职业安全健康培训制度；安全检查与事故隐患排查治理制度；伤亡事故管理制度；班组安全管理制度；建设项目职业安全健康“三同时”管理制度；安全投入保障管理制度；相关方安全管理制度；防火安全管理制度；危险化学品管理制度；厂内交通安全管理制度；职业病防治管理制度（含职业危害告知、申报以及职业健康监护等）；设备设施安全管理制度（含特种设备、职业危害防护设备）；特种作业人员安全管理制度；劳动防护用品管理制度；女工和未成年人保护制度；设备设施保养及检修安全管理制度；危险作业审批和电气临时线审批制度；安全生产奖惩制度；生产现场安全管理制度；职业安全健康档案管理制度。

（3）规章制度的内容。安全生产规章制度或企业标准的文本应符合国家、行业及地方政府颁布的法律、法规、规章和标准的要求，且层次清晰，控制有效。

（4）规章制度的发放及执行。安全生产规章制度或企业标准发布前应经授权人批准，作出适当标识，确保其充分性和适宜性。有效版本的安全生产规章制度或企业标准应发放到相关岗位和从业人员中，并严格执行。

（5）规章制度的评审、修订或更新。应定期对安全生产规章制度或企业标准进行评审，必要时予以修订或更新，并保存评审记录。

5. 安全技术操作规程

（1）制定安全技术操作规程。企业应依据国家和行业的法律、法规、规章、规程和标准，以及岗位识别的危险源，制定岗位安全技术操作规程或工艺安全作业指导书。

（2）安全技术操作规程内容。岗位安全技术操作规程或工艺安全作业指导书应包括适用岗位范围、岗位主要危险源、岗位职责、工艺安全作业程序和方法（包括控制要点），以及紧急情况的现场处置方案等内容。

（3）安全技术操作规程发放与管理。企业的从业人员应能得到有效的岗位安全技术操作规程或工艺安全作业指导书文本，熟悉其内容，并能严格执行。

（4）批准、评审和修订。岗位安全技术操作规程或工艺安全作业指导书应经授权人批准，并定期进行评审或修订。

6. 机构与人员

（1）安全生产管理网。企业应建立公司（厂）、车间（职能部门、作业部）以及班组三级安全生产管理网。

（2）安全生产管理机构。企业应按照法律法规的相关要求，并结合其生产特点设置安全生产管理机构，确保安全生产管理机构独立履行安全生产的监督管理职责。

（3）专职安全管理人员配备。企业应按照其从业人员的2‰（及以上比例）配备专职安全管理人员。专职安全管理人员应接受相关的培训，具备必要的知识和能力，并取得培训合格证。

（4）工会劳动保护监督检查委员会（小组）。企业工会应设立工会劳动保护监督检查委员会（或工会劳动保护监督检查小组），依法维护从业人员的合法权益。

7. 职业安全健康培训

（1）编制培训计划。企业应识别、分析培训需求，编制培训计划和培训大纲。

（2）职业安全健康培训的实施。企业应按培训计划实施有效的培训。

（3）培训评估和档案。企业的职业安全健康培训内容应满足相关法规和能力的需求，应对培训效果进行评估，要保存所有培训记录，并建立培训档案。

8. 建设项目的安全和职业健康“三同时”管理

（1）可行性研究阶段。企业在进行项目可行性研究时，应依据现行法规标准对安全生产条件进行专门认证，并委托有相应资质的机构编制安全预评价报告，可能产生职业危害的项目，应委托有相应资质的机构编制职业危害预评价报告；在项目初步设计阶段，应编制安全专篇和职业危害防治专篇。应通过企业安全生产管理部门审查合格，并按有关规定进行申报、审批或备案。

（2）设计阶段。设计单位和相关部门应严格依据可行性研究、安全预评价和职业危害预评价的要求进行安全设施和职业危害防护设施的同步设计。企业安全生产管理部门进行评估和审核。

（3）施工阶段。企业应对项目的安全设施和职业健康防护设施的实施过程进行监控，督促施工、监理和设备及材料采购供应等单位严格依据设计文件组织实施。

（4）验收阶段。企业在进行项目验收前，应对相关的安全特性和职业危害因素进行监测和检验，并按照有关规定对安全和职业危害防护设施进行专项验收。

（5）安全卫生设施投资概算。安全设施和职业危害防护设施的投资应纳入建设项目概算。

9. 相关方安全管理

（1）供应商和承包商的安全管理。企业应确定具有资质的供应商和承包商，在其商务活动中签订并保存安全协议，明确双方安全责任和安全管理要求。企业应对供应商和承包商在其现场的活动进行监督管理。

（2）发包或出租的安全管理。企业将生产经营项目、场所、设备进行发包或出租时，必须严格审查承包（承租）方的资质和安全技术条件，作业现场应有可靠的安全防范措施，签订并保存安全协议。

（3）短期、临时从业人员的安全管理。企业对在其区域内活动的短期、临时从业人员均应进行安全培训，规定其安全操作规程，告知作业场所的危险源及其控制方法，并进行监督管理。

（4）实习、参观及其他外来人员的安全管理。企业应建立现场实习、参观及其他外来人员的安全管理规定，告知作业场所的危险源及其控制方法，并进行监督管理。

10. 班组安全管理

（1）管理归口部门。企业应建立安全生产标准班组记录台账，并明确班组安全管理的归口部门。

（2）安全生产标准班组的基本条件：①安全生产职责：已建立健全各类人员的安全生产职责，并严格执行。②严格执行安全技术操作规程：从业人员应熟悉本岗位相关的危险源及其控制措施，严格执行安全技术操作规程或工艺安全作业指导书。③安全检查和隐患整改：开展定期的安全检查，排查事故隐患并对查出的隐患实施了有效的纠正和预防措施，或逐级报告。④安全活动：每月至少开展两次安全活动。⑤安全培训：对新员工进厂、转岗和复工、全员等均按照规定进行了安全培训。

（3）班组验收和考核。企业应定期对安全生产标准班组进行验收和考核，并保存验收和考核记录。

11. 劳动防护用品管理

（1）需求计划和发放标准。企业应通过危险源辨识及其风险评价，确定劳动防护用品的需求计划和发放标准，发放标准应满足岗位风险控制要求和法规、标准要求。

（2）发放和质量。劳动防护用品供应商应具有相应的资质，其提供的劳动防护用品的质量必须符合国家、行业的相关标准。特种劳动防护用品应有特定的安全标志。

（3）使用和佩戴。企业应按照发放标准为从业人员提供劳动防护用品，并确保从业人员正确使用和穿戴劳动防护用品。

12. 应急管理

（1）确定应急响应目标。企业应根据危险源辨识和风险评价结果，并考虑法律法规与其他要求，确定潜在紧急情况和应急响应目标。

（2）应急预案的编制、评审或论证、发放。企业应针对确定的潜在紧急情况和应急响应目标，建立应急响应体系，编制安全生产事故应急预案。

（3）应急物资及装备的配备。企业应按照应急预案的要求配备相应的应急物资及装备。

（4）应急响应。企业应对实际的紧急情况作出响应，确保能及时启动应急预案，防止和减少相关的不良后果。

（5）应急预案的演习、评审或更新。企业应定期对应急预案进行演习，可行时使有关相关方适当参与。

13. 安全检查

（1）安全检查制度。企业应建立安全检查制度，并确保安全检查覆盖其所有的作业场所、设备设施、人员和相关的生产经营活动。

（2）实施安全检查。安全检查应包括日常检查、定期检查、专业检查和综合检查；各类安全检查应制定安全检查表，并根据变化情况，及时更新检查内容和方法。所有安全检查均应保持记录。

（3）查出问题和隐患的整改。企业应确保对安全检查和排查事故隐患中所发现的问题和事故隐患及时采取相应的纠正措施和预防措施，并跟踪验证纠正措施和预防措施的实际效果；对于重大事故隐患应制定治理方案。

（4）现场违章情况。作业现场无违章操作或违章指挥现象。

14. 事故管理

（1）参加工伤保险。企业应依法参加工伤保险，并为从业人员缴纳工伤保险费。

（2）事故控制指标。企业的工伤、火灾、交通等各类事故的实际发生数量应低于其年度计划中的控制指标值。

（3）事故的调查和处理。应对各类事故及时报告（最迟不超过一小时），发生事故后应按照“四不放过”的原则进行调查和处理，事故调查应符合相关的国家或地方法律、法规和GB 6441和GB 6442的相关规定，确保查明事故的原因，调查报告应提出事故的处理意见和防范措施的建议。

（4）定期对事故、事件进行统计分析。定期应对事故、事件的发生情况进行统计分析，寻找事故、事件发生的规律和趋势，采取相应的对策和预防措施。

（5）事故档案。企业应对所有相关文件和资料进行整理，并归档保存。

第三节　机械制造企业开展安全生产标准化建设新做法

标准化是以制定和贯彻标准为主要内容的有组织的活动过程。把标准化的方法应用于管理领域，通过制定和贯彻管理标准，使企业生产过程各环节、各要素有机、合理的配合，使管理定量化、科学化，这就是管理的标准化。在管理标准化基础上，以各种岗位工作标准为依据，从组织行为角度，确定组织成员必须遵守的行为准则，并用于约束、指导和激励企业人员的行为，就是管理的规范化。在安全生产标准化建设中，一些机械制造企业在组织领导、规范整改、强化基础管理、排查整改隐患、提高安全水平等方面，取得了很好的成绩，也创造了一些好的做法，值得学习和借鉴。

一、宝鸡合力叉车厂实施安全生产标准化建设新做法

宝鸡合力叉车厂是我国第一家生产叉车的专业化企业，1997年被安徽叉车集团公司整体兼并改制，主要生产各种类型叉车，在岗员工731人，专业技术人员占员工总数的34%。

2005年，该厂开展安全生产标准化工作以来，对照标准，认真自查整改，于2006年成为西北地区首批一级安全生产标准化企业。2010年9月，经专家组认真细致的现场考评，通过国家一级安全生产标准化企业周期性考评工作，再次取得安全管理成果。

宝鸡合力叉车厂实施安全生产标准化建设的新做法如下：

1. 强化安全管理，构建安全生产长效机制

该厂多年来始终把企业的安全管理工作放在首位，认真贯彻执行“安全第一，预防为主，综合治理”的方针，以体系构建为保障，以制度建设为规范，以全员参与为基础，以加强预防为核心，以《安全生产法》等安全法律法规为准则，全面推进企业安全生产管理规范化和标准化。

随着企业的快速发展，该厂领导深刻地认识到安全管理工作对企业发展的重要意义。2005年以来，通过认真学习和贯彻实施机械制造企业安全生产标准化，积极开展安全生产标准化工作，促进了企业建立自我约束、持续改进的安全生产长效机制，进一步推动企业安全管理工作上台阶，有力地保障了员工安全健康和企业生产经营的快速发展。

在开展安全生产标准化工作中，主要开展了以下几个方面的工作：

(1) 建立了安全生产标准化企业组织体系。成立了以厂长为组长，党委书记、各副厂长为副组长，有关部门一把手为成员的厂安全生产标准化工作领导小组，组建了基础管理、热正燃爆、电气、机械、作业环境与职业健康五个专业指导组和一个宣传组，设立了厂安全生产标准化工作办公室，对安全生产标准化工作做了全面安排和部署。各部门也相应建立了以部门一把手为组长的创建整改工作小组，按照考评专业配备了对应的专业人员，建立了分级管理、分线负责的组织机构。

(2) 加强管理人员对标准的学习和理解。2005年10月，公司开始组织前期的标准学习、摸排企业现状，提出了创建工作初步计划。2006年3月至2010年9月，先后多次邀请专家来厂进行标准培训、现场咨询，对全厂80多名骨干进行了专业培训，同时还选派五位专业人员参加专业培训班。将《安全质量标准化工作指南》分发到各个车间、班组，各车间、班组利用班前、班后、星期天时间对《考评标准》组织了系统的学习培训。先后组织专业人员对各个部门进行了12次专题咨询、培训，组织干部职工参加安全生产标准化知识答卷；为配合学习培训工作，党群工作部在全厂范围内组织了宣传发动工作，先后编辑了六期关于安全生产标准化工作的专栏，还编写了安全教育教材，对全体职工进行了系统的安全教育和培训。

(3) 开展了多轮次的安全整改。为了使安全生产标准化工作一步一个脚印向前推进，该厂近几年结合专家组几次来厂检查提出的意见，下达了多轮次整改计划。与此同时，各车间、部门按照标准和计划要求，对所涉及的项目，逐条自下而上进行全面的自查、整改。厂专业指导考评组深入车间、部门进行指导、督察和帮助整改。

2. 落实安全职责，促进安全管理软硬件建设

通过2006年安全生产标准化创建和2010年安全生产标准化再次考评，该厂共投资150余万元整改各种安全隐患800余项，基础管理、设备设施、作业环境等各方面有了较大改观。

(1) 基础管理方面：对全厂各部门和各类人员的安全生产责任制进行了重新审核，进一步落实了各级各类人员的安全责任；对安全管理制度和全厂所有工种的安全操作规程进行了修订、完善；坚持对新进厂的职工进行三级安全培训；结合安全生产标准化班组安全管理的要求，多次对班组长进行了专项安全培训；对上岗和到期的特种作业人员全部进行了专业培训和复训；在全厂开展了危险源的辨识与评价工作，确定了重要危险源和一般危险源，编制应急预案并组织了演练。

（2）热工燃爆方面：对汇流排间进行了整改，将汇流排间的照明灯具更换成了防爆灯具，电气线路全部进行了穿管改造，对各类压力表进行了检测，并纳入B类表管理，对管道增加了跨接地装置，对燃气尾气排放进行了改造。对现场使用的工业气瓶安装了防倾倒设施，规范了气瓶管理；对危化品仓库的危化品进行了清理整顿，完善了出入库制度；对油库呼气阀全面进行了更换；对压力容器进行了检修、监测和防锈处理；对全厂的工业管道进行了全部的检查、油漆、检测和标识，完善了管道技术资料；对全厂的房屋进行了检查和维修，拆除了厂内的危险房屋；对全厂65个工业梯台逐台进行了检查和标识，改造了不符合标准的梯台；对16辆厂内机动车辆全部进行了修理、涂漆。

（3）电气方面：配电室加设了排水沟，对配电室安全用具进行检修、更新；整改全厂的低压线路；清理全厂所有的临时线路；对全厂的268个动力照明箱、柜、板进行改造；对全厂32个电网接地进行了检测，10个不合格的接地点进行了整改；对8个防雷接地点全部做了编号标识并进行了监测，增加了计算机中心的防雷接地系统，并对全厂的防雷系统进行了评价；对全厂的60台电焊机进行了检修，规范了一次线，更换部分二次线，保证了电焊机的安全使用；对全厂23台手持电动工具进行了检测和标识。对全公司电气管理资料进行了整理和整顿，使之更完善、规范。

（4）机械方面：对全厂的67台起重视械进行了整改，其中14台地面操作的起重机的控制系统进行了安全电压改造；龙门吊增加了锚定装置；对125项不合格的吊索具进行了更新，对各类吊索具进行了标识，规范了吊索具的使用和管理；对101台金属切削机床进行了检查整改，其中，20台车床增设了挡屑板，2台龙门刨的工作台增设了机械限位；7台冲、剪、压机床改造了防护装置，增设了双手控制按钮；7台砂轮机进行了整改；127台风动工具进行了清理、检修、标识，制作了支架。

（5）作业环境和职业健康方面：新修、翻修了230 m厂区道路，使厂区干道更通畅；拆除危房500多m^2；对厂区主干道进行了人车分离和道路标识，使车辆行驶和人员行走更加安全；对厂区的照明进行了全面的检修、更换，增设了照明点，消除了照明盲区；增设了消火栓，保证了全厂的消防距离，新增76具消防器材，更换了所有到期的消防器材，使全厂的消防器材布局更合理，安全状况大为改善。全厂各车间按照要求对生产现场彻底进行了清理、整顿，使生产现场达到清洁、有序、安全、文明的要求。

3. 巩固安全生产标准化成果，推进企业全方位发展

为适应新形势下安全工作新要求，2010年伊始，该厂下发安全生产标准化周期性考评工作计划，要求各车间、科室坚决认真执行安全生产标准化各项标准，有针对性地开展工作，搞好安全生产标准化周期性考评工作。先后调整建立了安全管理网络体系，充实安全管理人员，加强了厂内五个专业组力量，组织定期检查和考核。同时，注重提高现场本质安全度，重点加强对特种设备、重特大设备的检查和维护修理，确保设备设施运转正常。各部门对照“标准”，在“查找隐患、堵塞漏洞、健全责任、强化管理”上下功夫，认真做好日常检查、周检查和整改工作，针对重点部位开展对策管理，使重点部位始终处于受控状态。

企业全面实施了"班组安全生产标准化管理"，初步达到"安全现场零隐患、安全操作零违章"的工作目标。加强对班组长培训，提高班组长的安全技能，进而指导职工提高安全技能、查找隐患、辨识危险因素、掌握本班组可能发生工伤事故的预防和救援方法。通过不断强化员工安全意识，改善生产作业环境，营造安全氛围，达到了相互提醒、相互纠正、相互监督、相互制约、联防联控、杜绝违章的目的，从而减少事故的发生。

二、哈尔滨锅炉厂公司开展安全生产标准化体系建设新做法

哈尔滨锅炉厂公司（以下简称哈锅公司）隶属哈尔滨电气集团公司，始建于1954年，目前拥有各类设备4 200余台（套），以设计制造大中型火力发电锅炉为主导产品，并配套设计制造锅炉和汽轮机辅机、电站阀门、石化容器、核能设备、工业锅炉以及军工等产品，是国内生产能力最大、最具规模的发电设备制造企业之一。

近年来，哈锅公司认真贯彻国家的法律、法规、标准和规定，坚持"安全第一、预防为主、综合治理"的方针，不断加强安全生产、强化本质安全，深入开展安全生产标准化体系建设，促进了安全管理水平的不断提高。

哈锅公司开展安全生产标准化体系建设新做法如下：

1. 创建安全生产标准化企业，稳步提高本质安全水平

为贯彻落实国家安全监管总局对安全生产标准化的相关要求，哈锅公司按照《机械制造企业安全生产标准化考核评级标准》，结合公司安全生产工作的实际，组织开展了创建安全生产标准化一级企业创建工作。围绕创建安全生产标准化一级企业，重点抓了以下三方面的工作。

创建安全生产标准化一级企业是一项标准高、难度大、任务重、牵动公司全局的重要工作。公司把创建作为工作重点，努力做到思想、组织、措施"三落实"。为确保工作落到实处，公司着重抓了以下几方面的工作。

（1）提高认识，统一思想。结合生产经营形势和安全管理现状，通过组织干部、员工认真学习相关文件，使全体员工能够正确理解和认识创建活动的意义。创建安全生产标准化一级企业不仅是公司安全管理工作的需要，而且是维护企业和员工利益、提升企业信誉、促进各项管理工作的需要。

（2）确立目标，明确任务。公司明确提出开展安全生产标准创建工作，实现安全生产标准化一级企业创建的工作目标，并着手制定了工作方案和实施措施计划。按照目标管理的原则，把评审标准内容分解落实到各部门、各单位。实施措施计划分解到各具体责任单位、责任人，明确完成时间，在整个创建活动中，根据对照标准自查出的问题、专家咨询培训提出的问题、专家预评检查出的问题和意见，公司还先后拟订了整改措施计划，进一

步明确了整改任务。

（3）加强组织领导，严格考核奖惩。为切实加强该项工作的组织领导，公司成立了由总经理任组长的领导小组，下设基础管理、机械、电气、热工、燃爆和作业环境六个专业组，并设立了创建工作办公室具体负责创建工作的组织协调。为保证创建工作有计划、分步骤地实施，及时协调处理日常工作，建立了每周一次的例会制度，定期检查工作进展情况，并将各单位工作执行情况和措施计划的落实情况纳入经济责任制进行考核。为确保整改质量和创建工作顺利进行，各专业组在深入现场进行技术指导的基础上，坚持标准、严格把关，真正做到思想、组织、措施三落实，有效保证创建工作的顺利开展。

2. 从强化本质安全入手，不断改善安全生产条件

在创建安全生产标准化一级企业的过程中，公司对照标准，并结合自身发展的需要，从解决隐患根源，创建本质安全入手，把改善安全生产的物质技术条件，创造优美的作业环境作为重要环节。

公司在任务繁重、资金紧张的情况下，投入近 400 万元资金，完成整改措施 188 项，从而大力改善安全生产、职业健康和环境保护的物质技术条件。其中在机械方面，对公司 300 台吊车加装了灭火装置、更新了探伤室门机联锁装置、配备了个人射线报警仪等。在电气方面，改造了变电站排水系统、电焊机二次线加装了防护罩、购置了二次线快速接头、对建构筑物防雷接地装置进行了更新等。在燃爆方面，改造了丙烯气站防火通道、校验了安全阀等。在热工方面，更新了厂内电瓶车，改造完善了工业梯台、工业炉窑、锻造机械等。在车间作业环境方面，对 20 个单位的定置管理进行了整改完善，重新修整生产场地和仓库地面 1 700 m^2。在厂区环境建设方面，对厂后区进行了改造，对厂房广场进行了绿化，对厂区道路交通标识进行了规划。

通过开展创建活动，排查整改隐患，有效控制了危险源和环境因素。通过加大安技环保资金的投入，使安全生产、职业健康和环境保护工作的基础得到了改善。

3. 加强体系建设，逐步实现安全管理的科学化、规范化

多年来，公司始终把安全管理作为一项重要工作来抓，公司通过建立职业健康安全管理体系，促进了安全工作由传统管理向系统科学管理的转变。明确了职业健康安全管理体系方针，即“遵章守法、预防为主、控制过程、持续改进、优化环境、保障安全”。

在此方针指导下，通过开展创建安全生产标准化一级企业，进一步强化本质安全和环境建设，重点抓了以下几项工作：

（1）在坚持不懈地抓好安全知识普及和经常性教育的同时，不断加强对各级领导干部和专业人员的安技环保知识的培训教育，为开展安全生产标准化创建工作培养了一批业务骨干。同时结合贯彻安全法规和标准，进一步强化了特种作业人员培训教育、新职工进厂三级教育、班组长教育等 9 种职业安全健康教育。通过深化教育，使公司各类人员的安全意识得到不断提高。

（2）建立健全安全管理制度，坚持依法从严管理。在创建安全生产标准化一级企业过程中，根据标准的要求，结合公司实际，对安全管理的相关制度重新进行了修订和完善。体系文件进行了换版，补充了安全生产“五同时”管理制度、易燃易爆场所安全管理制度、劳动合同安全监督制度等。在内部管理上，明确基层单位是安全生产的主体，基层单位的行政主要领导是安全生产的第一责任人。同时发挥专业职能部门作用，强化安全管理的监督检查考核职能，坚持专检与联检、经常性检查与定期全面检查相结合，查思想、查组织、查制度、查隐患，坚决制止和纠正违章行为，落实安全防范措施，并严格考核、明确奖惩。

（3）改进和加强安全管理基础工作。在新、改、扩项目中，始终坚持环境、安全效果评价和“三同时”的审批、验收原则。多年来，公司始终坚持实行安技环保工作例会制度，研究、组织、协调和处理各种安技环保问题。根据体系要求，每年进行职业健康安全管理体系的管理评审，对体系运行的适宜性、充分性、有效性进行评价。

4. 巩固创建成果，开展各类专项主题活动

近年来，为巩固安全生产标准化一级企业成果，提高公司安全管理水平，公司开展了以下专项主题活动。

（1）开展安全管理绩效评估，提高本质安全水平。为了更加准确地定位、评估各生产单位安全生产管理绩效水平，确定风险程度，明确整改措施和方向，公司按照《机械制造企业安全生产标准化考核评级标准》，要求各生产型单位认真对照安全生产绩效评估检查表进行自查，公司组织三个专业检查组对主要生产型单位安全生产绩效管理情况进行全面的检查评估，通过有效的安全绩效评估检查，使公司的安全管理水平得到持续提高。

（2）开展季度专项活动，适时整改薄弱环节。为进一步巩固和提高安全生产工作成果，落实“安全第一、预防为主、综合治理”的方针，保护员工的安全与健康。2005 年至今，针对基层单位安全管理存在的薄弱环节，公司每个季度都组织开展季度安全生产专项主题活动，制定阶段性工作目标，下发专项主题活动方案。切实以隐患排查治理为重点，围绕季度活动主题开展各项管理工作，按照专项主题活动安排，组织开展各类专业检查、联合检查，基层单位领导带队每日进行安全专项检查，对存在的问题和隐患进行认真的整改。

（3）开展安全技术革新、安全管理创新活动，创新管理思路。按照“安全发展要有新思路，安全改革要有新突破，各项安全工作要有新举措”的要求，2009 年，公司组织开展了“安全技术革新，安全管理创新”活动，各基层单位积极创新思路，以科技进步和管理方式现代化为手段，强化宣传教育，在安全技术上进行革新，在安全管理上进行创新，促进了安全技术措施的实施，创新了管理思路，从技术和管理两方面推动了整体安全管理水平的提高。

（4）严查习惯性违章，提高员工遵章守纪意识。为不断提高员工遵章守纪意识，2010 年起，公司开展了以“严查习惯性违章作业、提高员工安全意识”为重点的专项安全活动。活动开展以来，公司对各基层单位活动开展情况每个月都进行阶段性的指导和检查，在活动过程中各单位主要领导都能够亲自抓活动的落实，并划分责任区分工负责，在带领基层班组进行操作规程和危险源的学习基础上，与基层员工一起查找习惯性违章行为，编制了习惯性违章行为检查表，进行检查，并对违章人员进行再教育，完善习惯性违章清单并制定相应的防控措施，建立了班组或工种的习惯性违章档案。通过公司领导、主管部门、基层单位层层抓、层层落实，排查出的习惯性违章行为90%以上得到有效防控。进一步规范员工作业行为，员工安全意识进一步提高。目前此项活动已经成为公司安全生产管理的一项日常工作。

（5）加强应急管理，提高响应救援能力。根据应急管理工作需要，并结合公司实际生产经营状况，公司编制了《生产安全事故应急救援预案汇编》，形成了公司级总预案 1 个，各专项预案 19 个，配备了完善的应急救援物资，进行了全公司的应急救援响应演练与效果评价。组织基层单位每年进行生产安全事故应急救援演练，使员工全面掌握事故应急的方式、方法和对策，从而提高员工自防、互防、自救、互救、减灾的能力，达到了预期目的。

几年来，哈尔滨锅炉厂有限责任公司通过安全生产标准化创建工作，推动公司的安全生产、现场管理工作建立起了长效机制，普遍增强全体员工安全意识，建立健全各项规章制度，改造更新设备设施，为持续、健康、安全发展奠定了良好的基础。

三、天津轨道交通装备公司推进安全生产标准化建设新做法

天津轨道交通装备公司是中国北车公司的全资子公司，前身为天津机车车辆机械厂，始建于1909年。主要产品有涡轮增压器、缓冲器、调速器、制动机等九大系列，广泛应用于内燃、电力机车，客车、货车车辆等众多领域，已经成为我国轨道交通装备配件的研发和制造基地。

天津轨道交通装备公司于 2010 年 2 月通过了“国家一级安全生产标准化企业”的复评。在这个过程中，公司坚持树立信心，健全组织，严格制度，精细策划，认真整改，巩固成果，得到天津市、区两级安全主管部门的充分肯定，也得到集团公司领导的认可。

公司推进安全生产标准化建设新做法如下：

1. 坚定信心，确定目标，启动创建工作

公司在启动创建国家一级安全生产标准化企业时，正是企业经营形势最困难的时期，需要面对生产任务量不足、工作不饱满、资金紧张、职工收入低、职工情绪不稳定等困难局面。在这样困难的情况下，是创建还是不创建？在党政联席会议上，公司领导层清醒地认识到，“安全生产，人命关天。企业越困难越不能发生人身伤害事故，因为我们的财力、物力、人力、精力都不允许我们出事故。我们要全力以赴地从根本上关心职工，做到以人为本、关爱健康、珍惜生命”。经领导班子集体研究决定，把创建工作作为凝聚人心的民心工程，下定决心开展创建一级安全质量标准化企业的活动。

为了及时消除部分员工对创建活动的消极情绪，公司邀请专家来公司进行指导，一方

面检查已经完成的整改是否达到标准，另一方面增强大家的信心。在公司领导的动员和鼓励下，在咨询专家的指导下，公司全体员工干劲倍增，不怕酷暑、加班加点，甚至利用工休日时间认真整改。经过几个月的共同努力，在复评和预评时得到高度的肯定与鼓励，使各级人员增强了信心和干劲，坚定了达标的信念。

2. 健全组织，严格制度，保障创建工作顺利进行

2009 年 4 月，公司下发了《关于开展安全质量标准化一级企业考评工作的通知》和《公司安全质量标准化一级企业考评工作实施方案》，并做了以下工作：

（1）成立了以总经理为组长、主管副总经理为副组长的领导小组；并成立基础管理、热工燃爆、电气、机械设备、作业环境与职业健康五个专业组；各分厂车间成立以第一管理者为组长的领导小组和工作组。

（2）创建办公室根据各部室业务职能分工，对安全质量标准化的考评项目进行归口承包，各部室再将其细化分解至相关人员；分厂车间也安排对应的工作人员。在此次创建工作中，形成了由 3 个组长单位、10 个职能部室、7 个分厂车间、67 名人员组成的组织保障体系，负责 62 个考评项目的组织与推动。

（3）严格进度安排。大体分为 6 个阶段，即准备阶段、咨询阶段、咨询整改与自查阶段、预复评阶段、预复评整改与自查阶段、复评阶段。

（4）明确创建工作要求。遵循“分级管理、分线负责”的原则，独立自主地组织本专业组、本单位的考评工作；“保质保量、保节点”，完成各项工作。

（5）建立制度。包括专题会制度、信息通报制度、整改周报制度、监督考核制度、签订承诺书制度、影像对比制度等。

3. 实事求是、措施得当是创建取胜的重要环节

针对查出的各类隐患、整改方案及资金保障等问题，公司下发了《创建安全质量标准化一级企业整改工作要求》的通知，明确了以下要求和应对措施：

（1）分解考评项目与目标分值：公司将 62 项考评项目与 940 分的目标分值，分解到各职能部室，同时签订承诺书。

（2）分类整改：将所有隐患进行梳理，分为 A、B、C 三类，分别采取不同方式安排整改。

A 类：为无须投资或基层单位少量投资可以立即整改的项目。主要包括文明生产、现场定置、清洁卫生等方面的内容。具体措施为：一是加强生产现场的管理与考核；二是在全公司范围内开展杜绝违章作业活动；三是确定每周二下午一个半小时为生产单位现场整顿时间，每周四下午进行现场检查指导，每周五将整改情况进行通报。

B 类：为需要资金但不构成固定资产的项目。重点是设备设施的安全防护装置的修整与恢复，此类是此次创建工作整改的重点。经归类共计 30 项，计划投资 180 万元。为缓解资金压力，确保整改进度，公司将整改工作逐项、逐月进行分解，同时严格资金审批程序，任何单位不得随意更改整改安排或费用计划，对此类整改情况安技环保部每周进行一次通报。

C类：为投资较大且形成固定资产项目。原则上不是此次整改的重点，一方面将其列入公司设备更新改造计划，另一方面在公司长远规划时一并考虑。

（3）实行整改补贴制度：针对B类问题的整改，为减少资金投入，调动员工自我整改的积极性，公司决定对自行组织职工整改的单位实行工资补贴。一方面激励生产单位组织整改的积极性，另一方面减少因任务量不足、收入下降而导致职工队伍的不稳定。

4. 精细策划，认真整改，使创建工作获得实效

经过精细策划，认真整改，取得显著成果。咨询和预复评期间共查出不符合项851项，企业自查2 394项，共计3 245项，整改完成了2 968项，整改率达91.46%。主要表现在以下几个方面：

（1）基础管理方面：健全了机构、补充了人员；修改了7个规章制度，新制定12个操作规程；对38个重大风险源制定了应急救援预案、制作了标识并组织了演练；进行了836人次的安全操作规程教育考试、对103名特种作业人员进行了培训；开展了合格班组达标竞赛活动，合格班组达85%以上，优秀班组达15%以上；对整改工作进行了拍照，实行了“目视”管理和教育。

（2）热工燃爆方面：新建了一座危险化学品库；更新了4台储气罐、两辆叉车、一辆轻卡、一台天车；对特种设备进行了年检；解决了部分厂房漏雨问题；加强了对工业气瓶的管理；对油库油罐完善了跨接线，安装了液位计；完善了涂装作业场所的警示标识和应急预案；空压站设置了急停按钮；对全厂所有重要建筑物、危险化学品库全部制作了标识；解决了抛丸机的漏沙问题。

（3）电气方面：将裸露的开关板改为箱式配电箱；电源插座加装了漏电保护器；刀闸开关改为空气开关；完善了所有配电箱裸露母排的防护；完善了防雷接地和重复接地；对10 kV的负荷开关加装了带电显示器。

（4）机械方面：对61台钻床、电动葫芦操作手柄、冲剪压设备加装了急停按钮；对吊索具进行了检测，完善了吊钩的防松脱装置和天车三相滑线指示灯及护线板，调整了部分天车轨道；牛头刨加装了安全防护装置；完善了数控机床的门机联锁；对冲剪压设备加装了防护栏，脚踏开关加装了防护罩。

（5）作业环境方面：对530名尘毒作业人员进行体检；对有毒有害作业点进行了监测，并对体检与监测结果进行公示，尊重职工的知情权；建立了职业危害健康档案；厂区遭路划出了分道线；对全厂消火栓进行维护；配备了厂区垃圾箱；车间开展了定置管理；建立了现场清理整顿制度，内外环境发生了很大的变化。

通过开展安全生产标准化建设，全面提升职工的安全意识和自我保护意识，企业为职工做了大量实实在在的事情，凝聚了人心，使全厂职工更加热爱企业，热爱本职工作。

第五章　机械制造企业事故隐患排查与治理

机械设备是人类进行生产的重要工具，而机械制造企业生产离不开机械设备，并且随着科技的发展，机械设备的功能不断增加、数量不断增多、使用范围不断扩大。机械设备在给生产带来高效、快捷的同时，也带来了危险与有害因素，如果不加以防范，及时排查、治理事故隐患，就会发生各类事故，对生产作业人员造成伤害，对设备财产造成损失。因此，积极开展事故隐患排查治理工作，是预防各类事故、保证企业安全生产的重要措施。

第一节　机械制造企业事故隐患排查治理相关政策法规要点

对企业来讲，保证安全生产、预防事故发生，是企业正常生产经营的需要，是企业获取利润的需要，同时也是贯彻落实科学发展观、构建社会主义和谐社会的必然要求。机械制造企业在生产过程中，由于大量机械设备的使用和人员的高度密集，会不可避免地发生各种各样的事故，如绞碾事故、冲压事故、物体打击事故、触电事故、中毒事故以及火灾爆炸事故等。故此，加强对机械设备的安全管理和人员的安全管理，及时排查、治理事故隐患，是减少事故发生的主要措施。

一、《安全生产事故隐患排查治理暂行规定》要点

2007年12月28日，国家安全生产监督管理总局公布《安全生产事故隐患排查治理暂行规定》（国家安全生产监督管理总局令第16号），自2008年2月1日起施行。

《安全生产事故隐患排查治理暂行规定》分为五章三十二条，各章内容为：第一章总则，第二章生产经营单位的职责，第三章监督管理，第四章罚则，第五章附则。制定本规定的目的，是根据安全生产法等法律、行政法规，为了建立安全生产事故隐患排查治理长效机制，强化安全生产主体责任，加强事故隐患监督管理，防止和减少事故，保障人民群众生命财产安全。

1. 总则中的有关规定

在第一章总则中，对相关事项做了规定。

第二条　生产经营单位安全生产事故隐患排查治理和安全生产监督管理部门、煤矿安全监察机构（以下简称安全监管监察部门）实施监管监察，适用本规定。有关法律、行政法规对安全生产事故隐患排查治理另有规定的，依照其规定。

第三条　本规定所称安全生产事故隐患（以下简称事故隐患），是指生产经营单位违反安全生产法律、法规、规章、标准、规程和安全生产管理制度的规定，或者因其他因素在生产经营活动中存在可能导致事故发生的物的危险状态、人的不安全行为和管理上的缺陷。

事故隐患分为一般事故隐患和重大事故隐患。一般事故隐患，是指危害和整改难度较小，发现后能够立即整改排除的隐患。重大事故隐患，是指危害和整改难度较大，应当全部或者局部停产停业，并经过一定时间整改治理方能排除的隐患，或者因外部因素影响致使生产经营单位自身难以排除的隐患。

第四条　生产经营单位应当建立健全事故隐患排查治理制度。生产经营单位主要负责人对本单位事故隐患排查治理工作全面负责。

2. 有关生产经营单位职责的规定

在第二章生产经营单位的职责中，对相关事项做了规定。

第七条　生产经营单位应当依照法律、法规、规章、标准和规程的要求从事生产经营活动。严禁非法从事生产经营活动。

第八条　生产经营单位是事故隐患排查、治理和防控的责任主体。

生产经营单位应当建立健全事故隐患排查治理和建档监控等制度，逐级建立并落实从主要负责人到每个从业人员的隐患排查治理和监控责任制。

第九条　生产经营单位应当保证事故隐患排查治理所需的资金，建立资金使用专项制度。

第十条　生产经营单位应当定期组织安全生产管理人员、工程技术人员和其他相关人员排查本单位的事故隐患。对排查出的事故隐患，应当按照事故隐患的等级进行登记，建立事故隐患信息档案，并按照职责分工实施监控治理。

第十一条　生产经营单位应当建立事故隐患报告和举报奖励制度，鼓励、发动职工发现和排除事故隐患，鼓励社会公众举报。对发现、排除和举报事故隐患的有功人员，应当给予物质奖励和表彰。

第十二条　生产经营单位将生产经营项目、场所、设备发包、出租的，应当与承包、承租单位签订安全生产管理协议，并在协议中明确各方对事故隐患排查、治理和防控的管理职责。生产经营单位对承包、承租单位的事故隐患排查治理负有统一协调和监督管理的职责。

第十三条　安全监管监察部门和有关部门的监督检查人员依法履行事故隐患监督检查

职责时，生产经营单位应当积极配合，不得拒绝和阻挠。

第十四条　生产经营单位应当每季、每年对本单位事故隐患排查治理情况进行统计分析，并分别于下一季度15日前和下一年1月31日前向安全监管监察部门和有关部门报送书面统计分析表。统计分析表应当由生产经营单位主要负责人签字。

对于重大事故隐患，生产经营单位除依照前款规定报送外，应当及时向安全监管监察部门和有关部门报告。重大事故隐患报告内容应当包括：

（1）隐患的现状及其产生原因；

（2）隐患的危害程度和整改难易程度分析；

（3）隐患的治理方案。

第十五条　对于一般事故隐患，由生产经营单位（车间、分厂、区队等）负责人或者有关人员立即组织整改。

对于重大事故隐患，由生产经营单位主要负责人组织制定并实施事故隐患治理方案。重大事故隐患治理方案应当包括以下内容：

（1）治理的目标和任务；

（2）采取的方法和措施；

（3）经费和物资的落实；

（4）负责治理的机构和人员；

（5）治理的时限和要求；

（6）安全措施和应急预案。

第十六条　生产经营单位在事故隐患治理过程中，应当采取相应的安全防范措施，防止事故发生。事故隐患排除前或者排除过程中无法保证安全的，应当从危险区域内撤出作业人员，并疏散可能危及的其他人员，设置警戒标志，暂时停产停业或者停止使用；对暂时难以停产或者停止使用的相关生产储存装置、设施、设备，应当加强维护和保养，防止事故发生。

第十七条　生产经营单位应当加强对自然灾害的预防。对于因自然灾害可能导致事故灾难的隐患，应当按照有关法律、法规、标准和本规定的要求排查治理，采取可靠的预防措施，制定应急预案。在接到有关自然灾害预报时，应当及时向下属单位发出预警通知；发生自然灾害可能危及生产经营单位和人员安全的情况时，应当采取撤离人员、停止作业、加强监测等安全措施，并及时向当地人民政府及其有关部门报告。

第十八条　地方人民政府或者安全监管监察部门及有关部门挂牌督办并责令全部或者局部停产停业治理的重大事故隐患，治理工作结束后，有条件的生产经营单位应当组织本单位的技术人员和专家对重大事故隐患的治理情况进行评估；其他生产经营单位应当委托具备相应资质的安全评价机构对重大事故隐患的治理情况进行评估。

经治理后符合安全生产条件的，生产经营单位应当向安全监管监察部门和有关部门提出恢复生产的书面申请，经安全监管监察部门和有关部门审查同意后，方可恢复生产经营。申请报告应当包括治理方案的内容、项目和安全评价机构出具的评价报告等。

3. 有关监督管理的规定

在第三章监督管理中，对相关事项做了规定。

第十九条　安全监管监察部门应当指导、监督生产经营单位按照有关法律、法规、规章、标准和规程的要求，建立健全事故隐患排查治理等各项制度。

第二十条　安全监管监察部门应当建立事故隐患排查治理监督检查制度，定期组织对生产经营单位事故隐患排查治理情况开展监督检查；应当加强对重点单位的事故隐患排查治理情况的监督检查。对检查过程中发现的重大事故隐患，应当下达整改指令书，并建立信息管理台账。必要时，报告同级人民政府并对重大事故隐患实行挂牌督办。

安全监管监察部门应当配合有关部门做好对生产经营单位事故隐患排查治理情况开展的监督检查，依法查处事故隐患排查治理的非法和违法行为及其责任者。

安全监管监察部门发现属于其他有关部门职责范围内的重大事故隐患的，应该及时将有关资料移送有管辖权的有关部门，并记录备查。

第二十一条　已经取得安全生产许可证的生产经营单位，在其被挂牌督办的重大事故隐患治理结束前，安全监管监察部门应当加强监督检查。必要时，可以提请原许可证颁发机关依法暂扣其安全生产许可证。

4. 罚则中的有关规定

在第四章罚则中，对相关事项作了规定。

第二十五条　生产经营单位及其主要负责人未履行事故隐患排查治理职责，导致发生生产安全事故的，依法给予行政处罚。

第二十六条　生产经营单位违反本规定，有下列行为之一的，由安全监管监察部门给予警告，并处三万元以下的罚款：

(1) 未建立安全生产事故隐患排查治理等各项制度的；

(2) 未按规定上报事故隐患排查治理统计分析表的；

(3) 未制定事故隐患治理方案的；

(4) 重大事故隐患不报或者未及时报告的；

(5) 未对事故隐患进行排查治理擅自生产经营的；

(6) 整改不合格或者未经安全监管监察部门审查同意擅自恢复生产经营的。

二、《国务院安委会办公室关于建立安全隐患排查治理体系的通知》要点

2012 年 1 月 5 日，国务院安全生产委员会办公室下发《关于建立安全隐患排查治理体系的通知》（安委办〔2012〕1 号）（以下简称《通知》）。《通知》指出，为探索创新政府和部门安全监管机制，强化和落实企业安全生产主体责任，打好安全隐患排查治理攻坚战，

促进全国安全生产形势持续稳定好转，国务院安委会办公室决定在全国推广北京市顺义区等地区深入开展安全隐患排查治理、有效防范事故的先进经验和做法，争取用2～3年在全国基本建立先进适用的安全隐患排查治理体系。现就有关要求通知如下：

1. 深刻认识建立安全隐患排查治理体系的重大意义

安全隐患排查治理体系，是以企业分级分类管理系统为基础，以企业安全隐患自查自报系统为核心，以完善安全监管责任机制和考核机制为抓手，以制定安全标准体系为支撑，以广泛开展安全教育培训为保障的一项系统工程，包括完善的隐患排查治理信息系统、明确细化的责任机制、科学严谨的查报标准及重过程、可量化的绩效考核机制等内容。

安全生产的理论和实践证明，只有把安全生产的重点放在建立事故预防体系上，超前采取措施，才能有效防范和减少事故，最终实现安全生产。建立安全隐患排查治理体系，是安全生产管理理念、监管机制、监管手段的创新和发展，对于促进企业由被动接受安全监管向主动开展安全管理转变，由政府为主的行政执法排查隐患向企业为主的日常管理排查隐患转变，从治标的隐患排查向治本的隐患排查转变，实现安全隐患排查治理常态化、规范化、法制化，推动企业安全生产标准化建设工作，建立健全安全生产长效机制，把握事故防范和安全生产工作的主动权具有重大意义。

2. 建立安全隐患排查治理体系的主要内容

（1）掌握企业底数和基本情况。根据企业规模、管理水平、技术水平和危险因素等条件，掌握企业底数和基本情况，对企业进行分类分级，建立“按类分级、依级监管”的模式。

（2）制定隐患排查标准。依据有关法律法规、标准规程和安全生产标准化建设的要求，结合各地区、各行业（领域）实际，以安全生产标准化建设评定标准为基础，细化隐患排查标准，明确各类企业每项安全生产工作的具体标准和要求，使企业知道“做什么、怎么做”，使监管部门知道“管什么、怎么管”，实现安全隐患排查治理工作有章可循、有据可依。

（3）建立隐患排查治理信息系统。包括企业隐患自查自报系统、安全隐患动态监管统计分析评价系统等内容，形成既有侧重又统一衔接的综合监管服务平台，实现安全隐患排查治理工作全过程记录和管理。利用该系统，企业对自查隐患、上报隐患、整改隐患、接受监督指导等工作进行管理；安全监管部门对企业自查自报隐患数据、日常执法检查数据和监管措施执行到位等情况进行统计分析，对重大隐患治理实施有效监管。

（4）明确安全监管职责。在地方党委、政府的统一领导下，进一步理顺和细化有关部门和属地的安全监管职责，明确“管什么、谁来管”。一是要明确安全监管部门组织、协调、监督、考核各行业主管部门和属地政府的综合安全监管职责。二是要明确行业主管部门的监督、指导、协调和服务职能，有安全监管行政处罚权的行业主管部门依法承担包括行政处罚在内的安全监督管理职责，没有安全监管行政处罚权的行业主管部门承担对有关行业或领域安全生产工作的日常指导、管理职责。三是要明确消防、质监等专项监管部门及时处理属地和行业主管部门移送的安全隐患的监管职责。

（5）明确监管监察方式。在分类分级的基础上，对企业在监管频次、监管内容等方面实行差异化监管监察，提高监管工作的针对性和有效性。

（6）制定安全生产工作考核办法。突出工作过程和结果量化，将有关部门和企业建立安全隐患排查治理体系、日常执法检查等相关工作完成情况的过程管理指标，纳入安全生产工作年终考核，提高安全监管的约束力和公信力。

3. 完善工作机制，狠抓责任落实，确保安全隐患排查治理体系建设取得实效

（1）加强组织领导，统筹安排部署。各地区要切实加强对深化安全隐患排查治理工作的组织领导，紧密结合本地区实际，制定切实可行的安全隐患排查治理体系建设方案，周密安排，科学实施。要充分发挥地方各级安委会的组织、协调和指导作用，调动各职能部门、行业主管部门的积极性，全面推进安全隐患排查治理工作。

（2）落实安全责任，完善考核机制。一是地方各级安委会要积极推动出台相关规定和办法，进一步理顺部门、属地的安全监管职责，明确职责范围、内容和要求，各司其职，各负其责，齐抓共管，实现安全隐患排查治理工作的全覆盖和无缝化管理。二是要进一步完善安全生产目标考核制度，突出工作过程和结果量化，将安全隐患排查治理等过程管理的内容纳入年度考核指标，提高绩效考核的科学性和约束力。三是要严格绩效考核和责任追究，对责任不落实、考核不达标的单位或个人，要给予通报、严肃处理；对在深化隐患排查治理工作成绩突出的，要予以公开表彰和奖励。

（3）创建典型示范，发挥榜样作用。一是各地区要积极发现、培养和树立深化安全隐患排查治理工作的典型地区、典型企业和先进事例，在隐患排查治理体制机制、法规制度、标准规程、方式方法、程序内容等方面形成可学、好学和管用的经验做法。二是通过组织召开先进典型经验交流会、座谈会和加强宣传报道等形式，广泛推广典型经验，全面深化安全隐患排查治理工作。三是要把安全隐患排查治理的示范地区和典型企业与安全生产标准化建设的示范地区和典型企业有机结合起来，互相促进，共同提高。四是要加强对建立安全隐患排查治理体系进展情况的检查和指导，确保工作有部署、抓落实、见实效，提高安全隐患的整改率。

（4）注重统筹兼顾，构建长效机制。一是各地区要将深化安全隐患排查治理工作与日常安全监管、“打非治违”专项行动、安全专项整治、安全生产标准化建设、安全责任保险、“金安”工程等工作有机结合起来，统一部署，协同推进。二是要以建立安全隐患排查治理体系为契机，实现安全隐患排查、登记、上报、监控、整改、评价、销号、统计、检查和考核的全过程管理。三是要将安全隐患排查治理工作积极纳入本地区安全生产立法和规划中，以法规或规范性文件的方式明确有关制度，推动安全隐患排查治理长效机制建设。四是要优先制定急需的安全生产标准，及时修订或废止过时的标准，促进安全隐患排查治理工作科学化、规范化。

(5) 加强舆论宣传，广泛发动群众。一是要充分利用广播、电视、报纸、互联网等新闻媒体，加大宣传力度，营造有利的社会舆论氛围，引导各有关单位深刻认识建立安全隐患排查治理体系的重要性、必要性和紧迫性，提高做好安全隐患排查治理工作的主动性和自觉性。二是要加强职工安全培训，提高职工排查事故隐患的意识和能力；建立健全监督和激励机制，组织和鼓励职工结合本职工作查找各类事故隐患。三是对安全隐患排查治理不认真、走过场的单位，要予以公开曝光，督促其抓紧整改。

三、《安全生产事故隐患排查治理体系建设实施指南》要点

2012 年 7 月 3 日，国务院安全生产委员会办公室下发《关于印发工贸行业企业安全生产标准化建设和安全生产事故隐患排查治理体系建设实施指南的通知》（安委办〔2012〕28 号）（以下简称《通知》)。《通知》指出，为进一步推进企业安全生产标准化建设和安全隐患排查治理体系建设（以下简称“两项建设”），夯实安全管理基础，提升安全监管水平，促进全国安全生产形势持续稳定好转，国务院安委会办公室组织制定了《工贸行业企业安全生产标准化建设实施指南》和《安全生产事故隐患排查治理体系建设实施指南》。

国务院安全生产委员会办公室在《通知》中要求：各地区、各有关部门和单位要充分认识“两项建设”工作的重要意义，切实加强组织领导，主动争取地方各级政府的重视和支持，坚持政府推动、企业为主，立足创新、分类指导，以两部《指南》为工作指引，进一步统一思想、凝聚共识，采取有力措施，推动“两项建设”工作深入开展。

《安全生产事故隐患排查治理体系建设实施指南》分为五章，各章内容为：第一章概述，第二章政府监管工作，第三章企业隐患排查治理工作，第四章隐患排查治理标准，第五章隐患排查治理信息系统。其相关要点如下：

1. 安全生产事故隐患排查治理概述

安全生产的理论和实践证明，只有把安全生产的重点放在建立事故预防体系上，超前采取措施，才能有效防范和减少事故，最终实现安全生产。

为指导和规范隐患排查治理工作的深入开展，国家安全监管总局先后颁布了《煤矿重大安全生产隐患认定办法》（安监总煤矿字〔2005〕133 号）、《安全生产事故隐患排查治理暂行规定》（安全监管总局令 2007 年第 16 号）等办法、规定。国务院办公厅下发了《关于在重点行业和领域开展安全生产隐患排查治理专项行动的通知》（国办发明电〔2007〕16 号）和《关于进一步开展安全生产隐患排查治理工作的通知》（国办发明电〔2008〕15 号），要求通过开展隐患排查治理专项行动，进一步落实企业的安全生产主体责任和地方人民政府的安全监管职责，全面排查治理事故隐患和薄弱环节，认真解决存在的突出问题，建立重大危险源监控机制和重大隐患排查治理机制及分级管理制度，有效防范和遏制重特大事故的发生，促进全国安全生产状况进一步稳定好转。各地区、各有关部门和单位认真贯彻

落实国务院文件精神，统一思想认识，加强部门协调，增强整治合力，全面开展安全隐患排查整治攻坚战，深化重点行业领域安全专项整治，隐患排查治理工作取得积极成效。据统计，2011 年，全国开展隐患排查治理的生产经营单位达 566.4 万家，共排查出事故隐患 881.3 万项，整改率 96%（其中排查出重大隐患 16 630 项，整改率 89.9%），为实现“十二五”时期安全生产工作的良好开局提供了坚强保障。

北京市顺义区从 2008 年开始推动安全隐患排查治理体系的建立工作，建立了以企业分级分类、信息化管理为基础，以企业自查自报为核心，以健全完善隐患排查报送标准为支撑，以检查考核为手段，以培训教育为保障的安全隐患排查治理体系，把隐患排查治理和安全生产工作逐步纳入科学化、制度化、规范化的轨道，实现了以政府排查治理隐患为主向企业排查治理隐患为主的转变。广东省珠海市在借鉴北京市顺义区经验的基础上，紧密结合本地实际，以企业基础信息平台、隐患排查治理平台和绩效考核平台为基础，建立了生产经营单位事故隐患自查自报系统，明确了企业隐患排查治理主体责任和政府部门管理职责，在隐患排查治理工作方面取得了良好的效果。

为总结推广北京市顺义区等地的经验和做法，2011 年 10 月 26 日，全国安全隐患排查治理现场会在北京市顺义区召开，并反响热烈，有力推动了各地的隐患排查治理工作，全国约 60 个单位前往顺义区考察学习。为探索创新政府和部门安全监管机制，强化和落实企业安全生产主体责任，打好安全隐患排查治理攻坚战，促进全国安全生产形势持续稳定好转，2012 年 1 月，国务院安委会办公室印发了《关于建立安全隐患排查治理体系的通知》（安委办〔2012〕1 号），决定在全国推广北京市顺义区等地深入开展安全隐患排查治理、有效防范事故的先进经验和做法，争取用 2～3 年在全国各地基本建立起先进适用的安全隐患排查治理体系，逐步从根本上掌握事故防范和安全生产工作的主动权。通知要求各地深刻认识建立安全隐患排查治理体系的重大意义，建立安全隐患排查治理体系的主要内容，完善工作机制，狠抓责任落实，确保安全隐患排查治理体系建设取得实效。

2. 安全生产事故隐患排查治理基本概念

（1）安全生产事故隐患。安全生产事故隐患（以下简称隐患、事故隐患或安全隐患），是指生产经营单位违反安全生产法律、法规、规章、标准、规程和安全生产管理制度的规定，或者因其他因素在生产经营活动中存在可能导致事故发生的物的危险状态、人的不安全行为和管理上的缺陷。在事故隐患的三种表现中，物的危险状态是指生产过程或生产区域内的物质条件（如材料、工具、设备、设施、成品、半成品等）处于危险状态，人的不安全行为是指人在工作过程中的操作、指示或其他具体行为不符合安全规定，管理上的缺陷是指在开展各种生产活动中所必需的各种组织、协调等行动存在缺陷。

（2）隐患分级。隐患分级是以隐患整改、治理和排除的难度及其影响范围为标准的，可以分为一般事故隐患和重大事故隐患。一般事故隐患，是指危害和整改难度较小，发现后能够立即整改排除的隐患。重大事故隐患，是指危害和整改难度较大，应当全部或者局部停产停业，并经过一定时间整改治理方能排除的隐患，或者因外部因素影响致使生产经营单位自身难以排除的隐患。

（3）隐患排查。隐患排查是指生产经营单位组织安全生产管理人员、工程技术人员和其他相关人员对本单位的事故隐患进行排查，并对排查出的事故隐患，按照事故隐患的等级进行登记，建立事故隐患信息档案。

（4）隐患治理。隐患治理是指消除或控制隐患的活动或过程。对排查出的事故隐患，应当按照事故隐患的等级进行登记，建立事故隐患信息档案，并按照职责分工实施监控治理。对于一般事故隐患，由于其危害和整改难度较小，发现后应当由生产经营单位（车间、分厂、区队等）负责人或者有关人员立即组织整改。对于重大事故隐患，由生产经营单位主要负责人组织制定并实施事故隐患治理方案。

3. 安全隐患排查治理体系

（1）安全隐患排查治理体系的构成

事故源于隐患，隐患是滋生事故的土壤和温床。“预防为主、综合治理”的前提，就是首先通过主动排查，全范围、全方位、全过程地去发现存在的隐患，然后综合采取各种有效手段，治理各类隐患和问题，把事故消灭在萌芽状态。只有这样，“安全第一”才能真正实现。从这个意义上说，排查治理隐患是落实安全生产方针的最基本任务和最有效途径。

安全隐患排查治理体系是一项系统工程，由政府及其有关部门推动，对企业（包括各类生产经营单位、机关事业单位和团体，下同）开展分级分类管理，并编制各行业的隐患排查治理标准；由企业承担主体责任，对生产经营过程中存在的人、物、管理等各方面的隐患依据隐患排查治理标准进行主动排查，并对发现的隐患实施治理，通过隐患排查治理信息系统上报、跟踪督导和统计分析，保证监管力度与效果，实现安全生产。具体来说，安全隐患排查治理体系由以下几个部分形成：

◆摸清企业底数，实行分级分类监管。摸清生产经营单位的底数，根据生产经营单位的性质和安全生产状况分类分级，负有安全生产职责政府部门对监管职责范围内的生产经营单位按照不同等级进行监督管理。其核心内容概括为“各司其职，各负其责，按类分级，依级监管”，明确了企业、行业、属地、专项以及综合监管部门各方的安全生产工作职责。

◆制定科学严谨的隐患排查治理标准。按照科学性、全面性和系统性的原则，考虑不同类别的企业可能存在隐患的区别，将隐患特点相近的企业归为一类，制定隐患排查标准。

◆建立清晰明确的工作职责。通过理顺生产经营单位、行业管理部门、属地管理部门、专项监管部门以及综合监管部门的安全生产工作职责，明确履行安全职责的范围、内容和要求，解决职责空缺、职责不清、职能交叉等问题，形成“分工负责、齐抓共管”的安全监管工作格局，从而实现安全隐患排查治理监管工作的全覆盖和无缝化管理。

◆建立隐患排查治理考核制度。安全生产考核主要分为政府部门绩效考核和对生产经营单位的考核。对各级政府及各职能部门的绩效考核是推动政府各项政策措施贯彻执行的重要手段；对生产经营单位奖惩机制的建立是推动企业主体责任落实，真正开展隐患排查治理自查自报工作的重要保障。

◆开发功能完善的信息系统。隐患排查治理信息系统是实现隐患自查自报工作的基础平台，需围绕各级安全监管部门、煤矿安全监察机构（以下简称安全监管部门）监管监察工作和生产经营单位隐患排查治理的需求进行建设，以起到联通政府部门和生产经营单位的“桥梁”作用。隐患排查治理信息系统建设主要包含政府端系统建设和企业端系统建设等两个部分。其中政府端系统从纵向的各级安全生产综合监管部门，横向扩展到各级安委会成员单位。企业端系统则对企业的隐患自查自报工作进行了明确。

◆开展隐患自查自报。企业应逐级建立并落实从主要负责人到每个从业人员的隐患排查治理责任制、隐患治理登记及隐患治理专项资金使用等制度，并明确自查自报管理机构和责任人、联络人。根据相关行业监管部门出台的生产经营单位事故隐患自查标准，开展日常隐患排查、治理工作。建立隐患治理登记制度，留存登记档案。企业要及时落实行业和属地管理部门提出的工作要求，实时更新本单位的基本信息。对排查出的事故隐患和治理情况，由生产经营单位负责人或者有关人员，如实在网上向政府安全生产监管部门汇报。

（2）建立安全隐患排查治理体系的意义

安全生产事故隐患排查治理工作是《安全生产法》所规定的重要内容之一，是安全生产标准化建设的重要基础。《安全生产事故隐患排查治理暂行规定》（国家安全生产监督管理总局第 16 号令，简称《规定》）对此项工作作出了具体规定。建立健全安全隐患排查治理体系，贯彻落实了以人为本的科学发展观，充分体现了“安全第一、预防为主、综合治理”的方针，是安全生产工作理念、监管机制、监管手段和方法的创新与发展，把隐患排查治理和安全生产工作逐步纳入了科学化、制度化、规范化的轨道。

◆建立安全隐患排查治理体系有助于落实企业安全主体责任。企业是安全生产的责任主体，理所当然也是隐患排查治理的主体。通过建立隐患排查治理体系，实现了对企业安全生产的动态监控，使隐患排查治理从以政府为主向以企业为主转变，可以充分调动企业积极性，促使企业由被动接受监管变为主动排查、治理隐患，主动加强安全生产。北京市顺义区建立隐患排查治理体系以来，企业安全生产责任主体意识明显提高，安全隐患自查自报率达到 93.3%，有效防范了各类事故。

◆建立安全隐患排查治理体系有助于加强和改进政府安全监管。从北京市顺义区的情况看，建立安全隐患排查治理体系进一步明晰了监管职责，安全生产综合监管部门、行业监管部门和相关部门，在隐患排查治理体系中都有自己特定的位置和明确的职责，解决了政府部门在隐患排查治理和安全生产工作中“管什么，怎么管，谁去管”一系列实际问题；其次是改善了监管手段，提高了监管效率。有了体系和信息平台，就可以随时掌控企业隐患排查治理等基本情况，对相关信息进行实时统计，及时做出分析判断和督促指导，有效防止隐患恶化和事故发生。

◆建立安全隐患排查治理体系有助于综合推进安全生产工作。隐患排查治理是一项涉及广泛、综合性很强的工作。隐患排查治理体系涵盖了安全生产责任制、安全监管信息化建设、企业安全生产标准化建设、打击非法违法和治理违规违章、群众参与和监督、安全培训教育等方面的工作。借助于这个抓手，可以把安全生产各方面工作都带动起来。顺义区、珠海市所建立的隐患排查治理体系中，包含不同类型企业的隐患排查标准等内容，是开展安全培训教育的现成教材。他们举办了大量安全隐患知识培训班，对生产经营单位负责人和安全管理人员进行全覆盖的培训，既保证了隐患自查自报系统的顺利推行，又推动了安全教育培训工作。

各地在建立安全隐患排查治理体系时，顶层设计要系统全面，并为以后的工作留下接口，提供扩展的可能，具体工作要突出重点，先易后难，分步实施，稳步推进。首先应把事故多发、危险程度较高的煤矿、非煤矿山、危险化学品、烟花爆竹、建筑施工、交通运输、冶金、机械等行业、领域的企业纳入体系，实现隐患自查自报。对于危险程度较低的企业及事业单位、机关团体等，统一规划设计后，根据工作实际，逐步推动。

(3) 与安全生产标准化建设工作的关系

隐患排查治理工作是安全生产标准化建设的基础，贯穿于安全生产标准建设的全过程，建立安全隐患排查治理体系为安全生产标准化建设提供了坚实的基础保障。

◆安全隐患排查治理体系是安全生产标准化工作的重要内容。安全生产标准化建设工作是我国安全生产领域当前的重点工作，其实施的主要依据是《企业安全生产标准化基本规范》及各行业的安全生产标准化评定标准。《企业安全生产标准化基本规范》第八项要素即为隐患排查和治理，对隐患排查、排查范围与方法、隐患治理和预测预警四个方面提出了基本要求和原则性规定。安全隐患排查治理体系作为一个具有依据明确、结构完整、内容充实和可操作性强的独立运行的系统，为企业提供了隐患排查治理标准，指导企业开展隐患排查治理工作，是安全生产标准化的进一步细化和深化。

◆安全隐患排查治理体系反映了安全生产标准建设的动态过程。建立安全隐患排查治理体系可以促进企业全面做好隐患排查治理工作，使政府有关监管部门能及时、准确地掌握其安全生产状况，为政府及其有关部门为企业做好服务工作提供了保证。安全生产标准化工作通常要求企业每年至少进行一次自评，安全生产标准化企业证书和牌匾有效期为3年，到期时企业可按有关规定申请延期，换发证书、牌匾。

(4) 政府监管工作

企业是安全生产的责任主体。做好安全生产管理工作，必须逐步解决企业自律问题，让企业主体责任的落实有载体。在建立隐患排查治理体系过程中，要明确政府与企业的职责定位，各级政府要充分发挥指导、监督、管理的作用，通过政府监管（管理）职责的落实推动企业隐患排查治理主体责任的落实。

4. 企业隐患排查治理工作

企业是隐患排查治理工作的主体，是隐患排查治理工作的直接实施者。企业隐患排查治理工作主要包括四个方面：自查隐患、治理隐患、自报隐患和分析趋势。自查隐患是为了发现自身所存在的隐患，保证全面而减少遗漏；治理隐患是为了将自查中发现的隐患控制住，防止引发后果，尽可能从根本上解决问题；自报隐患是为了将自查和治理情况报送政府有关部门，以使其了解企业在排查和治理方面的信息；分析趋势是为了建立安全生产预警指数系统，对安全生产状况做出科学、综合、定量的判断，为合理分配安全监管资源和加强安全管理提供依据。

（1）企业自查隐患

企业自查隐患就是在政府及其部门的统一安排和指导下，确定自身分类分级的定位，采用其适用的隐患排查治理标准，通过准备、组织机构建设、建立健全制度、全面培训、实施排查、分析改进等步骤形成完整、系统的企业自查机制。尤其是大型企业集团，应在企业内部形成连接所有管理层级和各个生产单位，以及当地安全监管部门的隐患排查治理体系。

◆准备工作。为保证隐患自查工作能够打下坚实基础，企业必须做好与之相关的准备工作。隐患排查治理是涉及企业所有部门、所有生产流程、所有人员的一项系统工程，如果不做好全面的准备，那么所建立的隐患排查治理机制将缺乏系统性和可操作性，结果必然是“一阵风”式地开展一次“运动”，不能深入和持久地开展自查工作。准备工作主要包括：①收集信息。由企业安全生产主管部门和有关专业人员，对现行的有关隐患排查治理工作的各种信息、文件、资料等通过多种行之有效的方式进行收集。此项工作也可以委托与企业有合作关系的服务方来实施。②辅助决策。将收集信息形成的有关材料向企业管理层汇报，并说明有关情况，使企业管理层的领导能够全面、正确理解和认识隐患排查治理工作，对企业建设隐患排查治理工作做出正确决策。③领导决策。高、中层领导需要从思想意识中真正解决为什么要实施隐患排查治理工作的问题，并为此项工作提供充分的各类资源，隐患排查治理工作才会在企业得到有效和完全的实施。

◆组织机构建设。由企业一把手担任隐患排查治理工作的总负责人，以安全生产委员会或领导班子为总决策管理机构，以安全生产管理部门为办事机构，以基层安全管理人员为骨干，以全体员工为基础，形成从上至下的组织保证。形成从主要负责人到一线员工的隐患排查治理工作网络，确定各个层级的隐患排查治理职责。

领导层：主要负责人是隐患排查治理工作的第一责任人，通过安委会、领导办公会等形式，将隐患排查治理工作纳入其日常工作的范围中，亲自定期组织和参与检查，及时准确把握情况，发出明确指令。主管负责人要在其职责中明确有关隐患排查治理的内容，将有关情况上传下达，做好主要负责人的帮手。其他有关领导也要在各自管辖范围内做好隐患排查治理工作，至少要知道、过问、督促、确认。

管理层：安全生产管理机构和专职安全管理人员是隐患排查治理工作的骨干力量，制定有关制度、培训各类人员、组织检查排查、下达整改指令、验证整改效果等是主要的工作内容。还要通过监督方式对各部门和下属单位及所有员工在隐患排查治理工作方面的履职情况进行了解，纳入考核，全力推动隐患排查治理工作的全方位和全员化。

操作层：按照责任制、相关规章制度和操作规程中明确的隐患排查治理责任，在日常的各项工作中，员工要有高度的隐患意识，随时发现和处理各种隐患和事故苗头，自己不能解决的及时上报，同时采取临时性的控制措施，并做好记录，为统计分析隐患留下资料。

◆建立健全规章制度。制度是企业管理的基本依据，需要企业将法律法规和标准规范以及上级和外部的其他要求全面掌握，将其各项具体的规定结合自身的实际情况，通过编制工作将外部的规定转化为企业内部的各项规章制度，再经过全面执行和落实，变成企业的管理行动。隐患排查治理工作也不例外，基本按这一思路展开。企业需要建立的制度主要有隐患排查治理和监控责任制、事故隐患排查治理制度、隐患排查治理资金使用专项制度、事故隐患建档监控制度（事故隐患信息档案）、事故隐患报告和举报奖励制度等。

◆隐患排查治理标准的细化。企业应根据其适用的政府部门制定颁布的隐患排查治理标准，结合自身的实际情况，对标准的内容和要求应当进行细化，例如，对企业主要负责人的安全生产职责中规定“督促、检查安全生产工作，及时消除生产安全事故隐患”的内容，企业就应当提出更具体的要求：明确督促的方式方法、检查的方式方法（对矿山等企业领导来说可能就要与下井带班作业相结合）、检查的频率（是每周还是每月参加一次）等。

（2）人员全面培训

在全面铺开工作之前，应对有关人员进行初步培训，使其掌握“谁来干？干什么？如何干？工作质量有什么要求？”等内容。企业隐患排查治理体系建设的初期培训对象分为两种，一是对领导层（高层与中层）人员进行背景培训；二是对承担推进工作的骨干人员进行全面培训。对领导（高层与中层）进行背景培训，通过培训，使相关领导充分认识到企业实施隐患排查治理体系的重要意义、作用，让他们了解整个实施过程，知道自己在整个过程中的工作职责，以及应该给予隐患排查治理工作的支持和保障。对承担推进工作的骨干人员进行全面培训，主要内容包括背景（可与领导层培训合并进行）、相关政策法规、隐患排查标准内容详解、制度编写、隐患排查治理过程等方面。

隐患排查的主体是企业的所有人员，包括从领导到一线员工直到在企业工作范围内的外部人员，以保证排查的全面性和有效性。在颁布隐患排查治理制度文件之后，组织全体员工，按照不同层次、不同岗位的要求，学习相应的隐患排查治理制度文件内容。所有人员能不能或者会不会隐患排查是关键，必须对其进行有针对性和有效果的教育培训。在各种安全生产教育培训工作中要将隐患排查的内容纳入，并根据需要做专门的培训，还要确认培训的效果，以保证所有人员有意识、有能力开展隐患排查。

（3）实施排查

排查的实施是一个涉及企业所有管理范围的工作，需要有计划、按部就班地开展。

◆排查计划。排查工作涉及面广、时间较长，需要拟订一个比较详细可行的实施计划，确定参加人员、排查内容、排查时间、排查安排、排查记录等内容。为提高效率也可以与日常安全检查、安全生产标准化的自评工作或管理体系中的合规性评价和内审工作相结合。

◆隐患排查的种类。隐患排查的种类包括：①专项排查。专项排查是指采用特定、专门的排查方法，这种类别的方法具有周期性、技术性和投入性。主要有按隐患排查治理标准进行的全面自查、对重大危险源的定期评价、对危险化学品的定期现状安全评价等。②日常排查。指与安全生产检查工作的结合，具有日常性、及时性、全面性和群众性。主要有企业全面的安全大检查、主管部门的专业安全检查、专业管理部门的专项安全检查、各管理层级的日常安全检查、操作岗位的现场安全检查等。

◆排查实施。以专项排查为例，企业组织隐患排查组，根据排查计划到各部门和各所属单位进行全面排查，流程及关键点如图 5—1 所示。必须及时、准确和全面地记录排查情况和发现的问题，并随时与被检查单位的人员沟通。

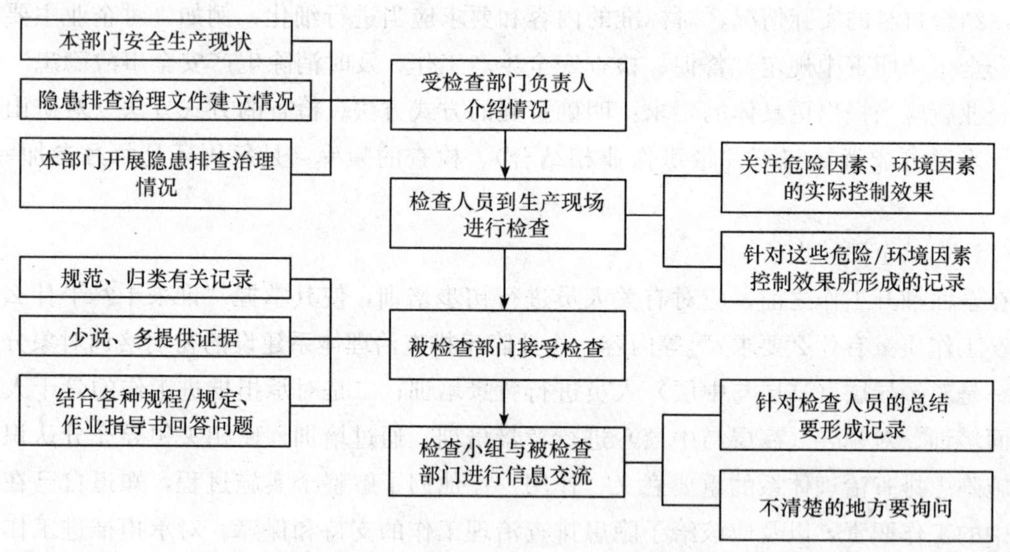

图 5—1　在各部门的排查流程及关键点

◆排查结果的分析总结。一是评价本次隐患排查是否覆盖了计划中的范围和相关隐患类别；二是评价本次隐患排查是否遵循“全面、抽样”的原则，是否做到了重点部门、高风险和重大危险源适当突出的原则；三是本次隐患排查发现：包括确定隐患清单、隐患级别以及分析隐患的分布（包括隐患所在单位和地点的分布、种类）等；四是做出本次隐患排查治理工作的结论，填写隐患排查治理标准表格。

（4）纳入考核和持续改进

为了确保隐患排查治理工作顺利进行，领导必须责成有关部门以考核手段为基本的保障。必须规定上至一把手、下至普通员工以及所有检查人员的职权和义务，特别是必须明确规定企业中高层领导在此项工作中的职责。因为企业的中高层领导是实施与开展隐患排查治理工作的重要保障力量。

隐患排查治理机制的各个方面不是一成不变的，也要随着安全生产管理水平的提高而与时俱进，借助安全生产标准化的自评和评审、职业健康安全管理体系的合规性评价、内部审核与认证审核等外力的作用，实现企业在此工作方面的持续改进。另外，隐患排查治理也为整体安全生产管理提供了持续改进的信息资源，通过对隐患排查治理情况的统计、分析，能够为预测预警输入必要的信息，能为管理的改进提供方向性资料。

5. 企业隐患治理

对隐患排查所发现的各种隐患进行治理，才能真正解决企业生产经营过程中的问题，降低风险，提高安全管理水平。

（1）一般隐患治理

◆一般隐患分级。一般隐患是指危害和整改难度较小，发现后能够立即整改排除的隐患。为有针对性地治理在企业生产和管理工作中存在的一般隐患，要对一般隐患进行进一步的细化分级。事故隐患分级是以隐患的整改、治理和排除的难度及其影响范围为标准的。根据这个分级标准，在企业中通常将隐患分为班组级、车间级、分厂级直至厂（公司）级，其含义是在相应级别的组织（单位）中能够整改、治理和排除。其中的厂（公司）级隐患中属于应当全部或者局部停产停业，并经过一定时间整改治理方能排除的隐患，或者因外部因素影响致使企业自身难以排除的隐患应当列为重大事故隐患。

◆现场立即整改。有些隐患如明显违反操作规程和劳动纪律的行为，这属于人的不安全行为式的一般隐患，排查人员一旦发现，应当要求立即整改，并如实记录，以备对此类行为统计分析，确定是否为习惯性或群体性隐患。有些设备设施方面的简单的不安全状态（如安全装置没有启用、现场混乱等物的不安全状态等一般隐患），也可以要求现场立即整改。

◆限期整改。有些隐患难以做到立即整改的，但也属于一般隐患，则应限期整改。限期整改通常由排查人员或排查主管部门对隐患所属单位发出“隐患整改通知”，内容中需要明确列出如隐患情况的排查发现时间和地点、隐患情况的详细描述、隐患发生原因的分析、隐患整改责任的认定、隐患整改负责人、隐患整改的方法和要求、隐患整改完毕的时间要求等。限期整改需要全过程监督管理，除对整改结果进行“闭环”确认外，也要在整改工作实施期间进行监督，以发现和解决可能临时出现的问题，防止拖延。

（2）重大隐患治理

针对重大隐患，就需要“量身定做”，为每个重大隐患制定专门的治理方案。由于重大隐患治理的复杂性和较长的周期性，没有完成治理前，还要有临时性的措施和应急预案。

治理完成后还有书面申请以及接受审查等工作。

◆制定重大事故隐患治理方案。重大事故隐患由生产经营单位主要负责人组织制定并实施事故隐患治理方案。重大事故隐患治理方案应当包括以下内容：①治理的目标和任务；②采取的方法和措施；③经费和物资的落实；④负责治理的机构和人员；⑤治理的时限和要求；⑥安全措施和应急预案。根据相关规定，企业制定重大事故隐患治理方案时还必须考虑安全监管监察部门或其他有关部门所下达的“整改指令书”和政府挂牌督办的有关内容的指示，也要将这些指示的要求体现在治理方案里。

◆重大事故隐患治理过程中的安全防范措施。在事故隐患治理过程中，生产经营单位应当采取相应的安全防范措施，防止事故发生。事故隐患排除前或者排除过程中无法保证安全的，应当从危险区域内撤出作业人员，并疏散可能危及的其他人员，设置警戒标志，暂时停产停业或者停止使用；对暂时难以停产或者停止使用的相关生产储存装置、设施、设备，应当加强维护和保养，防止事故发生。

◆重大事故隐患的治理过程。企业在重大事故隐患治理过程中，要随时接受和配合安全监管部门的重点监督检查。如果企业重大事故隐患属于重点行业领域的安全专项整治的范围，就更应落实相应的整改、治理的主体责任。

◆重大事故隐患治理情况评估。地方人民政府或者安全监管监察部门及有关部门挂牌督办并责令全部或者局部停产停业治理的重大事故隐患，治理工作结束后，有条件的生产经营单位应当组织本单位的技术人员和专家对重大事故隐患的治理情况进行评估；其他生产经营单位应当委托具备相应资质的安全评价机构对重大事故隐患的治理情况进行评估。这种评估主要针对治理结果的效果进行，确认其措施的合理性和有效性，确认对隐患及其可能导致事故的预防效果。评估需要有一定条件和资质的技术人员和专家或有相应资质的安全评价机构实施，以保证评估本身的权威性和有效性。

◆重大事故隐患治理后的工作。重大事故隐患治理后并经过评估，符合安全生产条件的，生产经营单位应当向安全监管监察部门和有关部门提出恢复生产的书面申请，经安全监管监察部门和有关部门审查同意后，方可恢复生产经营。申请报告应当包括治理方案的内容、项目和安全评价机构出具的评价报告等。对挂牌督办并采取全部或者局部停产停业治理的重大事故隐患，安全监管监察部门收到生产经营单位恢复生产的申请报告后，应当在10日内进行现场审查。审查合格的，对事故隐患进行核销，同意恢复生产经营；审查不合格的，依法责令改正或者下达停产整改指令。对整改无望或者生产经营单位拒不执行整改指令的，依法实施行政处罚；不具备安全生产条件的，依法提请县级以上人民政府按照国务院规定的权限予以关闭。

（3）隐患治理措施

隐患治理及其方案的核心都是通过具体治理措施来实现的，这些措施大体上分为工程技术措施和管理措施，再加上对重大隐患需要做的临时性防护和应急措施。

◆治理措施的基本要求。基本要求主要包括：①能消除或减弱生产过程中产生的危险、有害因素；②处置危险和有害物，并降低到国家规定的限值内；③预防生产装置失灵和操作失误产生的危险、有害因素；④能有效地预防重大事故和职业危害的发生；⑤发生意外事故时，能为遇险人员提供自救和互救条件。

隐患治理的方式方法多种多样，因为企业必须考虑成本投入，需要最小代价取得最适当的结果。有时候很难彻底消除隐患，这就必须在遵守法律法规和标准规范的前提下，将其风险降低到企业可接受的程度。

◆工程技术措施。工程技术措施的实施等级顺序是直接安全技术措施、间接安全技术措施、指示性安全技术措施等；根据等级顺序的要求应遵循的具体原则应按消除、预防、减弱、隔离、联锁、警告的等级顺序选择安全技术措施；应具有针对性、可操作性和经济合理性，并符合国家有关法规、标准和设计规范的规定。

◆安全管理措施。安全管理措施往往在隐患治理工作受到忽视，即使有也是老生常谈式的，如提高安全意识、加强培训教育和加强安全检查等几种。其实管理措施往往能系统性地解决很多普遍和长期存在的隐患，这就需要在实施隐患治理时，主动、有意识地研究分析隐患产生原因中的管理因素，发现和掌握其管理规律，通过修订有关规章制度和操作规程并贯彻执行来从根本上解决问题。

（4）闭环管理

“闭环管理”是现代安全生产管理中的基本要求，对任何一个过程的管理最终都要通过“闭环”才能最后结束。隐患治理工作的收尾工作也是“闭环管理”，要求治理措施完成后，企业主管部门和人员对其结果进行验证和效果评估。验证就是检查措施的实现情况，是否按方案和计划的要求一一落实；效果评估是对完成的措施是否起到隐患治理和整改的作用，是彻底解决了问题还是部分的、达到某种可接受程度的解决，是否真正能做到“预防为主”。当然，隐患的治理措施是否会带来或产生新的风险也需要特别关注。

6. 企业隐患自报

企业将隐患排查治理的结果自行上报给政府主管部门，将政府部门的监管与企业生产经过的实际联系在一起，是隐患排查治理体系的重要环节，必须给予足够的重视。

（1）自报的内容。企业开展隐患排查治理工作，包含很多内容，有机制的、管理的、技术的、记录的、设备设施的等，自报并不是要求企业将这些内容都上报，而是按规定的内容、方式、时限等要求上报。

（2）自报的方式。隐患排查治理信息系统中对隐患自报的信息管理做了说明，但企业的类型、规模和管理等方面有千差万别的情况，所以其所采用的自报方式也不尽相同。

（3）自报的程序。无论企业规模大小还是行业不同或者管理方式有异，其隐患自报的程度大体上是相同的，主要有以下几个步骤：①统计。将各种方式的隐患排查工作所发现的隐患进行汇总、统计和整理，得到隐患清单，形成隐患整改通知，将这些集合为一套完整的材料。②“对接”分类。按隐患排查治理标准的格式，将企业的隐患材料按其顺序分门别类地“对接”入位，每个隐患都给予适当标识。③审查批准。根据管理层级和权限，由有关领导对隐患上报的内容进行审阅，批准后方能上报。④上报。根据企业实际，采取相应的上报方式，按政府及其部门规定的时间和形式进行上报。

（4）基于信息系统自报。有条件的企业要将自己的信息管理系统与政府隐患信息管理系统连接，定期接通上报网络，按信息管理系统的提示和要求填报。大型集团型企业需要在集团内部层层上报下属单位的隐患情况，方式与隐患排查治理标准的格式相同，汇总整理后，将整体情况以总结的方式向有关主管部门上报。其下属单位的隐患上报仍按属地监管原则向有关政府部门报送。

（5）小微企业自报。很多小型企业和微型企业不具备基于信息管理系统上报的条件，可以采用书面上报的形式，因为这些企业存在的隐患数量也比较少，风险不很高，因此书面上报也是可以接受的。但这会给企业所在地的政府及其部门接收书面隐患上报材料带来巨大的工作量，从北京市顺义区的经验来看，由基层政府组织直接上报更有效。具体做法是基层安全生产监督管理人员直接到企业中去，收集和书面记录小微企业的隐患情况，形成标准的记录格式，并整理汇总后向上一级管理部门报送。这样既可以减少小微企业的负担，也可以保证隐患上报的工作质量。

7. 安全生产形势预测预警

安全生产形势预测预警是指以隐患排查结果和仪器仪表监测检测数据为基础，辨识和提取有效信息，分析其可能产生的后果并予以量化，将有关信息经过综合分析形成直观的、动态的反映企业安全生产现状的安全生产预警指数系统，运用预测理论，建立数学模型，对未来的安全生产趋势进行预测，得出安全生产趋势的发展情况。

（1）预测预警的任务

◆以企业日常隐患排查工作为基础，发现工作场所存在的隐患，并及时纠正，使生产过程中人的不安全行为和物的不安全状态及管理缺陷处于被监测、识别、诊断和干预的监控之下。

◆通过对隐患排查数据、监测信息的分析，可以确定各种信息可能造成的后果，辨明造成伤亡的严重程度如何，确定是否处于安全状态，其主要任务是应用适宜的识别指标判断可能造成的后果，此对整个预警系统的活动至关重要。对分析得出的不安全因素进行量化，对可能造成的后果进行量化统计分析，加以系数修正，计算得出安全生产预警指数，通过安全生产预警指数走向的升高和降低，直观反映当前安全状况是安全、注意、警告或是危险。

◆利用系统分析、信息处理、建模、预测、决策、控制等主要内容的预测理论，定量计算未来安全生产发展趋势，警示生产过程中将面临的危险程度，提请企业采取有效措施防范事件事故的发生。

◆根据安全生产预警指数数值大小，对事故征兆（险肇事件）的不良趋势采取不同的措施，进行矫正、预防与控制。

◆对可能造成损失的事件及时进行整改，分析规律，防范同类事件的发生。

（2）预测预警指数系统的建立

这里所指的预测预警指数系统是根据中国安全生产协会的安全生产预警指数管理系统的有关内容提出的，供企业参考。

◆收集数据。安全生产预警的基础是数据的收集，数据来源包括两个方面：隐患排查的结果及仪器仪表监测数据。在隐患排查中，不仅要发现物的不安全状态，同时也要对人的行为加以判断，对好的安全行为要及时表扬并记录在案，仪器仪表监测过程中不正常的数据要进行整理。通过对历史数据、即时数据的整理、分析、存储，建立安全预警数据档案。

◆分析判断。对收集到的信息、数据进行分析，判断已经发生的异常征兆及可能发生的反应，评价事故征兆可能造成的损失。对分析结果进行分类统计，形成部门安全预警情况报告，上报企业安全管理部门，汇总分析后，得出当前安全生产预警指数报告。分析判断包括原始数据判断和伤害等级判断。

◆系数修正。系数修正包括：①报告份数修正。为了消除规定时间内安全预警情况报告数量不同对安全生产预警指数的影响，按每周（月）适合本企业的平均数来修正周（月）伤害统计值。②事故修正。事故的发生会造成安全生产预警指数的升高，另外，每次事故发生后都会对一定时期内的安全生产工作产生影响，因此，系数修正要考虑不同级别事故及事故发生后一段时期内的影响。③隐患整改率修正。隐患整改率高低直接影响企业安全生产状况，因此，根据不同的隐患整改率，进行修正。④培训及演练修正。安全教育培训是提高员工安全意识和安全素质、防止产生不安全行为、减少人员失误的重要途径。因此，培训能够降低企业安全风险，降低安全生产预警指数值。不同级别的培训（厂级、车间级和班组级）对员工的影响不同，修正值不同。

◆计算。安全生产预警指数的计算是以规定时间段内的各部门安全预警情况报告为基础，进行报告份数、演练、培训、事故、隐患整改率等系数修正，计算得到安全生产预警指数值。包括统计值计算和安全生产预警指数计算。

◆生成图形。根据预警指数数值，并按照时间顺序，将一段时间内的安全生产预警指数连接后，即构成了安全生产预警指数图，从而直观反映企业整体安全形势。

运用预测理论，对历史安全生产预警指数进行整理、修正后，消除影响因素，建立数学模型，生成安全生产趋势图，直观预测企业安全生产趋势。

第二节　机械制造企业事故特点与事故隐患排查治理

机械制造企业生产过程是一个复杂的过程，涉及许多环节、因素，因而造成事故的原因也极其复杂，所以，对隐患的排查治理、对事故的防范，必须形成一个科学、整体的管理体系。在这个管理体系中，一方面要求做好设备设施的安全管理，及时排查治理事故隐患，保证一切生产设备的性能、运行都达到安全可靠的要求；另一方面要求所有作业人员都经过严格的教育培训，按照安全操作规程操作，并及时纠正各种违章行为。这就是安全管理中对人与对物的管理。二者相较，对物的管理有时更重要。

一、机械伤害事故规律分析与预防措施

随着工业的发展，机械设备已经广泛应用于各个领域，为减轻作业人员的劳动强度和提高生产效率做出了巨大贡献，但是，由于机械设备使用不当或管理不到位，极容易发生机械伤害事故，造成人、财、物的损失。

1. 机械伤害事故规律分析

机械伤害是指机械设备与工具引起的绞、辗、碰、割、戳、切等伤害。机械伤害的危害分为5类，这些伤害如下：

（1）夹伤：人的身体及四肢在机器的闭合或往返运动中被夹住。在有些情况下，肢体被卷进闭合运动的部件中时，会发生夹伤。例如，在使用抓夹工具不当时，会夹伤手指。

（2）撞伤：在受到机器的运动部件的撞击时，会造成伤害。

（3）接触伤害：当人体接触到机器锋利的或锉状的表面时，会发生伤害。另外，接触高温或带电部件，也会造成伤害。

（4）卷动伤害：头发、耳环、衣物等卷入机器的运动部件造成伤害。

（5）射伤：在机器运转时，因机器部件或工件被抛出而造成的伤害。例如碎条、细渣、熔滴或机器部件的碎片抛出，造成的伤害。

造成机械伤害事故的原因，是由于管理不到位造成物的不安全因素、过程的不安全因素及人的不安全因素。通过对50例机械伤害事故的分析，造成机械伤害事故的不安全因素主要为：因检修、检查机械忽视安全措施而造成事故的约占29.63％；因缺乏机械防护装置及作业人员未按要求穿戴防护用品而造成事故的约占24.07％；因在机械运转中进行清理积料、捅卡料、上皮带蜡等作业而造成事故的约占14.82％；因不可预见的人的不安全行为而造成事故的约占14.82％；因机械设备质量不合格，运行中平衡失控或飞出物料而造成事故的约占9.26％；因未与操作人联系，盲目接触机械运转部位而造成事故的约占7.40％。

2. 机械伤害事故的预防措施

对于机械伤害事故，应采取的预防措施如下：

（1）控制物的不安全因素。凡是具有危险的机械设备，当无可靠的防护设施及控制设施时，就会形成物的不安全因素。控制物的不安全因素就是要彻底控制设备自身的安全隐患。实施先进的安全系统管理，通过安全预评价手段对可能发生的事故进行预测，以及对机械设备中容易发生事故的环节进行技术改造。可使用利用机器安全装置来消除物的不安全的方法。机器安全装置可按控制方式或作用原理进行分类，常用类型主要有固定安全装置、联锁安全装置、控制安全装置、自动安全装置、隔离安全装置、可调安全装置、自动调节安全装置、跳闸安全装置、双手控制安全装置等。

（2）控制过程的不安全因素。凡是生产作业中由于违反科学规律、使能量失控造成的事故过程，应确认为过程的不安全因素。一切事故的形成都必然有一个演变的过程。控制过程的不安全因素，就是要使作业中的各个活动顺序符合安全的要求。在防范机械伤害事故中，可以从三个方面对过程的不安全因素进行控制。

一是要控制检修、检查机械设备的不安全过程。只要进行设备检修、检查，必须落实各项安全措施。施工现场必须要有专人进行监护，监护人必须尽到监护人的职责。被检修的设备必须切断电源，同时要落实安全控制电源的措施，要防止因定时电源开关作用或临时停电等因素而误判造成事故。检修试车时，严禁人员留在机械设备内。有意外停电情况，必须将设备处理至安全状态，以防止来电后伤人。

二是要控制人员接触机械部位的不安全过程。任何人员进入机械运行危险区域，都要严格执行防范事故的安全联系制度。事前必须与当班操作人员直接联系，经同意并在停车和有可靠的安全措施的情况下才能进行。

三是要控制在清理机械中的不安全过程。必须停车进行清理积料、捅卡料、上皮带蜡等作业，并要严格执行断电挂停机警示牌制度。

（3）控制人的不安全因素。只要是人应尽到的责任没有尽到而发生了事故，应确认为人的不安全因素。控制人的不安全因素，必须提高每一名机械操作人员的技术水平和安全素质，机械操作人员必须经过专门的业务培训，考核合格后方能上岗。机械操作人员必须切实严格遵守有关规定，自觉抵制作业中的不安全行为。

为了避免机械伤害事故的发生，企业管理者要对不安全因素的物、过程、人进行分析，制定符合本企业的安全管理制度，从而把事故消灭在萌芽状态。

二、推行危险点重点控制管理方法

危险点是指在生产过程中可能发生事故，并能使作业人员造成死亡或重伤、设备系统造成重大损失的生产现场。机械制造企业危险点控制管理，从空间位置上控制重大事故的发生，是杜绝重大事故发生的有效监控手段。

1. 危险点的确定和分级

（1）危险点的确定。危险点应该在对生产现场进行全面调查的基础上，采用危险性分析和评价的科学方法，或根据实践经验把二者结合起来加以确定。现场调查时应该对作业内容、方法、危险因素、危险程度、曾经发生过的事故等进行全面了解和分析。在确定危险点时应广泛听取有实践经验的职工、工程技术人员以及有关领导和其他人员的意见。不论用什么方法确定危险点，都应从实际出发，符合自身的实际情况。

（2）危险点的分级

根据危险点可能造成伤害事故和损失的严重程度，一般可将其危险性分为三级：

一级危险点：可能造成多人死亡，导致设备系统造成重大损失的生产场所。

二级危险点：可能造成死亡或多人重伤，导致设备造成较大损失的生产场所。

三级危险点：可能造成重伤，导致设备造成损失的生产现场。

在具体确定危险点时，应遵循相对独立和同类的原则。如在一个场所内相同的设备不论几台都可以划为一个危险点，但在一个场所内不同的设备不能划为一类，必须分开划分，但也不能把每台设备都划为一个危险点，必须归类。

2. 危险点监控管理的要点

危险点监控管理是综合应用各种管理方法和技术，对危险点的人、物、环境、管理等各方面要素进行统筹规划，加以控制管理，发现、识别、预防、消除危险点的潜在危险因素，防止发生重大事故，保证生产顺利进行。其管理要点如下：

（1）突出重点。由于危险点是潜在事故发生频率高、事故后果严重的生产现场，因此，只要消除控制了危险点的危险因素，就能防止发生人身、设备的重大事故，这就抓住了安全工作的主攻方向，解决了事故预防的主要矛盾，从而使安全生产有了基本保证。由于突出了安全工作的重点，就可以把单位的人力、财力、物力集中起来，解决危及安全的关键要害问题，从而有利于加强技术装备的基础建设，提高本质安全水平。

（2）全面系统。危险点控制管理是把整个危险点作为一个完整的系统，它包含的人员、设备、环境等都是分系统、子系统，它从制度建设、人员培训、设备管理、环境整治、信息反馈、隐患整改、考评奖惩等各个方面全面统筹，综合治理，使之协调配合，取得危险点的整体安全效应。对整体安全目标的追求，势必导致对各方面管理要素提出更高的要求，从而有助于实现安全管理的标准化、规范化和科学化，推进单位安全管理水平的全面提高。

（3）预防为主。危险点控制管理要求以系统安全分析和危险性评价作为基本手段，对危险点的潜在危险因素进行识别、分析、评价，采取科学检查、信息反馈、隐患整改等措施，提前预防，把危险因素消灭在萌芽阶段，从而提高安全管理的主动性、科学性和有效性。它把传统的安全管理经验与现代的安全科学理论和方法有机结合起来，有助于推进安全管理的科学化和现代化。

3. 危险点的控制管理

危险点控制管理的措施和内容可归纳为健全制度、明确责任、教育培训、加强管理、定期检查、信息反馈、隐患整改、基础建设、考评奖惩。现分述如下：

(1) 建立健全危险点的规章制度。确定危险点后，应该在对危险点进行系统危险性分析的基础上建立健全各项规章制度。主要有岗位安全责任制、危险点重点控制实施细则、安全操作规程、操作人员培训考核制度、日常管理制度、交接班制度、检查制度、信息反馈制度、危险作业审批制度、异常情况应急措施、考核奖惩制度等。

(2) 明确责任，定期检查。根据各危险点的等级，分别确定各级负责人，并明确其责任。特别要明确各级危险点的定期检查责任。除了作业人员必须每天自查外，还要规定各级领导定期参加检查。对一级危险点，公司总经理半年一查，分厂厂长月查，车间主任周查，工段、班组长日查；对二级危险点，分厂厂长季查，车间主任月查，工段长周查，班组长日查；三级危险点，车间主任和工段长月查，班组长周查。各级检查都要对照检查表逐条逐项、按规定的方法和标准进行检查，作出记录，如发现隐患则应按信息反馈制度及时反馈，使其及时得到消除。凡未按要求履行检查职责而导致事故者，要依法追究其责任。规定各级领导人参加定期检查，增强他们的安全责任感，体现管生产必须管安全的原则，也有助于重大事故隐患的及时发现和解决。安全管理人员要对各级人员实行检查的情况定期检查、监督并严格进行考核，以实现封闭管理。

(3) 教育培训各级领导和作业人员。危险点控制的各项措施能否得到贯彻执行，执行质量高低，很大程度上取决于各级领导和作业人员的安全意识和对危险点控制的认识程度及安全知识和操作技能的掌握程度。因此，必须对涉及危险点控制的有关领导和人员进行专门的安全教育培训。培训内容包括危险点控制管理的意义、本单位（岗位）的主要危险类型、产生危险的主要原因、控制事故发生的主要方法及日常的安全操作要求、应急措施和各种具体的管理要求。通过教育培训，使他们提高实行危险点控制管理的自觉性，掌握进行控制管理的方法和技术。对作业人员的教育培训应严格执行，合格后才能发证上岗，考核不合格者不得上岗。由于危险点多为重要岗位，有的操作管理技术较复杂，对作业人员的要求较高，因此，应该逐步创造条件进行选拔调整，让认真负责、技术水平高、能力强的人来从事危险点的作业。

(4) 加强危险点的日常管理。严格要求作业人员执行有关危险点日常管理的规章制度。搞好安全值班、交接班，按安全操作规程进行操作，按安全检查表进行日常安全检查，危险作业经过审批等。所有活动均应按要求认真做好记录。领导和安全部门定期进行严格检查考核，发现问题，及时给以指导教育，根据检查考核情况进行奖惩。

(5) 抓好信息反馈，及时整改隐患。要建立健全危险点信息反馈系统，制定信息反馈制度并严格执行。对检查发现的事故隐患，应根据其性质和严重程度，按照规定分级实行信息反馈和整改，做好记录。发现重大隐患应立即向安全管理部门和行政一把手汇报。信息反馈和整改的责任应落实到人。对信息反馈和隐患整改的情况，各级领导和安全管理部门要进行定期考核和奖惩。安全部门要定期收集、处理信息，及时提供给各级领导研究决策，不断改进危险点的控制管理工作。

（6）做好危险点控制管理的基础建设工作。做好危险点控制管理的基础工作，一是建立健全各项规章制度，二是建立健全危险点的安全档案和完善安全标志牌。危险点安全档案应有专人管理，定期清理。并在显著位置悬挂安全标志牌，标明危险等级，注明负责人，明确主要危险，并扼要注明防范措施。

（7）搞好危险点控制管理的考核评价和奖惩。应对危险点控制管理的各方面工作制定考核标准，并力求量化，分出等级，定期严格考核评比，给以奖惩，并与班组建设和评先结合起来。逐年提高要求，使危险点控制管理的水平不断提高。

综上所述，危险点是基于作业基层的重点控制管理法，作业基层是人、物、环境的直接交叉点，伤亡事故和职业危害多数发生在基层，发生在生产作业过程中，特别在冲压生产作业中，只有抓住安全工作的重点，才能有效控制事故的发生。

三、企业动力系统存在的安全隐患与整改措施

在现代社会中，电能广泛应用于工业企业，离开了电能企业将不能生产。在机械制造企业，动力、照明箱（柜、板）是企业配电系统中最末级，具有接受、分配、保护、控制功能的基础设施。具有拥有量多、分布及所处环境复杂、与企业各类人员接触的可能性大等特点，如果控制和管理不当，防护措施不利，将会发生异常情况，造成电气事故。因此，需要加强对电气安全的认识，及时排查治理企业电气方面所存在的事故隐患，保证企业安全运行。

1. 触电危险性大或作业环境较差场所的隐患整改

在机械制造企业，触电危险性大或作业环境较差的单位有加工车间、铸造、锻造、热处理、木工房等场所，如果未采用封闭式箱、柜、板，在生产作业时，所产生的铁屑或杂物若不慎进入开启式箱、柜、板内，容易引起线路短路，断路器跳闸，致使设备不能正常工作；同时开启式熔断器熔断时，炽热的金属微粒飞溅出来会造成灼伤；铸造、锻造、热处理、木工房等场所环境较差，存在大量可燃性（导电性）粉尘，如果在箱、柜内存积，在电器件产生火花（打火）或静电作用下，容易引起电器件失火。同时插座等器件若裸露在外，容易受到机械损坏，若维修不及时，既存在安全隐患，又影响手持电动工具等设备的正常使用。

应采取的隐患整改措施：一是使用密封式箱柜，这样可以有效防止铁屑、粉尘等的进入和积存。二是制作防护门，将插座等裸露在外电器件进行安全防护：既可以防止铁屑、粉尘等的进入和积存，又起到防止电器件的机械破坏作用。

2. 配电箱柜内外存在有裸露带电体的隐患整改

在机械制造企业，配电箱柜存在的事故隐患主要为：一是部分配电箱柜主母线采用的是TMR结构，这种结构母线载流量大、散热好，同时结构简单，能够节约电箱（柜）的内部空间，但带电的铜排裸露在外，易产生触电事故。二是配电箱柜的门体配备有大量指示灯、指示用仪表等信号装置，信号装置的接线端子裸露，容易产生触电事故。

应采取的隐患整改措施如下：进行有效屏护。屏护是一种对电击危险因素进行隔离的手段，即采用遮拦、护罩、护盖、箱匣等把危险的带电体同外界隔离开来，以防止人体触及或接近带电体所引起的触电事故。屏护还起到防止电弧伤人、防止弧光短路或便利检修工作的作用。可以采取的措施有两个：一是主铜母排采用透明有机玻璃板做屏护，使用螺栓固定，断路器等开关器件在手动分断时，需要力量较大，用有机玻璃将开关把手上带电裸露导体屏护起来，可以避免因操作失误触及带电裸露导体而引起的触电事故。二是门体信号装置接线端子采用透明有机玻璃板做屏护，使用螺栓固定。门体的信号装置带电的接线端容易被操作人员忽视，通常人们使用绝缘胶带防护，胶带易受环境影响而脱落（如温度等）。人们在操作电箱、柜时，通常将右后侧身体暴露于裸露的信号装置接线端子前，在行动过程中手臂、头部容易触及箱、柜带电接线端子，引起触电事故。使用屏护装置，可以避免以上危险。还可以采用透明有机玻璃板做屏护，使用螺栓固定的另一个优点是，维修、操作人员能够观察到屏护在内部的电气元件的连接和运行情况，发现问题及时解决，同时采用螺栓固定，拆卸也比较方便。

3. 配电箱、柜无急停装置的隐患整改

在机械制造企业，配电箱、柜在使用中不允许门体敞开（部分配锁），当出现紧急情况时无法立即切断电源，不能使设备和人员及时脱离危险状态。

应采取的隐患整改措施：在门体正面和侧面分别增加急停按钮和负荷开关。

4. 配电箱、柜电缆进出线孔无防护的隐患整改

在机械制造企业，移动电焊机、台钻等电气设备需要从电箱（柜、板）接线，此类设备使用完毕后，电缆线进出孔无防护措施，老鼠、蛇等动物沿孔窜入箱、柜内，能够引起触电，造成线路短路事故。

应采取的隐患整改措施：安装电缆锁紧器——锁紧器具有丝扣锁紧口，拧动时可以锁紧进线电缆，起到固定作用，电缆拆除后可用塑胶棒代替电缆并锁紧，封闭好进出线孔。同时锁紧器的光滑接口对电缆能起到保护作用（无锁紧器时，电箱、柜外壳铁皮能够割断电缆防护皮，引起触电事故）。

第三节　机械制造企业事故隐患排查治理新做法

事故隐患的存在是引发事故的重要因素，在事故未发生之前，及时排查和消除事故隐患，就能够避免事故的发生。这已经成为人们的共识。机械制造企业要经常性地开展安全隐患排查，并切实做到整改措施、责任、资金、时限和预案“五到位”；建立以安全生产专业人员为主导的隐患整改效果评价制度，确保整改到位；对隐患整改不力造成事故的，要依法追究企业和企业相关负责人的责任；对停产整改逾期未完成的不得复产。几年来，在事故隐患排查方面，许多企业采取了一些积极有效的做法，对排查治理事故隐患发挥了重要作用。

一、上海锅炉厂公司建立事故隐患排查治理长效机制新做法

上海锅炉厂公司的前身为慎昌工厂，1953 年 9 月命名为国营上海锅炉厂，1997 年 12 月改制为上海锅炉厂有限公司，是新中国最早创建的专业制造发电锅炉的国有大型企业，隶属于上海电气集团，目前已成为电站锅炉及成套、大型重化工设备、电站环保设备以及特种锅炉的重要提供商，在册员工数 2 700 人，年销售收入超百亿元。

近年来，上海锅炉厂公司加强员工的安全教育培训，深刻认识事故隐患的特点、危害，治理事故隐患的重要性，明确各部门一把手为事故隐患排查治理的第一责任人，以部门为单位，分部门、工段、班组三个层次开展隐患自查自纠。对排查出的问题及时整理汇总，采取挂号督办方式，一项一项落实整改责任人、方案、资金、时间以及监控和应急措施，限期整改到位，同时加强全过程跟踪督办，确保整改到位。从而消除事故隐患，保证企业的安全生产。

上海锅炉厂公司建立事故隐患排查治理长效机制新做法如下：

1. 深刻认识事故隐患的特点，明确治理事故隐患的思路

事故隐患是安全生产各种矛盾的集中表现，是潜在的事故，对职工的人身安全、国家的财产安全和企业的生存发展都直接构成威胁，只有消除隐患，才能杜绝事故发生。实践证明，只有认真排查治理隐患，建立健全隐患排查治理的长效机制，才能防范事故，强化安全生产监督管理，将有效防范重特大安全事故的要求落到实处，才能进一步强化安全生产基础，提高安全管理水平，实现安全生产状况明显好转。

事故隐患具有隐蔽性、危害性、突发性、因果性、重复性、连续性、时段性、季节性等特点。事故隐患是安全生产事故形成的前奏和征兆。因此，深入开展安全生产事故隐患排查治理工作更具有重大的深远意义。

（1）隐患治理是践行“安全发展”、实现社会稳定的保证。对企业来讲，对安全生产的

要求就是要遏制事故发生，实现安全发展和社会稳定，就必须从隐患治理抓起。因为隐患既是滋生事故的土壤，又是安全生产各种矛盾问题的集中表现，隐患不除，事故难绝。只有从源头上消除事故隐患，才能实现真正意义上的安全发展，社会也才能稳定和谐。

（2）隐患治理是贯彻安全生产方针和安全生产法律法规的具体体现。我国的安全生产方针是“安全第一、预防为主、综合治理”。“安全第一”明确了安全生产在经济建设和生产经营活动中的首要地位；“预防为主”就是要把工作着眼点由事后查处转到事前防范，要把事故消灭在隐患阶段；贯彻“综合治理”表明了安全生产必须综合运用法律、经济、科技和必要的行政手段，做到标本兼治、重在治本，逐步从根本上解决问题，实现长治久安。

（3）隐患治理是有效遏制重特大事故发生的重要举措。近几年来，经过各个方面的共同努力，安全生产形势总体趋稳趋好。但应当看到，由于我国安全生产的基础薄弱，隐患仍大量存在，在一些地方、单位，已经排查出来的隐患，尚未得到治理；已经治理的隐患由于工作不彻底，还可能出现反复；新的隐患还在不断滋生，随时可能酿成事故。所以，只有彻底治理隐患，才能从根本上改变我国安全生产基础薄弱的状况，实现安全生产形势的长期稳定好转。

2. 建立健全隐患排查治理长效机制，不断深入发展

对企业来讲，要以事故隐患排查治理为契机，明确责任，加大整治力度，通过回头查、反复抓、抓反复，巩固整治成果，建立健全隐患排查治理长效机制，控制重特大事故的发生。

上海锅炉厂公司排查治理事故隐患的做法是：在隐患排查治理过程中，把原来一个部门抓隐患排查治理，变成全厂职工共同参与，每个人查找身边的隐患，结合安全技术小革新的活动，鼓励发动职工对查出的隐患自已攻关革新，从源头上消除隐患，减少事故发生。到目前为止，已有23项安全技术革新项目投入使用，充分体现了安全生产人人有责。所采取的措施如下：

（1）思想上高度重视，把排查治理工作贯穿整个安全工作始终。隐患是客观存在的，旧的隐患治理了，还可能产生新的隐患，因此，必须正确理解“隐患险于明火，防范胜于救灾，责任重于泰山”的含义，要在思想上高度重视，克服麻痹松懈、疲劳厌战情绪，要消除“隐患排查年年搞”“炒冷饭”的思想，要充分认识到隐患排查治理是一项长期、艰巨、复杂的工作，要有认真负责的态度，持之以恒地抓好事故隐患排查治理工作，把隐患排查工作做细、做实，不留死角，不留盲区。同时，隐患排查治理工作要根据各单位的特点，与日常安全管理工作相结合，要同日常安全管理工作同时部署、同时检查、同时落实，使之始终贯穿整个安全管理工作中，从而达到隐患排查治理制度化、经常化的预期目标。

（2）加强宣传，全员参与，形成事故隐患排查治理良好氛围。现场操作人员最清楚生产现场存在什么隐患，所以，要充分发挥报纸、广播、局域网等媒体作用，加大对事故隐患排查治理工作的宣传力度，让职工深刻认识开展隐患排查治理的重要性和紧迫性，激励和发动职工全员参与，结合岗位实际，从身边查起，从小的事故隐患查起，认真检查工作环境中存在的安全问题，不放过每一个工作岗位、每一个工作场所、每一个生产环节、每一项工作任务、每一台生产设备，营造“从身边做起，人人查隐患”的良好氛围。

（3）明确责任，加强监督，确保事故隐患排查治理工作落到实处。开展事故隐患排查治理工作首先要明确安全生产主体责任，然后要明确事故隐患治理的目标、任务、工作原则、工作责任和工作程序，认真排查，加强监管，确保事故隐患排查治理工作落到实处。公司的做法是，明确各部门一把手为事故隐患排查治理的第一责任人，以部门为单位，分部门、工段、班组三个层次开展隐患的自查自纠。对于排查出的问题，每月15日前书面上报安保处，安保处对各部门排查发现的事故隐患进行整理汇总。对排查发现的一般性事故隐患，当场责令整改，整改结束后，安保处组织专业人员进行督查验收，确保隐患的真正消除。对排查发现的严重的事故隐患，一时不能整改到位的，采取挂号督办方式，一项一项落实整改责任人、方案、资金、时间以及监控和应急措施，限期整改到位，同时加强全过程跟踪督办，确保整改到位。2008年公司共查出隐患904项，其中4项重点督办，目前已全部整改完毕。

（4）结合实际，狠抓落实，完善事故隐患排查治理工作机制。事故隐患排查治理工作不能孤立开展，要与各单位的安全生产管理工作相结合，对查出的隐患要措施到位、整改到位，使事故隐患排查治理工作制度化、规范化、科学化。

3. 采取有针对性的措施，排查治理事故隐患

上海锅炉厂公司在排查治理事故隐患工作中，有针对性地采取措施，主要做到“三个结合”：

（1）把事故隐患排查治理工作与日常安全监管工作相结合。突出事故隐患排查治理这条主线，使日常检查和隐患治理相互促进，做好安全生产基础工作。

（2）把事故隐患排查治理工作与“安全生产百日督查行动”“危险化学品专项整治”“特种设备专项整治”等安全生产专项整治活动相结合。处理好隐患排查治理与重点专项整治的关系，抓住主题，突出重点，通过隐患排查治理，在短期内取得实效，通过专项整治，提升总体安全管理水平。

（3）把事故隐患排查治理工作和“安全生产标准化”工作相结合。安全生产标准化工作实际上就是对企业有针对性地进行安全整治、隐患排查、达标升级、持续改进的活动，通过对企业深度的隐患排查，消除大量的安全隐患，达到和保持安全生产许可制度所规定的条件和标准，使企业生产始终处于良好的安全运行状态。

二、武汉锅炉公司应用人机工程学消除潜在事故隐患新做法

武汉锅炉公司（以下简称武锅）的前身为始建于1954年的武汉锅炉厂，主要从事各类锅炉、辅机和各种压力容器的开发、生产及销售。1998年在深交所上市，2007年8月，阿

尔斯通完成了对武锅51%的国有股权收购，2009年建成的武锅新厂成为阿尔斯通全球最大的锅炉制造基地，以服务于国内外市场。

近年来，武锅坚持“安全第一、预防为主”的方针，通过现场学习、实践推广、经验交流、持续改善等一系列活动，强化现场管理，切实把安全生产责任和措施落实到车间班组，推进科学管理，并且应用人机工程学，消除潜在事故隐患，取得了积极成效。

武锅应用人机工程学消除潜在事故隐患新做法如下：

1. 人机工程学的概念和研究范畴

人机工程学主要研究人、设备、环境之间的相互作用，通过改进设备性能、改善工作环境、提供必要的工具和培训，使之更适应劳动者的生理、心理特点，达到在安全、舒适和健康的环境中提高工作效率、降低事故发生的目的。

人机工程学的内容主要包括以下几方面：

（1）考虑人和设备的合理设计和分工，如考虑先进的机械设备代替繁重、重复性的人体劳动。

（2）降低劳动强度和减少体力消耗，改善作业环境，减少不良环境中暴露的时间和频次。例如，当夏天气温超过37℃时，露天作业应当避免或减少；用移动式工具、起吊工具代替人工搬运等。

（3）研究劳动者作业过程中的姿势，消除长期固定姿势和位置带来的职业疲劳，从而避免因劳动者长时间弯腰、跪着、站立、转腰、仰面等引发的职业性伤害或事故。

（4）提高员工的工作技能和适应性。

（5）为有缺陷的设备增加防护装置、联锁装置，降低设备的风险。

2. 人机工程的重要性

武锅主要从事各种锅炉制造。锅炉整体的结构包括锅炉本体和辅助设备两大部分。锅炉中的炉膛、锅筒、燃烧器、水冷壁过热器、省煤器、空气预热器、构架和炉墙等主要部件构成生产蒸汽的核心部分，称为锅炉本体。锅炉本体中两个最主要的部件是炉膛和锅筒。锅炉制造技术复杂，生产过程中存在许多危险因素，运用人机工程的设计，可以消除事故隐患，有效降低事故发生率，并能够提高生产效率和安全可靠性。

（1）符合人机工程的设计可以降低事故发生率。许多事故是由员工不良的工作习惯、不恰当的姿势所造成的，这也和不合理的设计、不良的工作环境、不正确的方式方法、工具运用的能力密切相关。如果仅仅惩罚员工的违规行为是不行的，必须进一步从本质安全上考虑消除员工违规行为的根本。因此，人机工程学在企业中的应用是追根溯源，从本质上控制事故的最有效方法。例如，武锅根据近几年事故统计分析，发现一些旧设备缺少急停装置等，某些生产线自动化程度不高，事故时有发生。搬迁到新厂后，在设备自动化程度、设备本质安全性设计上做了大量工作，不仅引进了自动化弯管机、数控等离子切割设备等，而且对部分旧设备进行改造，在技术专家的指导和带领下，完成了急停装置的改造，大大降低了因设备缺陷导致的事故率。

（2）符合人机工程的设计可以降低劳动强度、提高工作效率。武锅通过调查发现，维修人员在工作时需要携带大量的工具，厂房跨度大，徒步行走，不仅增加很大的劳动强度，而且降低了工作效率。为降低维修人员徒步行走的疲劳，提高工作效率，公司为每位维修人员配备了小型三轮车，由原来每个维修人员每天检修 2～3 处，到现在可以提高到每天 7～8 处，不仅降低劳动强度，还使修复的设备因故障造成的损失降到最低，提高了生产效率。例如，武锅经过认真论证，淘汰了部分存在一定风险的弯管线，引进了国外先进弯管技术和设备，同时对原有已迁至新厂的弯管线进行了技术改造，大大降低了员工作业中的劳动强度，同时也提高了弯管的质量和效率。

（3）符合人机工程的设计可以减少疲劳引发的疾病，创造安全、健康的工作环境。武锅的某些岗位员工需要长期操作控制屏按钮，由于长时间重复一个动作，容易造成部分员工腰肌劳损。为此，公司为这些员工配备了可调整的椅子和可移动的工作台，不仅使这些员工感觉企业真正关心他们，提高了工作积极性，而且减少了人体的职业性疲劳。例如，武锅通过对原有设备加装安全防护罩、引进带安全门联锁的数控机床、叉车安装倒车雷达及警示灯装置，减少员工直接和危险源接触的概率，使运转中的危险部位与劳动者隔离，给员工创造更加安全健康的环境。

（4）符合人机工程的设计是推行标准化作业的重要前提。开展人机工程学调查，查找不符合人机工程学的各种影响因素，是改变不合理的设计理念、建立标准化操作流程的前提。通过人机工程的合理设计，为规范员工作业行为奠定良好的基础。

3. 人机工程学的调查和控制对策

引进符合人机工程设计的设备、工艺，配置舒适的操作空间和环境，是解决企业本质化安全最重要的方法，但是，这样的改造需要大量资金支持，特别是整体性淘汰旧的设备和改善作业环境是不现实的。那么，从现有的状况着手，进行一些人机工程的调查，抓住重点，同样取得良好的效果。例如，调整工作台的高度、提供办公人员一些抗疲劳的体操和小知识、恶劣工作环境下的短暂休息、配置简单的辅助运输和抓取工具等。

首先，要拟订人机工程学调查和改进的计划。组织由技术、工艺部门、操作人员、EHS 人员参与的策划小组，确定调查改造的作业类型、区域、设备，拟订改进的计划、采购需求、人员调配，选择合理的调查方式和方法，根据难易程度排列优先顺序。

其次，开展人机工程学的培训。由于人机工程学的应用还没有引起一些企业的重视，很多员工对这个概念还比较陌生，如果不进行普及培训，就无法开展调查。至少要求接触职业危害因素工作、涉及大量人工转运的人员、部分办公人员和调查人员参加普及培训，让他们在工作中识别不安全、不健康的因素，以及不好的操作姿势、不合理的设计等。采用书面、电子的调查表，畅通组长—主管—经理—EHS 部门的反馈渠道。

再次，开展人机工程学的初步调查，应分区域、设备、作业类型、身体部位进行分类、分层次调查，要突出调查的重点和区域。

最后，根据调查结果进行统计学分析。挑选出突出的不符合人机工程的项目，提出改进措施，并对措施进行财务核算，根据成本多少、难易程度，拟订详细的改进行动计划，同时要确定实施人员、时间和方法等，并跟踪计划措施的完成。

4. 开展人机工程学的实际应用事例

武锅在生产过程中涉及大量材料转运，包括人工转运和机械转运，这些转运作业存在以下特点：一是转运工作量大、任务重；二是转运材料、方法差异性大；三是材料本身质量要求高，不允许有变形、勒痕、磨损；四是车间内设备众多，转运环境复杂；五是主要以有线（遥控）桥式起重机、半龙门吊为主，配合小型卡车、叉车、固定式操作的过道平板车等为主要转运工具。

转运工人 50 多名，分白班、小夜班、大夜班三班倒。每班工作时间为 8 h。作业环境的特点是：一是夜间照度低，车间顶一半为采光面积，夏季白天闷热；二是车间行车、机械设备噪声大；三是转运跨度大；四是露天场地多为大风、雨雪天气。人的因素主要有生理疲劳、作业姿势、个人技能、经验、灵活处置的能力、注意力、情绪等。

在调查基础上，公司制定如下改进方案：

（1）将人员驾驶行车改为遥控行车。在行车选型上降低其运行速度，避免了行车工和起重工远距离传递指挥信号导致的沟通障碍，行车工摆脱了驾驶室的束缚和狭窄作业空间疲劳作业，降低了操作失误和超速行驶导致的危害。

（2）将有线操作改为无线遥控操作。避免了行车工受线控长短限制，在吊物进入到错综复杂的吊装环境中，操作人员一边关注吊物、一边关注脚下环境，难以顾及周边作业人员所造成的视觉障碍。另外，无线遥控器操作还避免了行车工频繁将手臂高于肩膀造成的疲劳。

（3）将过道平板车安装报警装置，并改造为遥控操作。由于过道平板车行驶距离约 120 m，固定式操作时，操作者无法看清行程范围内远处的突发状况，极有可能造成平板车撞击行人、叉车、吊装物等。经改造后，平板车在运转过程中持续闪烁报警灯，操作者摆脱固定操作屏遥控跟车操作，发现异常状况，及时停止运行，可以有效避免事故的发生。

（4）通过人机工程学知识培训，纠正、规范员工的不良搬运姿势。以前，不少员工弯腰幅度大于 120°搬运、过度用力的蹲姿搬物、搬运超过个人承受力的重物，发生了多起腰部扭伤、摔倒、重物打击、夹挤等事故。通过培训，员工意识到这些不良习惯，主动避免过度用力、弯腰、下蹲等姿势，在规定允许范围内搬运物体，否则采取起吊工具、小车等拖运工具，很大程度上减轻了人工搬运的负荷，提高了安全系数。

（5）配合人员必须佩戴安全帽，超过 3 次以上不按照要求佩戴安全帽者，则进行书面警告或更严厉的处罚，有效规范了操作者应对复杂环境的个人保护能力。

（6）配置移动式转运工具，并设计合理的吊点，便于转运，以降低员工体力的支出。

（7）进行员工健康安全满意度调查和疏导。通过组织员工家属到现场了解其工作环境，进行适应性调查、职业健康体检、薪水和工作环境满意度调查等，以及搭建向工会、安全管理部门、人力资源部门等反映问题的平台，畅通沟通渠道，排解劳动者的烦躁和不良工作情绪，很大程度地提高了员工的工作积极性。

（8）编制企业常规、非常规产品的吊装方案，针对特殊形状、主要产品、非常规产品的起吊作业，组织工艺、生产制造、安全管理人员及员工编制标准吊装方案，详细规定吊装不同产品选用吊索具类型、吊装方法、辅助工具、注意事项等，并附带可视化的操作图片，张贴到操作现场，从源头上控制员工的不良吊装方式、不合理的吊索具选择，即使不懂起重作业的人员，也可以发现违反规定的操作。

（9）在吊索具选型和吊装方法上，邀请业界资深的厂家工程师现场培训、指导，沟通采购渠道，由一线操作人员进行挑选、检验吊索具，规范使用和维护方法，避免盲目采购带来的不适用和浪费。

人机工程学为企业进行标准化管理提供了科学、积极有效的管理方法，对提高生产率、保证质量和降低事故率起到积极的推动作用。企业开展人机工程学的研究和应用推广，也是开展科学化管理的必然趋势。

三、北方重工集团公司完善创新隐患排查治理模式新做法

北方重工集团有限公司是在沈阳重型机械集团有限责任公司和沈阳矿山机械（集团）有限责任公司合并重组基础上组建的国有独资公司，现有在岗员工一万余人，主要为隧道掘进、冶金、矿山、煤炭、电力、建材、港口、化工等行业提供重大技术装备和服务，产品远销世界五大洲30多个国家和地区。

近年来，北方重工集团公司在安全生产标准化建设中，扎实开展隐患排查治理工作，不断完善创新隐患排查治理模式，强化隐患排查治理的细节管理，加大隐患治理资金的投入，有效提升了企业的本质安全程度，减少了员工“三违”行为的发生，为员工创造更安全、舒适的工作环境，促进了企业安全健康、持续快速的发展。

北方重工集团公司完善创新隐患排查治理模式的新做法如下：

1. 实施分类分级管理，创新工作方法

（1）实施分类分级管理，完善隐患排查治理的工作机制。集团公司根据事故致因理论以及隐患的特性，把隐患分为“硬隐患”和“软隐患”，“硬隐患”是指物的不安全状态，“软隐患”是指人的不安全行为和管理缺陷。集团公司还将隐患按照危险程度、整改难度的不同，分为集团级、分公司级、车间（或班组）级。各单位严格对照评级标准，积极开展隐患的排查，然后分类分级地开展治理工作，并搭建信息化管理平台，形成了分类分级管理、确保信息畅通的工作机制。

（2）依据风险等级，强化人的行为管控。人的不安全行为是诱发事故的关键环节，违

章作业是最大的隐患，其特点是动态性、多样性、顽固性。为此，集团公司制定了员工安全上岗证管理制度，将实际工作中易发生的违章行为划归为 4 大类、35 项。然后根据其危害的严重程度和发生事故的可能性进行风险评价，将这些违章行为从高到低依次划分为 A、B、C、D 4 个级别，不同级别的违章行为扣分值是不一样的，一般为 1～4 分。与此同时，集团公司制作了上岗证，并发放到每名员工手中，当发现员工有违章行为时，则按照级别的不同扣除相应的分值，并记录在上岗证上。如果员工全年上岗证扣满了 4 分，则实行离岗培训，培训期间执行企业最低工资标准。当离岗培训结束后，还要对其进行考核。另外，集团公司还组织其他员工对典型的违章行为及其后果进行讨论、分析，使员工认清违章行为的危害，查找自身存在的不足和缺陷，从而做到“举一反三查隐患、防微杜渐反违章”。

2. 制作安全风险卡，规范岗位操作行为

集团公司在隐患排查治理工作中，还将隐患的末端治理前移到危险源的辨识、评价以及风险的有效防控工作中，从源头上建立预警防控体系。

为了让每名员工掌握本岗位危险源信息，提高危险源管理的前瞻性和敏感性，充分认识到有效控制危险源在安全管理中的重要作用。集团公司在全公司范围内组织开展危险源辨识活动，从作业环境、设备设施、人员操作行为、生产工艺流程等方面入手，辨识每个岗位、每个工种、每种操作、每种工艺流程存在的危险源及其风险，并组织专家进行梳理、汇总，最终整理制作了“北方重工各工种（岗位）主要安全风险卡”，包括 81 个工种、5 个岗位、1 个相关方的主要危险源、可能发生的事故风险及相应的防范措施。

在此基础上，为了使全员更加具体了解自身安全工作的重点和履行职责的具体内容，集团公司在每名员工的安全生产责任书中，附加相关工种的安全风险卡，使不同岗位的员工对作业过程中危险源的风险后果一目了然，并对现场的标准作业方法和管控措施做到心中有数，实现上标准岗位、按标准进行操作，以此促进企业的整体达标。

3. 征集安全合理化建议，增加隐患整改科技含量

为了调动全员参与隐患排查治理的积极性，充分发挥专业技术人员的技术特长，提高隐患整改的技术含量和质量，集团公司在安全生产标准化建设过程中，开展了安全合理化建议征集活动，对采纳和实施的建议，根据技术含量及实施效果，组织专家组评出一、二、三等奖，并对获奖建议者给予相应的物质奖励。集团公司在开展安全合理化建议活动中，共征集到 128 项技术含量高、实施效果好的建议，以下为部分实例。

实例一：起重机防脱钩装置

在安全生产标准化建设中，集团公司针对起重机原配置的弹簧压板防脱钩装置存在的问题，备料分公司自主设计了普通吊钩、锚钩的防脱钩装置。该防脱钩装置既消除了压板式装置阻碍挂绳的隐患，又解决了压板不能有效防护钢丝绳脱钩的问题。只要将防脱钩装置推到防脱状态，可以确保钢丝绳不发生脱钩现象。

实例二：增设车间电源线防护架

装配现场经常使用电气设备，随着安装位置的改变，电源线需经常移动，容易导致电源线压瘪、绝缘层损坏等事故隐患。输送设备分公司橡胶车间根据现场的实际情况，结合本车间生产橡胶的特点，设计了电源线过通道防护架，并在穿线槽的上部设计了易于人员及小车通行的坡型盖板，既保证了电源线的绝缘防护，也解决了电源线易被槽钢锋利边缘磨损的问题。

实例三：对天车斜梯的改造

集团公司部分起重机的斜梯与地面的角度在70°～75°之间，该角度虽然符合梯台设计标准，但员工上下梯时只有部分脚能踩到台板，其余均处于悬空状态。当专业组检查时发现这一隐患，立即组织专家组进行了调研，提出了整改梯台角度的方案，虽然此方案预计投资达124万元，经安委会研究决定，不管投入多少资金，一定要给员工提供安全的工作环境。最终将存在问题的起重机斜梯进行了整改。

实例四：整改掘进机实验电源

集团公司设计开发的新产品掘进机需使用可调节型高压实验电源，因厂房原设计无此配电系统，只能在厂房内安装了配套的变压器。当专业组检查发现此变压器达不到安全生产条件，并给出了整改建议后，集团公司为了彻底提高本质安全度，投入300万元对采掘机高压实验电源进行了技术改造，建成高压实验变电站，高压电缆采用拖拉式安装装置。

北方重工集团公司通过常态化和标准化实施安全生产隐患排查治理，进一步落实了安全生产主体责任，建立和完善了危险源监控机制和隐患治理的长效机制，有效消除了安全隐患，促进了公司安全生产工作的持续稳定发展。与此同时，员工从被动服从安全管理转变为自觉控制危险源，查找身边的隐患，为整改献计献策，真正实现了从“要我安全”到“我要安全、我能安全、我会安全”的转变。

第六章　机械制造企业常见事故分析与预防措施

机械制造企业离不开各种机械设备，机械设备在操作和使用过程中会带来各种风险与危害，机械设备的危害主要包括两类，一类是机械性危害，另一类是非机械性危害。机械制造企业常见的多发事故主要有金属切削加工事故、金属热加工事故、冲压机械事故、电工作业事故、焊工作业事故、起重作业事故、厂内机动车事故等。

第一节　机械制造企业金属切削加工事故分析与预防措施

金属切削加工事故主要是各类机械性伤害导致的事故，这类事故的共同特点，是事故伤害由设备、构件、硬性物体直接与人的肌体发生作用而引起的，而且主要发生在机械运转区域。机械设备运行时对人体可产生机械性伤害危险的部位，称为机械设备的危险区域，简称为危区。危区有正常运行危区与故障危区之分。运行危区按运动状态分为静止型危区、旋转型危区、往复型危区和复合型危区。故障危区是指发生故障时才出现的危区，它由可动物件运动的可能方向和范围构成。因此，预防金属切削加工事故的重点，是做好对机械设备危险区域的防护。

一、机械制造企业金属切削加工事故分析与安全措施

1. 金属切削机床作业导致事故的物质因素

金属切削机床是生产制造和机械加工企业进行生产以减轻体力劳动和提高劳动生产率的主要工具，它在给人们带来高效、快捷、方便的同时，也带来了不安全因素。金属切削机床的不安全因素，从物质因素来看，导致事故的物质因素如下：

（1）生产设备及其零部件没有足够的强度、刚度、稳定性和可靠性；特别是自行设计、调试的开关及设备容易出现上述情况。

（2）各类机床的不同特点和用途，导致不同的安全隐患。例如车床在切削工件时所产

生的切屑富有弹性，而且边缘锋利、温度高，稍不留意会造成伤害。牛头刨床的滑枕带动刨刀在往复运行中，刀具都要重新切入工件，易发生刀具崩飞或工件飞出事故。

（3）设施、设备、工具、附件等维修调整不当或不到位。

（4）缺少安全装置或安全装置有缺陷。如设备缺少紧急停车开关、防逆转装置或安全联锁装置，都会导致恶性的意外伤害。

（5）对人员易触及的可动零部件，没有完全封闭或隔离，或图方便将安全防护罩拆除。

（6）个人防护用品的不正确使用或不使用也极易造成伤害事故。例如，高速切削脆性材料时，切屑四散飞射，射程可达 3～5 m，切屑温度可达 400～600℃。这时若机床操作人员的个人防护不到位，眼部或其他部位就很容易被切屑所伤。

2. 金属切削机床作业导致事故的人的不安全行为

人的行为容易受身体条件、精神状态影响，由此产生的不安全行为表现多种多样，如忽视安全操作规程、误操作等。产生不安全行为的原因大致可归纳为以下几个方面：

（1）生理因素。如近视、体力不足、疾病影响、反应迟钝等。

（2）心理因素。如性格鲁莽、任性、懒惰、不愿合作、思想不集中、过分敏感、恐惧等。

（3）知识、技能因素。如缺乏足够的安全知识和专业知识、缺少实际经验、操作不熟练等。

（4）生产环境因素。如生产设备上的操作位置，不能保证操作者的头、臂、手、腿、足在正常作业中的充分活动余地。通风不良、照明不够或有频闪及眩光现象。

有的不安全行为的原因，在一些事故中虽然不是事故的直接原因，但却是导致事故的重要原因，应引起重视。

3. 金属切削机床防范事故对策

金属切削机床在生产过程中发生事故是由很多因素造成的，其中使用过程中的缺陷是造成事故的直接原因，而设计制造的缺陷是造成事故的潜在原因或本质原因。因此，为了防患于未然，需要做好以下几点：

（1）生产中力求消除设计和制造上的缺陷，提高机器设备的可靠性，这是预防机械伤害事故，实现生产过程安全化的基础。

（2）对操作人员定期进行安全生产教育与培训，提高安全意识；及时发放个体防护用品；划定安全区域，保证车间内通风、照明、采暖。

（3）建立安全检查、安全监督及安全宣传机制，加强安全检查和监督，积极开展安全教育和安全活动。

（4）适当增加安全投入，并结合专家意见针对隐患制定改进方案，以期获得最优的安全投资。

二、机械制造企业金属切削加工事故案例分析

◆车工更换车床三爪卡盘违章戴手套操作手指压伤事故

2002 年 3 月 13 日下午，河北省某机械加工厂一名车工在更换三爪卡盘时，由于卡盘比较重，就把尼龙绳套在卡盘的外圆上，利用天车吊着把卡盘往车床的主轴上装配，由于操作失误，大拇指被挤压在尼龙绳与卡盘外圆表面之间，造成大拇指被严重压伤。

1. 事故经过

2002 年 3 月 13 日下午，某机械加工厂车工徐某，准备在他所操作的 C630 车床上加工密封环，需要把四爪卡盘更换成三爪卡盘。由于卡盘比较重，徐某就把尼龙绳套在卡盘的外圆上，利用天车吊着把卡盘往车床的主轴上装配。徐某启动车床，让车床以每分钟 12 转的速度缓慢旋转，然后请工友梁某某帮助，两个人扶着卡盘，吊车吊着卡盘，努力让卡盘中心孔内螺纹对准车床主轴外螺纹。一旦对准，依靠螺纹配合原理，卡盘会“自动”被“配合”安装到主轴上。但是，由于配合不协调，违章操作，徐某的大拇指被挤压在尼龙绳与卡盘外圆表面之间，卡盘转了近一圈，手才得以脱开，大拇指被严重压伤。徐某急忙到本厂职工医院治疗，然后转其他大医院治疗，共用医药费 3 万多元。

2. 事故原因分析

（1）造成事故的直接原因，是徐某和梁某某两个人配合不协调，没有把卡盘扶正，卡盘内孔中心线与主轴中心线不重叠，因而内外螺纹配合出现问题；卡盘螺纹不能顺利旋进，两者“扭”成一体，卡盘被主轴带动一起旋转。

（2）造成事故的间接原因，一是徐某违反安全操作规程，更换三爪卡盘时两只手戴着手套，感觉及反应不敏捷，尼龙绳压着手套，待手有感觉想抽出来时，被手套套着，抽不出来。二是更换三爪卡盘没有人专门操作车床控制离合器，出现意外情况，车床主轴没有能够及时停下来。

3. 事故教训与防范措施

在这起事故中，操作者如果遵守安全操作规程，操作车床时不戴手套，起吊物品时不戴手套，那么这起事故是可以避免的。退一步讲，徐某如果不戴手套，当尼龙绳压着大拇指时，立刻就能感觉出来，接着采取措施，大拇指不会受到严重伤害。企业应吸取教训，加强安全教育，向员工讲清道理，严格安全操作规程，坚决纠正违章违纪行为。

事故之后，企业所采取的预防措施如下：

（1）各级领导和全体职工要吸取这起事故教训，增强安全意识，牢固树立“安全第一”的思想，加强对安全生产的领导，查找管理漏洞，严格考核，落实安全生产规章制度。

（2）组织好安全日活动，坚持进行三级安全教育，补课、建卡，对职工进行《安全操作规程》的学习和考试。

（3）开展“我要安全”活动，学习岗位安全操作规程，严格管理，制止违章。合理使

用劳保用品，为安全生产创造良好的环境和条件。

◆操作机床麻痹大意误触操作手柄造成的面部伤害事故

2004 年 9 月 7 日，北京市朝阳区某小型加工厂在生产过程中，一名员工在操作车床过程中身体不慎触到开关，因卡盘没有将工件卡牢，致使工件飞出，造成其左面颊被严重创伤。

1. 事故经过

2004 年 9 月 7 日 11 时 30 分，北京市朝阳区某小型加工厂在生产过程中，车床操作工王某某（男，50 岁），在拆卸车床的部分零件，由于麻痹大意，没有将车床进给箱操作手柄归于零位，也没有将车床的电源开关关闭。就在卸零件的过程中，手中扳手不小心触碰到车床进给箱操作手柄，结果车床的卡盘立刻飞速旋转起来，致使卡盘未卡住的工件飞出。因事发突然，王某某来不及躲闪，飞出的工件直接击中他的脸部，瞬间将左面颊划开，皮开肉绽，鲜血直流。

事故发生后，现场人员迅速拨打“120”急救电话，医护人员及时赶到出事地点，此时王某某的脸部已经血肉模糊，肉眼就可以看到粉碎的脑骨，整个面目像从中间隔开了一样，情况非常严重，属于重伤事故。

2. 事故原因分析

（1）造成事故的直接原因，是王某某在作业中违章操作，在拆卸车床的部分零件过程中，麻痹大意，没有将车床进给箱操作手柄归于零位，也没有将车床的电源开关关闭，结果不小心触碰到车床进给箱操作手柄，导致车床的卡盘飞速旋转起来，未卡住的工件飞出造成人身伤害事故。

（2）造成事故的间接原因，是工厂的安全管理不严格，类似于王某某违章作业的情况，属于习惯性违章作业，长此以往一直无人纠正，也没有予以必要的处罚，直至事故发生。对此，工厂安全生产管理人员、企业领导应负重要责任。

3. 事故教训与防范措施

事故之后，尽管医生及时对王某某进行包扎等一系列救护工作，但由于伤势严重，左侧面部额骨、眼眶、颧骨、下额骨大面积创伤，脸部的血一直没有完全止住。救护车送达医院后，王某某被立即推进手术室，经过了 5 h 手术。手术后不能自主呼吸，只能靠呼吸机来维持，处于危险期。

事故之后，企业所采取的防范措施如下：

（1）加强对员工的安全教育，在安全教育中，要对职工讲解生产特点、作业环境、危险区域、设备状况、消防设备等。重点介绍生产作业中可能导致发生事故的危险因素，交代容易出事故的部位和典型事故案例。

（2）教育员工思想上应时刻重视安全生产，自觉遵守安全操作规程，不违章作业，爱护和正确使用机器设备和工具。

（3）向员工讲解如何正确使用爱护劳动保护用品和关于文明生产的要求，强调机床转动时不准戴手套操作，高速切削时要戴防护眼镜，女工进入车间要戴好工作帽，进入施工现场和登高作业必须戴好安全帽、系好安全带，工作场地要整洁，道路要畅通，物件堆放要整齐等。

（4）组织学习安全操作规范，讲解安全操作要领，说明怎样操作是危险的、怎样操作是安全的、不遵守操作规程将会造成怎样的严重后果。

◆对钢管进行抛光作业违章戴手套操作手指受伤事故

2006年7月5日，四川省某钢铁公司轨梁厂机修车间一名车工，在对钢管进行抛光处理时，违反严禁戴手套操作车床的规定，作业中右手手套和砂布一起缠绕在旋转钢管上，造成右手严重受伤。

1. 事故经过

2006年7月5日12时20分，四川省某钢铁公司轨梁厂机修车间车工班职工王某某（男，37岁），从机修备件加工间的工具箱内找了一根钢管，在2号车床（型号：C620）上加工一件1号车床用的扳筒工具。当王某某把钢管在2号车床上车削加工成ϕ23 mm×608 mm尺寸后，发现钢管表面有毛刺，于是便找来砂布对钢管进行抛光处理。王某某顺手戴上手套，把车床转速调到380转/min，两只手拿砂布对钢管进行抛光。当抛光处理完一遍后，发现其光洁度仍然不够，为了使加工后的钢管更加光滑，王某某便把刚才所用的砂布折叠并包裹住钢管，用右手握住其包裹处，把车床转速调到600转/min，再次对钢管进行抛光处理。在第二次抛光作业过程中，右手手套和砂布一起卷入缠绕在旋转钢管上。事故发生后（约12时50分），王某某迅速把受伤的右手抽离旋转钢管，把车床停下后，坐在2号床子旁的板凳上，呼叫坐在砂轮机房外凳子上同班职工唐某某，唐某某等人闻信后将受伤的王某某送到医院进行救治。经医院诊断，王某某右手中指、无名指、小指近指间关节撕脱离断伤。

2. 事故原因分析

（1）造成事故的直接原因：一是王某某戴手套在旋转的车床上对钢管进行抛光作业，违反了在旋转机床上工作严禁戴手套操作的规定，属于严重的违章作业。二是王某某用砂布包裹钢管且用单手握紧旋转钢管进行抛光作业，车床转速过快，作业方式不当。

（2）造成事故的间接原因：一是车间、班组对职工安全教育不够，对违章作业等行为处罚力度不够，教育与考核没有使违章者警醒，对违章作业行为没有进行及时和有效禁止。二是职工零星作业安全管理有缺陷，在现场安全监管上存在空档。

3. 事故教训与防范措施

事故之后，经事故调查组认真调查分析，认为王某某戴手套在旋转的车床上进行抛光作业，属于严重的违章作业，应负事故的主要责任。对王某某违章记8分，伤愈后待岗6个月，并处罚2 000元。同时，对车工班班长、车间领导、该厂有关部门负责人也进行了处罚。

事故之后，企业所采取的防范措施如下：

（1）迅速将此事故传达到各车间、班组，组织职工认真学习讨论，举一反三，并从中吸取血的教训。

（2）加强职工安全意识教育，开展以“反违章、防事故”为主题的大讨论活动。同时加大违章行为考核及处罚力度，让违章者下岗学习。要进一步纠正职工不规范行为，杜绝违章作业现象。

（3）加强职工零星作业安全管理。要将职工零星作业纳入常态化安全管理，认真开展KYT活动，强化作业现场安全监管，落实各项安全措施。

（4）加大制度落实的检查力度，提高制度的执行力。对安全意识淡薄、违章作业、冒险蛮干、违章指挥等行为，要按照“四不放过”的原则，认真分析、严格处理，考核与教育并重，延伸考核效应，坚决杜绝各种违章行为。

◆镗铣机床固定螺栓存在隐患工作服被缠绕造成的伤害事故

2006年4月17日，宝钢集团所属某钢机电公司金属加工中心一名镗铣机操作工，在加工模板切削过程中，不慎致工作服被旋转中的铣刀装夹固定螺栓缠绕，致使其双小腿撞击台阶边沿铁板并折断，造成重伤。

1. 事故经过

2006年4月17日12时25分，宝钢集团所属某钢机电公司金属加工中心T6916A镗铣机操作工李某（1976年出生，1994年9月进机电公司从事镗铣机操作）在加工模板切削过程中，由于对人离危险点的实际距离估计不足，侧身右手在扶正滴油箱时，不慎致使工作服被旋转中的铣刀装夹（铣刀直径50 mm）固定螺栓（固定螺栓高出主轴平面8 mm）缠绕，面朝西、后背紧靠铣刀的锥形炮筒、人体与主轴同步旋转（转速为50转/min），造成李某双小腿撞击台阶边沿铁板并折断。现场人员急忙将李某送往医院抢救，经医院检查，最终不得不采取左小腿上1/3、右大腿1/3截肢手术，导致终身残疾。

2. 事故原因分析

（1）造成事故的直接原因，是镗铣机操作工李某在加工模板切削过程中，由于疏忽大意，不慎致使工作服被旋转中的铣刀装夹固定螺栓缠绕，导致人身伤害事故。

（2）造成事故的间接原因，是李某所操作的T6916A镗铣机，于1980年制造，在设计中存在铣刀装夹固定螺栓高出主轴平面的缺陷，因为一直未发生事故，因而麻痹大意，未能采取措施及时消除事故隐患。

3. 事故教训与防范措施

事故之后，企业所采取的防范措施如下：

（1）认真吸取事故教训，强化对机电公司员工安全意识教育，全面提高广大员工的安全意识和对事故的防范能力。

（2）举一反三，并将事故通报公司，重点对机床作业、电气作业以及抢修作业员工普遍进行一次夏季安全生产教育，增强员工的自我保护能力，防止类似事故再次发生。

（3）对作业现场的危险源重新辨识，对安全风险进行全面评价，以人为本，增加安全防护设施、安全警告标牌和作业安全规定条款“在安全防护设施未就位前，旋转设备周围不得有人作业”。

（4）深入开展安全生产大检查，查设备、查隐患、查员工的操作行为、查死角、冷角、查抢修、检修项目的措施落实，减少和杜绝各类事故的发生。

第二节　机械制造企业金属热加工事故分析与预防措施

金属热加工一般是指铸造、锻造、焊接和热处理等工作。在金属热加工中，需要大量使用各种设备，如铸造设备、锻压设备、热处理设备等，在金属热加工生产作业中最容易发生设备伤害事故。因此，企业一方面需要加强对设备的维护与检修，尤其是受冲击部位有无损伤、松动或裂纹等，发现问题及时解决，严禁带病作业，而且设备的安全防护装置必须配备齐全，并确保坚固可靠；另一方面需要对人员进行安全教育和技术培训，科学合理地组织生产，制定行之有效的安全操作规程，并督促作业人员贯彻执行。

一、冶金企业金属热加工事故分析与安全措施

1. 铸造生产的特点

在铸造加工生产过程中，与其他加工生产过程相比，有以下特点：一是手工劳动量大，劳动条件差。以砂型铸造为例，工序较多，其中大部分要靠手工劳动完成。二是高温、粉尘以及噪声危害严重。如冲天炉化铁、铁水浇注等都存在高温危害，操作不慎就有被铁水烫伤的可能。配砂、落砂及清砂等工序粉尘危害都很严重。造型机的强烈振动和风动工具的高频率撞击声等，可构成严重的噪声危害。三是材料用量大，易造成伤害事故。四是烟尘和有害气体污染严重。在铸铁熔化、有色金属熔化过程中，会产生大量粉尘及一氧化碳等有害气体。

从铸造生产的特点可以看出，铸造生产的作业环境和劳动条件较差，如不采取措施，很容易产生职业病及人身安全事故。据统计，在机械制造厂内，铸造生产过程中发生的安全事故占总事故的30％～40％。因此，在铸造生产过程中，需要切实加强安全管理，预防各类事故的发生。

2. 铸造生产主要不安全因素

在铸造生产过程中，主要存在以下不安全因素：

（1）由于工作环境恶劣，作业人员易发生机械、工件砸碰伤以及触电伤害事故。

（2）粉尘。在运输和加工型、芯砂过程中，作业区将会产生大量粉尘。落砂、逐渐清理过程中的粉尘有时更多。在铸钢清砂中含有危害较大的粉尘，如果排尘措施不得力，往往会使作业人员患肺尘埃沉着病（尘肺病），影响身体健康。

（3）烟害。烟害中主要是一氧化碳气体。冲天炉、电炉产生的烟气中含有大量对人体有害的一氧化碳，在烘烤砂型或泥芯时也有一氧化碳气体排出。国家规定，生产厂房内一氧化碳的极限允许浓度为 30 mg/m^3。

（4）二氧化硫。利用焦炭熔化金属，以及铸型、浇包、砂芯干燥和浇铸过程中都会产生二氧化硫气体，如处理不当，将引起呼吸道疾病。

（5）噪声。在铸造车间使用的造型机、铸件打箱时使用的震动器，以及在铸件清理工序中，利用风动工具清铲毛刺，利用滚筒清理铸件等都会产生大量噪声。

（6）高温。铸造生产在熔化、浇铸、落砂工序中都会散发出大量热量，在夏季车间温度会达到 40℃或更高，对作业人员健康或工作极为不利。由于特殊的工作环境也容易造成烫伤事故。

（7）易发生火灾和爆炸。

3. 铸造生产的安全技术要求

良好的铸造车间作业环境，是预防事故的重要条件。良好的生产环境应该是工作场地布置合理、空气清新、照明充足、通道畅通。

铸造车间作业环境应达到以下要求：

（1）工作场地布置。工作场地布置应使人流和物流合理，留有足够的通道，并保证畅通，通道要平整、不打滑、无积水、无障碍物。

（2）材料存放。铸造车间往往存放相当多的材料，因此，要配备装材料的专用料斗和废料斗，以保持工作场所整洁有序。各种材料的存放应符合安全要求，防止倒塌。

（3）通风。室内工作区域应有良好的自然通风。在生产过程中产生对身体有害的烟气、蒸汽、其他气体或灰尘的地方，如果依靠空气的自然循环不能带走，必须装设通风机、风扇或其他有足够通风能力的设备，并注意对设备进行维护和保养。

（4）照明。铸造车间由于作业性质和所使用的吊灯往往都高于桥式吊车，因此，铸造车间很难达到良好的照明，只能采用安全电压的局部照明。在局部照明上尽可能保证灯光明亮，有利于人员作业。

4. 锻造生产常见事故

锻造生产一般是在高温、冲击载荷、高压静载荷的条件下进行的，因此，容易发生人员伤害事故。常见事故的原因如下：

（1）锻锤锤头击伤。造成事故的原因主要是：机器操纵机构发生失灵；司锤工和掌钳工不协调；在锤上更换模具或校正工件或排除现场故障时，他人不注意将电源开关启动；

在精神不集中的状况下，误开动手动、脚踏开关，锤头忽然落下，导致击伤；在使用手锤的地方，手锤头和锤把脱落，飞出伤人。

（2）打飞锻件伤人。造成事故的原因主要是：坯料材质不当，本身的过烧，内部杂质和裂纹所致；锻件上锤后，尚未放好位置，便开始锤击；开锤和掌钳工由于相互配合不当造成；锤击力过猛，锻件被打碎而飞出伤人；钳箍原来有裂纹，锤击时被震裂，或钳口与锻件之间结合不当，即所选工具不合适，夹不牢锻件；由于操作工艺不当所致。

（3）辅助工具打飞击伤。造成事故的原因主要是：辅助工具选择不合理；夹钳或垫铁位置放偏被锤击时打飞；掌钳工和司锤工配合不当；误打装料吊叉，或违反工艺，下扣被打飞；操作不当，剁刀被打飞；集体操作打偏撞锤。

（4）模具、冲头打崩、损坏伤人。造成事故的原因主要是：操作者和司锤配合不好；设备选用不合理或冲头设计存在缺陷；操作不当。

（5）操作杆打伤、锤杆断裂击伤。造成事故的原因主要是：设备存在隐患未能及时消除，人员操作不当。

此外，在生产过程中由于设备带病作业造成的机械伤害；炽热毛坯、原料、氧化皮造成的烫伤；原材料、毛坯、锻件在传送过程中造成的砸伤等，也是比较常见的伤害事故。因此，需要高度重视安全生产工作，加强锻造过程中的安全管理，预防锻造作业各类事故。

5. 锻造车间作业环境的安全要求

（1）车间厂房应采用不可燃材料建成，厂房高度和宽度应符合车间设计要求。地面应由坚固的材料做成，能承受炽热金属，并且平而不滑。

（2）车间在冬季应采取保温措施。车间内夏季温度超过 35℃时，应采取有效的降温措施，在高温工作区需要设置局部送风装置，送风平均风速应小于 5～7 m/s，不得将车间的有害物质吹向人体。

（3）室内工作区域应有良好的自然通风。在生产过程中产生对身体有害的烟气、蒸汽、其他气态或灰尘的地方，如果空气的自然循环不能带走，必须装设通风机、风扇或其他有足够通风能力的设备，并进行维护和保养。

（4）机械设备布置应利用自然光源，以便有足够的光线照射。在自然光不充足的情况下，应提供局部照明，但应避免直接的或反射强光和阴影（包括移动阴影）进入操作者的视野。车间的一般照明应不低于 45 lx（勒克司）。

（5）车间噪声应小于 90 dB（A）。当大于 90 dB（A）时，必须采取有效措施消减噪声。当采取措施仍不能控制噪声时，应使用个人防护用品，如耳塞、耳罩等或者适当减少接触噪声的时间。

（6）设备之间应留有足够的间距，以利于毛坯、锻件和废料的临时存放，机器的安放位置不得使操作者站在通道上工作。新建厂房的设备布置应遵照工厂设计平面布置的有关规定。扩建和改建时也应符合平面布置的有关要求。

（7）必须有一定宽度的通道允许作业人员自由搬进和运出材料，该通道的面积不包括在工作和储存面积内，并应以标记划定界限。人行道的宽度不小于 1.5 m，车行道宽度不小于 3 m。

（8）车间各种管道应根据介质的性质决定地下敷设或架空敷设，不得敷设在地平面上。根据不同压力的要求，选择管道。

（9）毛坯和锻件应存放在毛坯库和锻件库。废品和氧化皮应放废料箱或专门存放处。毛坯和锻件堆放高度应在 2 m 以下，且底部宽度大于高度。

（10）生产中使用的手工工具应整齐有序地放置在锻造设备附近，大型工具应放在工具库内。锻模应放在模具库内，小型锻模应存放在专用模架上。模架应用金属制造，结构必须坚固、稳定。工、模具库的位置应远离振动大的地方，并应设置防护围栏。

（11）旧有的锻造车间有条件的应配上锻造操作机和装出料机。新建造的锻造车间，凡 560 kg 以上的自由锻锤均应配备锻造操作机和装出料机。工序间运输应采用机械化装备，传送带和输送机应有防护围栏。

（12）车间应为作业人员提供淋浴室和更衣室。更衣室尽量靠近淋浴室，并用防滑材料建造淋浴室和更衣室地面。

6. 金属热处理的主要危害

（1）有毒物、有害气体和粉尘。例如氯化钡作加热介质，温度可达 1 300℃，氯化钡大量蒸发；氮化工艺过程中有大量氮气排放等。

（2）易发生火灾或爆炸。热处理过程中经常使用的甲醇、乙醇、丙烷、柴油、汽油都是易燃易爆物。

（3）烫伤、烧伤、跌伤及碰伤。在热处理过程中，材质和设备表面温度过高，热辐射可造成烧伤。操作温度很高的等离子、电子射线、光学的和其他类型的炉子可引起眼烧伤。

（4）热辐射及光辐射。一些热处理工艺温度高达 900～1 200℃，炉前操作人员必然受到高温的热辐射。

（5）触电。热处理车间用电量很大，电气设备也比较多，稍有不慎就有发生触电的危险。

7. 金属热处理的安全防护措施

热处理生产过程中，存在众多危险和有害因素，因此必须采取有效的安全技术措施。

（1）对工作场所布置的安全要求。安装一般箱式热处理炉的车间，主要通道留在中间，宽度应不小于 2～3 m。一般情况下，小型炉之间的间距为 0.8～1.2 m；中型炉为 1.2～1.5 m。为防止火灾，储油槽一般应设在车间外面的地下室或地坑内；高频、中频感应淬火机房应单独设置，并远离油烟、灰尘和振动较大的地方。氰化间、喷砂间等有毒、有害的设备，应隔离布置并设防护装置。

（2）对工艺设备和操作人员的安全要求。对各种加热炉，如电炉、油炉、煤气炉、可控气氛炉、盐浴炉、感应加热炉等在使用前应认真检查各部分是否完好、正常，操作人员必须熟悉热处理工艺规程和使用的设备；在进行油中淬火操作时，应采取一些冷却措施，将淬火油槽的温度控制在80℃以下。大型油槽应设置事故回油池，为了保持油的清洁和防止火灾，油槽应装设槽盖。热处理车间操作人员必须熟悉热处理工艺规程及使用的设备；工作前，操作人员必须按规定穿戴好防护用品。

（3）热处理装置用的电气装置，工作前必须认真检查，工作中应认真维护。调节变压器的二次电压，必须切断电源，应确认接触良好后再合上电源开关。

（4）工件或工具严禁与电极接触，以免造成短路烧坏变压器。

（5）应设置气体捕集和气体净化系统，对一氧化碳、氮氧化合物、氯化物、氟化物、烃类等进行净化。

二、冶金企业金属热加工事故案例分析

◆操作失误和设备存在问题导致的退火炉爆炸伤人事故

2003年4月19日，四川省某机械厂容器分厂在生产过程中，因人员操作失误和设备存在问题，导致30 t台式退火炉所用的鼓风机防护罩发生爆炸，造成1人受伤。

1. 事故经过

2003年4月19日8时，四川省某机械厂容器分厂在生产过程中，准备使用退火炉为产品退火。8时10分，该机械厂天然气配气站送气到容器分厂。8时15分，退火炉操作工徐某，通知起重工叶某、何某起吊退回炉台车。8时30分，起重工叶某、何某将退火炉台车拉到位，炉门自然关闭，正准备取掉挂钩将钢丝绳拉出来时，鼓风机防护罩突然爆炸，致使起重工叶某被飞出的鼓风机外罩击伤右大腿，气浪将其推倒，碰伤右额头。冲击气浪还将起重工何某推倒在地，但未造成伤害。

2. 事故原因分析

（1）造成事故的直接原因：一是退火炉操作工徐某没有开启天然气排空阀将天然气排空，当在接到分厂领导将工件退火的指令后，没有先启动鼓风机，打开空气阀门吹扫管道和炉膛，就指挥起重工拉台车将炉门关闭，严重违反了炉窑操作规程。二是叶某、何某两名起重工在将退火炉台车拉到位后，取钢丝绳时，起重吊具与鼓风机防护罩发生摩擦，产生火花，引起已达到爆炸极限的气体发生爆炸。

（2）造成事故的间接原因：一是容器分厂领导管理不力，天然气阀门长期泄漏却未加以维修，天然气排空阀因设计过高不易操作而长期关闭。对存在的隐患整改不及时，防范措施不力。当炉门关闭后，天然气积存在半密闭的鼓风机防护罩处，达到爆炸极限，遇火花产生爆炸。二是分厂安全主管和安全员，平时对分厂已有的安全制度落实和生产现场监督检查不力，对职工违章行为未能制止，对职工安全培训教育重视程度不够，安全检查和隐患整改不彻底。

3. 事故教训与防范措施

这起事故的发生主要有两个原因，一是天然气阀门长期泄漏却未加以维修；二是退火炉操作工徐某在接到分厂领导将工件退火的指令后，没有先启动鼓风机，打开空气阀门吹扫管道和炉膛，就指挥起重工拉台车将炉门关闭，严重违反炉窑操作规程。这两个原因互为因果，结果导致事故的发生。

事故之后，企业所采取的防范措施如下：

（1）各单位要认真吸取事故教训，加强全厂各级领导的安全意识教育，使其牢固树立“安全第一”的思想，增强安全就是效益的意识和在安全工作中的责任感。

（2）对全厂的炉窑操作人员进行应知应会培训教育，使其弄懂操作规程和熟练掌握操作技能，实行持证上岗。

（3）认真检查和整改炉窑的管道、阀门等，重新设置天然气排空阀位置，以便于操作，确保设备安全完好。

（4）严格执行各种操作规程，检查安全操作规程和设备操作规程是否明了、完善，严禁违章作业和无证上岗。

（5）杜绝“三违”行为，自觉遵章守纪，做到“三不伤害”，确保职工的安全健康和生产的顺利进行。

◆两名作业人员操作液压切板机麻痹大意造成的断指事故

2005年8月5日，湖北省某重型机械厂在生产过程中，铆工段两名作业人员按照工作安排，在操作液压切板机完成一批薄铁板条的切割工作时，因操作失误，一名作业人员右手三指被压得粉碎。

1. 事故经过

2005年8月5日，湖北省某重型机械厂在生产过程中，铆工段工人张某和尹某按照工作安排，共同在液压切板机上完成一批薄铁板条的切割工作。操作中张某在右，尹某在左，每次入料后二人需协调配合推动调整板材，看好各自边的尺寸线，再由尹某操作固定压脚和切刀两手柄。在连续作业中，一次整板切割还剩很小的边料时，尹某见两边尺寸对线，便机械地拉动压脚拉杆，只听“啊”的一声大叫，张某的右手三指被压得粉碎，造成人员伤害事故。

2. 事故原因分析

（1）造成事故的直接原因，是切板机工作面有2 m宽，二人各把一边，相距较远。切板数量大，每次都要经过入料、检查尺寸、调整、压脚定位、切割，当长时间重复操作，会产生疲惫的机械动作。而整板剩余小料时，按规定应手持调整板棍辅助推拨窄料调整位置。因二人长时间切割操作已非常熟练，嫌麻烦未采用上述方法，而直接用手在压脚空位调整窄料。但手一旦偏离压脚空位，二人稍有配合失误，便会导致压手事故。由于二人长时间重复操作形成机械动作，再加上违章操作，从而造成压手事故。

（2）造成事故的间接原因，是车间以及班组有针对性的安全教育不够，作业人员安全意识不强，生产作业中监督检查不力。

3. 事故教训与防范措施

事故之后，企业所采取的防范措施如下：

（1）加强安全技术教育，教育作业人员严格遵守切板机安全操作规程：入料和调整时严禁将手伸入压脚下面和压脚空位。压脚空位只能作为观察尺寸用。

（2）二人共同切割工作，必须配合协调，注意力集中。操作手柄者除听清对方通报声音外，还必须看清自己和对方入料手位确实在安全位置后方可操作手柄。

（3）由企业或车间（班组）制定切割作业连续作业时间，在连续作业一段时间后，进行休息、调整。

◆淬火油池的油温控制不当突然起火导致的房毁人伤事故

1993 年 2 月 17 日下午，宝鸡市某机械厂热处理分厂发生淬火油池着火事故，一名天车司机逃避时摔伤，天车和房屋被烧毁。

1. 事故经过

1993 年 2 月 17 日下午 4 时许，宝鸡市某机械厂热处理分厂在生产过程中，几名作业人员正在柴油池中为产品淬火。由于油池面积小，淬火时间过长，油温逐渐升高，接近了燃点。当作业人员继续把灼热的产品从加热炉中吊出，浸入滚烫的柴油中时，突然燃起熊熊大火。火焰沿着溢出池外流到地面的柴油迅速向车间蔓延，灼热的火舌翻卷直上，直扑头顶的天车司机驾驶楼和房顶，刹那间，驾驶室陷入一片火海之中。天车司机由于吊着产品，无法启动天车，情急之中从数米高的天车平台一跃而下，腰部、脚部多处严重骨折，面部烧伤。现场人员急忙将天车司机送往医院抢救，并采取措施灭火。这起火灾事故，烧毁天车操作台一座，简易平房两间，加上烧伤人员的住院治疗费用，共计造成经济损失万余元。

2. 事故原因分析

（1）造成事故的直接原因，是淬火油池的油温控制不当，当油温接近燃点时，应该停止作业或者采取降温措施。

（2）造成事故的间接原因，是热处理工序为企业重点防火部位，在淬火油池火焰初起之时，作业人员应采取积极措施灭火。事故发生过程中，在控制油温和积极灭火上存在很大的问题，因此，指挥作业的班组长对此应负主要责任，工厂和车间安全管理不善，也应负重要责任。

3. 事故教训与防范措施

事故采取的防范措施如下：

（1）对事故单位进行停产整顿，认真总结教训，形成文字材料，把事故经过、原因、教训都讲清楚，通过这起事故对全体职工进行安全教育。

（2）修改安全操作规程，并且“上墙”，把工作服“三紧”的要求用红字书写，加深印象。

（3）用新工艺取代旧工艺，以比较彻底地消除热处理工序的不安全因素。

（4）企业在旧工艺继续使用中，要加强作业人员的安全教育和培训，包括灭火知识和灭火操作技术，同时加强作业现场的安全管理，及时发现问题、解决问题，保证作业人员以及设备设施的安全。

◆生产过程中两名作业人员开玩笑导致的吊篮挤压头部事故

2005年11月10日，河北省某机械加工厂热处理车间在生产过程中，两名作业人员在操作淬火水池上方的葫芦吊，准备用铁吊篮去炉旁装一批加工后的轴类零件时，因开关盒发生导电，致使吊车急速向左行驶，吊篮将一名作业人员挤到墙上，造成颅脑粉碎性骨折。

1. 事故经过

2005年11月10日，河北省某机械加工厂热处理车间在生产过程中，工人黄某和孙某共同在淬火水池作业。作业中，黄某操作淬火水池上方的葫芦吊，准备用铁吊篮去炉旁装一批加工后的轴类零件。孙某见黄某把吊车开得晃动不稳，便开玩笑地批评黄某说：“你怎么开的车啊，亏你还是一名老同志呢！”听到孙某这么说，黄某便生气地将手中葫芦吊开关盒扔向孙某，并说：“你会开，那你来开！”孙某接到开关盒后，表示不愿总帮着黄某干活，便将开关盒又扔给了黄某。但是黄某没有接住，结果开关盒掉入水池中。在水池中，开关盒发生导电，使火线向左与开关粘连，致使吊车急速向左行驶。孙某见吊车急行向左行驶，他怕吊篮撞到墙上，下意识地用手去拽吊篮，吊篮受拽力后随钩转圈将孙某挤到墙上，造成孙某颅脑粉碎性骨折。

2. 事故原因分析

（1）造成事故的直接原因，是由于黄某和孙某在工作中嬉笑打闹，在争执中将开关盒扔入水中，致使水导电使开关粘连，导致吊车在行进中失去控制，而孙某在慌乱中拽吊篮，结果被吊篮挤到墙上导致重伤。

（2）造成事故的间接原因，是开关盒密封不严，在以前的安全检查和使用中，没有发现问题，致使开关盒入水后使开关粘连，导致吊车在行进中失去控制。

3. 事故教训与防范措施

事故之后，企业所采取的防范措施如下：

（1）加强员工的安全意识教育，强调在工作中必须遵守劳动纪律，严禁在生产作业中开玩笑、打闹。

（2）操作吊车应持有起重专业证上岗，严禁他人随意操作；特殊工作情况下必须安排专门人员进行监督管理。

第三节 机械制造企业冲压机械事故分析与预防措施

冲压加工是利用冲压设备（压力机）和冲模，使各种不同规格的板料或坯料在压力作用下发生永久变形或分离，制成所需各种形状零件的过程。冲压可用于加工金属材料，也可用于加工非金属材料。由于冲压是一种生产效率很高、少切削或无切削的加工方法，所以，广泛用于汽车、拖拉机、电机、电器、仪器仪表等工业生产中。目前我国许多企业的冲压生产还基本上处于手工操作阶段，不少工序仍需操作者将手伸入到模区内操作，在操作中，容易对操作者造成人身伤害，尤其是对手指的伤害，所以，也最需要加强事故的预防工作。

一、机械制造企业冲压机械事故分析与安全措施

1. 冲压的主要特点

（1）冲压生产用途广泛。主要用来制取各类薄板结构零件，用于冲压的材料，一般为塑性良好的各种低碳钢板、铜板、铝板等。有些非金属板料，如木板、皮革、硬橡胶、有机玻璃板、硬纸板等也可以用于冲压。

（2）冲压件有自重轻、刚性大、强度好、成本低、生产率高、外形美观、互换性能好、一般不再需要机械加工等优点。一般用于大批量的零件生产和制造。

（3）冲压是通过冲床、模具等设备和工具对板料施加压力实现的。冲压的基本工序为分离工序（如剪切、落料、冲孔等）和成形工序（如弯曲、拉深、翻边等）两大类。

（4）冲压加工速度快、生产效率高、操作工序简单、劳动量大，操作多用人工，易发生失误动作，造成人身伤害或设备事故。

2. 冲压机械的类型

冲压机械是指利用金属模具将钢材或坯料进行分离或变形加工的机械。其特点是类型多、品种多、工序简单、速度快，绝大多数是通过压力，以间断的往复运动方式工作的，往复运动一次就完成一个工序或一个零件。冲压机械主要有冲床和剪板机（剪床）。

目前广泛使用的冲压机械如下：

（1）开式压力机。为通用冲压设备。其床身是C形，工作台三面敞开，便于操作。小型冲压机多为开式，压力在100 t以下，滑块行程每分钟为45～120次，最高可达每分钟200次，并且多为刚性离合器，不容易做到任意点停车。

（2）闭式压力机。压力在100 t以上（100～300 t为中型冲压机，300 t以上为大型冲压机）。冲压机的两侧是封闭的，只有前后两个敞开操作面。机身变形较小，精度较高，属于多人操作机械。此类冲压机械的滑块行程每分钟为8～20次，滑块一般可以在任意点停

止，比较容易实现安全防护措施。

（3）剪板机。机械传动剪板机有上传动和下传动两种。用脚踏或按钮操纵器进行单次或连装剪切。

（4）弯板机。大多数弯板机只以低档速工作，用来将薄板压弯成型。

（5）多工位自动压力机。可在同一工作台上按一定顺序自动连续完成多道工序，是一种高效率自动化工作的冲压设备。它装有自动送料装置及工位间自动传送工件装置。可采用摩擦式离合器和制动器，并设有液压超载保护装置。

3. 冲压作业的不安全因素

从安全健康角度看，冲压作业所造成的人身伤害主要是机械伤害，此外还有噪声和振动对人身的伤害。造成冲压作业的不安全因素主要有以下几种：

（1）冲床行程速度快，惯性大。当切断电源后，滑块仍在滑动，不能立即停车。

（2）冲压机上的控制系统，常常由于电器、气动元件失灵，离合器、制动装置磨损等，导致制动失效，造成连冲或不能及时停车。

（3）大多数冲压机承担多种产品的生产，并要完成冲孔、成型、弯曲、切边等多种工序。因受品种变化需要经常换模，不适于安装固定的防护装置，也难以实现自动化。

（4）模具设计不合理，坯料或半成品尺寸不准确，引起模具卡料或使操作者的手部在模区内停留时间过长。

（5）冲压作业往复操作频繁、动作单一，每班次操作人员的手在模区往复操作的次数可达上千次，稍有疏忽或工件放置不当，就可能发生事故。

（6）冲床工作时噪声大、振动大，工作场所窄小、阴暗，容易使操作者产生厌倦情绪，注意力不集中，容易因误操作而发生事故。同时，也容易发生模具或工件滑落砸伤等事故。

（7）违反操作规程。如防护装置使用不当；在没有安全防护装置的条件下采用连续行程；在设备没有停机的情况下调整模具等。

4. 冲压作业主要伤害事故及原因

目前在冲压加工中主要采用人工操作，例如用手或脚去操纵设备，用手用工具甚至直接用手伸进模内上下料，在这种周而复始的、枯燥的工作条件下，人很容易做出失误动作，因而在冲压生产中经常发生断指伤害事故。发生事故的主要原因如下：

（1）手工送料或取件时，由于频繁的简单劳动容易引起操作者精神和体力的疲劳而发生误操作。特别是采用脚踏开关的情况下，手脚难以协调，更易做出失误动作。操作失误还与时间有关系，如在接近下班时，操作者体力已消耗很大，身体十分疲劳，这时又急于完成工作，或精力不集中，更易做出失误动作而酿成事故。

（2）由于室温不适、噪声过大、旁人打扰或操作条件不舒适等劳动环境的因素，导致操作者观察错误而误操作。

（3）多人操作时，由于缺乏严密的统一指挥，操作动作互相不协调而发生事故。

（4）手在上下模具之间工作时，因设备故障而发生意外动作。如离合器失灵而发生连冲，调整模具时滑块自动下滑，传动系统防护罩意外脱落，敞开式脚踏开关被误踏等故障，均易造成意外事故。

（5）违反操作规程、冒险作业或由于定额过高、加班操作等生产组织上的原因，而造成事故的发生。

二、机械制造企业冲压机械事故案例分析

◆操作压力机忽视安全冲压工右手进入模具造成压伤事故

2000 年 3 月 16 日，河北省某冲压厂一名冲压工，在操作压力机时，忽视安全，在压力机滑块下行 2/3 的过程中，右手进入模具危险区矫正工作定位，致使其右手被压伤。

1. 事故经过

2000 年 3 月 16 日 18 时 30 分许，河北省某冲压厂在生产过程中，冲二车间冲压工李某某（女，21 岁）上二班。按照工作安排，李某某在上二班期间需要独自一人操作 250 t 冲床，加工汽车后推杆室一种零件。在操作过程中，由于疏忽大意，在压力机滑块下行 2/3 的过程中，李某某右手进入模具危险区矫正工作定位，致使其右手被压伤，造成右手拇指脱套伤、食指、中指各一节、无名指小指全部离断。

2. 事故原因分析

（1）造成事故的直接原因，是李某某违反《设备操作规程》补充规定的第 2 条第 2 款“滑块运动时不准手伸入模具空间矫正或取、放工件”，在滑块下行时手进入模具危险区内，由此而导致事故。

（2）造成事故的间接原因：一是冲压厂现场管理粗放，现有的工艺制度中安全防护措施内容不细，未明确到每种模具的取、送料方式，增大了职工在操作时的随意性。二是冲压厂临时用工管理不到位，车间安全管理及职工遵章守纪、按章操作的教育未落到实处，对职工的习惯性违章未采取强有力的措施，未严格执行工艺要求及安全措施选择方式要求，直到酿成事故。

3. 事故教训与防范措施

事故之后，企业所采取的预防措施如下：

（1）应从这起事故中吸取血的教训，加强安全管理及安全教育，强化安全监控和考核力度，根据“分级管理、分线负责”的原则，认真组织开展一次针对性的安全检查及安全教育，对查出的违章作业、违章指挥、习惯性违章等，绝对不能姑息迁就，从严考核。

（2）技术部门应根据现状，举一反三，对现有的生产工艺认真排查，完善工艺安全技术条件，包括每种模具送、取料安全措施方式并拟订具体的整改计划，按期整改，并在今后的工作中严格执行、严格考核。

（3）加强临时用工管理，对临时用工要严格执行集团公司人事部门有关用工规定，真

正做到谁用工、谁负责安全管理和安全教育，杜绝用工管理中存在的脱节现象。杜绝违章和重复性事故的发生。

◆压力机电气控制故障导致误动作导致的人身伤害事故

2001 年 8 月 8 日，河南省某通用配件厂车轮车间一名冲压工，在操作压力机加工工件过程中，由于压力机电气控制故障导致误动作，上滑块突然下落，造成右手手掌离断事故。

1. 事故经过

2001 年 8 月 8 日 9 时 45 分许，河南省通用配件厂在生产过程中，车轮车间冲压组安排冲压工陈某某（女，36 岁），与同组冲压工王某某操作 YX 32—500 t 压力机，加工小四轮拖拉机车轮轮辐。在加工过程中，由于压力机电气控制故障导致误动作，上滑块突然下落，将正在操作中取工件的陈某某右手挤压在上、下模之间，造成右手手掌离断。

2. 事故原因分析

（1）造成事故的直接原因，是该厂设备管理部门疏于日常检查和管理，特别是对生产车间重点危险设备的计划维修、使用情况及存在的问题缺乏检查，监控不力，致使维修管理出现漏洞，造成压力机在生产过程中由于电气控制故障导致误动作。

（2）造成事故的间接原因：一是技术科工艺制度管理方面存在较大的漏洞，未严格执行工艺文件及工艺纪律，缺乏对作业现场的工艺检查，未给操作人员提供安全可靠的作业条件。二是生产车间对设备在工作中存在的故障未认真进行分析和采取有效的维修措施，致使设备带病运转。

3. 事故教训与防范措施

事故之后，企业所采取的预防措施如下：

（1）应吸取这起事故教训，针对生产工艺认真组织有关人员全面排查整改，完善工艺安全技术条件并落实到操作岗位，强化工艺纪律检查和管理。对所查出的问题要认真分析研究、落实责任，采取强有力措施予以解决。

（2）应进一步加强对设备、设施的管理，认真履行设备管理部门职责，完善安全管理制度及检查制度，强化对设备、设施的日常监督检查与考核，并对这起事故反映出的电气控制系统短路及设计缺陷进行整改。

（3）生产车间应认真落实安全管理责任，进一步加强设备的维修管理工作，认真贯彻“五同时”，落实安全生产责任制，加强职工的自我防护意识，强化作业现场的安全管理。

◆冲压工作业中违反操作规程进入模腔取工件右手重伤事故

2002 年 4 月 11 日，江苏省某机械制造厂在生产过程中，一名冲压工在操作 80 t 冲床加工台扇零件时，由于误操作，右手进入冲床模腔内，导致右手拇指、食指、中指、无名指、小指共 10 节冲掉，造成重伤事故。

1. 事故经过

2002 年 4 月 11 日 21 时 15 分，江苏省某机械制造厂 204 车间在夜班生产过程中，冲压工杨某某（男，20岁，工龄2年）按照工作安排，在80 t冲床上负责加工14寸台扇零件。该冲床采用光电保护装置，具有较高的安全可靠性，但是杨某某由于疏忽大意，在作业前没有将光电保护装置放在正确的使用位置，作业中又违反安全操作规程，右手进入冲床模腔内取工件，模具下降时将右手拇指、食指、中指、无名指、小指共10节冲掉，造成重伤事故。

2. 事故原因分析

（1）造成事故的直接原因，是杨某某疏忽大意，违反安全操作规程，作业前没有将光电保护装置放在正确的使用位置，作业中又将右手伸入模腔内取工件，从而导致事故。

（2）造成事故的间接原因：一是冲床的光电保护装置不完好，当光电保护装置不在正确使用位置时，不能发出警告提示。二是该厂对定人定机制度执行不严，杨某某所操作的冲床属于临时安排，作业人员对所操作的冲床不熟悉。

3. 事故教训与防范措施

事故之后，企业所采取的预防措施如下：

（1）加强对员工的安全教育，增强员工的安全意识和自我保护意识；在技术培训中，要认真讲解各种安全防护装置的原理和操作方法。

（2）冲床工和相关人员要严格执行设备安全管理制度、安全操作规程，在操作前一定要认真检查，操作中杜绝违章作业。

（3）对事故冲床要采取技术措施，完善安全防护装置，提高设备本质安全度。

◆操作冲床时擅自改动安全装置导致的左手轧成重伤事故

2004年2月11日，安徽省某电气设备制造公司冲压车间在夜班生产过程中，一名职工在操作25 t冲床时，擅自改动安全装置，左手进入冲床模腔失去保护，导致左手食指、中指、无名指被轧掉5节，导致重伤。

1. 事故经过

2004年2月11日，安徽省某电气设备制造公司冲压车间，在夜班生产过程中，一名新职工马某（男，20岁）在操作25 t冲床时，为了加快冲压速度，提高产量，违反安全操作规程，擅自将冲床左电源按钮用胶布封住，只使用右手启动右电源按钮。由于冲床失去安全防护，马某在进料、取料过程中不慎操作失误，左手进入冲床模腔，滑块下行，将马某左手食指、中指、无名指被轧掉5节，构成重伤。现场人员急忙将马某送往医院治疗，因无法断肢再植，造成终生残疾。

2. 事故原因分析

（1）造成事故的直接原因，是马某严重违反冲床安全操作规程，操作冲床时，擅自将冲床左电源按钮用胶布封住，只使用右手启动右电源按钮，结果导致事故。这也是发生事故的主要原因。

（2）造成事故的间接原因，是用人单位忽视对员工的岗前培训，安全教育培训不到位，夜间生产作业安全检查监督不到位。

3. 事故教训与防范措施

事故之后，企业所采取的预防措施如下：

（1）冲床工是一个危险性较大的工种，对新进厂的冲床作业人员要认真进行安全教育和技术培训，考核合格后方可上岗操作。

（2）严格要求冲床作业人员在操作时必须严格遵守安全操作规程，不得有任何违章行为。严格禁止作业人员擅自改变安全保护装置，凡出现此类情况，一律按严重违章处理。

（3）车间干部和班组长要增强责任心，加强对作业现场的安全检查，及时制止违章操作行为。

第四节　机械制造企业电工作业事故分析与预防措施

电工属于特种作业人员，必须经过专业培训并考试合格取得操作证书后，才能上岗操作，非电工严禁进行电气作业。近几年，随着企业数量的不断增多和企业规模的不断扩大，在一些企业，尤其是大中型企业，电气设备越来越复杂，电气作业人员越来越多，危险性越来越大，同时也越来越需要采取安全组织措施和技术措施，预防各种事故的发生。

一、机械制造企业电工作业事故分析与安全措施

1. 触电事故发生的原因

从大量触电事故分析来看，造成触电事故的原因如下：

（1）由于缺乏电气安全知识而造成触电事故。如带电拉高压隔离开关、用手触摸破坏的胶盖刀闸、儿童玩弄带电导线等。

（2）因违反操作规程而造成触电事故。如在高低压共杆架设的线路电杆上检修低压线或广播线；剪修高压线附近树木而接触高压线；在高压线附近施工，或运输大型货物，施工工具和货物碰击高压线；带电接临时照明线及临时电源；火线误接在电动工具外壳上；用湿手拧灯泡；携带式照明灯使用的电压不符合安全电压等。

（3）因电气设备不合格而造成触电事故。如闸刀开关或磁力启动器缺少护壳而触电；电气设备漏电；电炉的热元件没有隐蔽；电气设备外壳没有接地而带电；配电盘设计和制造上的缺陷，使配电盘前后带电部分易于触及人体；电线或电缆因绝缘磨损或腐蚀而损坏等。

（4）因维修不善而造成触电事故。如大风刮断的低压线路未能及时修理；胶盖开关破损长期不修；瓷瓶破裂后火线与地线长期相碰等。

（5）因一些偶然因素而造成触电事故。如大风刮断的电线恰巧落在人体上等。

从触电原因分析中可以看出，除了偶然因素外，其他原因造成的触电事故都是可以避免的。

2. 触电事故发生的规律

触电事故发生时往往很突然，且常常是在极短时间内就可能造成严重后果，但是触电事故也有一定的规律。根据对触电事故的分析，从触电事故的发生频率上看，可发现以下规律：

（1）低压触电事故多于高压触电事故。国内外统计资料均表明：低压触电事故远高于高压触电事故。主要因为低压设备远多于高压设备，低压电网广泛，与人接触的机会多；对于低压设备思想麻痹；与之接触的人员缺乏电气安全知识。低压触电事故主要发生在远离变压器和总开关的分支线线路部分，尤其是线路末端，即用电设备上，包括照明和动力设备。其中属于人体直接接触正常运行带电体的直接电击者要少于间接触及者，即因电气设备发生故障，人工触及意外带电体而发生触电事故的较多。因此应把防止触电事故的重点放在低压用电方面。但对于专业电气操作人员往往有相反的情况，即高压触电事故多于低压触电事故。

（2）触电事故的季节性明显。统计资料表明，一般每年中以二三季度事故较多，其中6—9月最集中。主要是因为这段时间天气炎热、人体衣着单薄且易出汗，触电危险性较大；还因为这段时间多雨、潮湿，电气设备绝缘性能降低；操作人员常因气温高而不穿戴工作服和绝缘护具。

（3）携带式和移动式设备触电事故多。主要是这些设备因经常移动，工作条件较差，容易发生故障；而且经常在操作人员紧握之下工作。

（4）电气连接部位触电事故多。大量统计资料表明，电气事故点多数发生在分支线、接户线、地爬线、接线端、压线头、焊接头、电线接头、电缆头、灯座、插头、插座、控制器、开关、接触器、熔断器等处。主要是由于这些连接部位机械牢固性较差，电气可靠性也较低，容易接触不良而发热，造成电气绝缘和机械强度下降，致使这些部位易发生触电事故。

（5）单相触电事故多。据统计，在各类触电方式中，单相触电事故占总触电事故的70%以上。所以，防止触电的技术措施也应重点考虑单相触电的危险。

（6）误操作触电事故较多。由于电气安全教育不够，电气安全措施不完备，致使受害者本人或他人误操作造成的触电事故较多。应当指出，由于操作者本人过失所造成的触电事故是较多的。

（7）青年、中年以及非电工触电事故多。从触电者的年龄来看，中青年及非电工发生触电事故的较多，一方面因为这些人多数是主要操作者，且大都接触电气设备；另一方面因为这些人都已有几年工龄，不再像初学时那么小心谨慎，造成思想麻痹，而经验不足，电气安全知识尚欠缺。

3. 电工作业的技术措施

电工在全部停电或部分停电的电气设备上作业时，必须完成停电、验电、装设接地线、悬挂标示牌和装设遮栏后，方能开始工作。上述安全措施由值班员实施，无值班人员的电气设备，由断开电源人执行，并应有监护人在场。

（1）停电。工作地点必须停电的设备如下：待检修的设备；进行工作中正常活动范围的距离小于规定要求的设备；在 44 kV 以下的设备上进行工作时安全距离达不到要求的设备；带电部分在工作人员后面或两侧无可靠安全措施的设备。如果需要将检修设备停电，必须把各方面的电源完全断开（任何运行中的星形接线设备的中性点，必须视为带电设备）。必须拉开电闸，使各方面至少有一个明显的断开点，与停电设备有关的变压器和电压互感器，必须从高、低压两侧断开，防止向停电检修设备反送电。禁止在只经开关断开电源的设备上工作，断开开关和刀闸的操作电源，刀闸操作把手必须锁住。

（2）验电。验电时必须用电压等级合适且合格的验电器。在检修设备的进出线两侧分别验电。验电前，应先在有电设备上进行试验，以确认验电器良好，如果在木杆、木梯或木架上验电，不接地线不能指示者，可在验电器上接地线，但必须经带班负责人许可。高压验电必须戴绝缘手套。35 kV 以上的电气设备，在没有专用验电器的特殊情况下，可以使用绝缘棒代替验电器，根据绝缘棒端有无火花和放电声来判断有无电压。

（3）装设接地线。当验明确无电压后，应立即将检修设备接地并三相短路。这是保证工作人员在工作地点防止突然来电的可靠安全措施，同时设备断开部分的剩余电荷，亦可因接地而放尽。对于可能送电至停电设备的各部位或可能产生感应电压的停电设备都要装设接地线，所装接地线与带电部分应符合规定的安全距离。

装设接地线必须两人进行。若为单人值班，只允许使用接地刀闸接地，或使用绝缘棒合接地刀闸。装设接地线必须先接接地端，后接导体端，并应接触良好。拆接地线顺序与此相反。装、拆接地线均应使用绝缘棒或戴绝缘手套。

（4）悬挂标示牌和装设遮栏。在工作地点、施工设备和一经合闸即可送电到工作地点或施工设备的开关和刀闸的操作把手上，均应悬挂“禁止合闸，有人工作”的标示牌。如果线路上有人工作，应在线路开关和刀闸操作把手上悬挂“禁止合闸，线路上有人工作”的标示牌。标示牌的悬挂和拆除，应按调度员的命令执行。严禁工作人员在工作中移动或拆除遮栏、接地线和标示牌。

二、机械制造企业电工作业事故案例分析

◆维护电工操作不当未断电用手钳拔插式保险被烧伤事故

2005 年 2 月 23 日，河南省某机械制造厂电仪车间维修班一名维护电工，在检修二级中控配电室低压电容柜时，在未断电的情况下，直接用手钳拔插式保险，因操作不当，手钳与相邻的保险搭接引起短路形成电弧，导致大面积严重灼伤。

1. 事故经过

2005 年 2 月 23 日上午，河南省某机械制造厂电仪车间维修班维护电工鄢某，上班后接受任务，对二级中控配电室低压电容柜进行检修。鄢某在检修二级中控配电室低压电容柜时，违反安全操作规程，在未断电的情况下，冒险直接用手钳拔插式保险。因操作不当，手钳与相邻的保险搭接引起短路，形成的电弧将面对电容柜的鄢某的双手、脸、颈脖部大面积严重灼伤。现场人员发现后，急忙将鄢某送进医院进行救治，因抢救及时才脱离了生命危险。但这起电气短路事故，烧毁了低压电容柜上的大量电气元件，造成该柜连接系统单体停车长达 3.5 h，给生产造成了较大的损失。

2. 事故原因分析

（1）造成事故的直接原因，一是鄢某严重违反“不准带电检修作业”的规定，心存侥幸，冒险蛮干，在该电容柜完全可以断电检修的情况下，却带电检修作业。二是鄢某习惯性违章作业。在拔插式保险时，本来可以用岗位上配备的专用工具——保险起拔器，可是麻痹大意用手钳直接带电拔保险，从而导致电容柜短路并产生电弧致自己灼伤和系统停车。

（2）造成事故的间接原因：一是鄢某在检修前，未编制设备检修方案，未填写检修任务书，未办理设备检修许可证，更没有与岗位操作人员取得联系，趁操作人员中午买饭的时候，想偷偷把保险换掉，使违章行为神不知鬼不觉。二是岗位当班操作工海某严重失职失责。本来已发现鄢某在岗位上转来转去不愿离去，已意识到他可能有什么事情要做，但不闻、不问、不沟通、不追查、不提醒，结果就在他去买饭的短短几分钟，却给鄢某违章行为造成了可乘之机。

（3）造成事故的重要原因，是电仪车间安全教育不到位，安全管理不严格，存在管理上的死角。该车间规章制度制定得不少，讲得也多，但落实不够，违章行为没有真正得到有效控制和消除。

3. 事故教训与防范措施

事故之后，企业所采取的预防措施如下：

（1）在全车间范围内开展为期一周的事故案例教育，组织全体员工学习讨论鄢某为什么会违章，为什么会受伤害，展开深刻的剖析。要求员工在自查的同时，查找身边的隐患，以此达到对员工的警示教育的目的。

（2）重新修订车间安全管理制度，不但要大力宣传宣讲，而且要求员工都必须认真落实到工作中，执行在行动上。采取联防制的方法，一人违章，全体受罚。取得事前讲到，事中互相提醒、互相监督、全员制约的效果。

（3）在全车间范围内开展学业务、学技术、学规程、学制度活动。设立比学习、比思想、比技能、比遵章、比零违章的零事故目标。

◆夜间值班电工进行设备检修时违章带电作业触电伤亡事故

2004 年 5 月 8 日凌晨，河北省某钢铁公司炼铁厂电修车间两名夜间值班电工，在进行设备检修时，违章带电作业，结果造成一人触电，经抢救无效死亡。

1. 事故经过

2004年5月8日凌晨2点10分左右，河北省某钢铁公司炼铁厂在夜班生产过程中，电修车间夜间值班电工田某、柳某，接到高炉槽下值班人员电话，报告称：槽下11号闸门无关闭信号，需要立即检修。田某、柳某赶到现场，对槽下料坑11号闸门接近开关进行检查，凌晨2点30分回到班组拿图样、万用表，回到现场继续检查。经查确认为信号继电器烧坏，决定更换继电器。田某将继电器上下各线路拆下，然后开始拆除继电器，同时让柳某到柜后卡住螺母。柳某到柜后发现接线端子太密，手无法进去卡住螺母，便从柜后返回柜前，此时听到田某在喊："救命，我触电了。"该车间值班人员王某迅速赶到事故现场，对田某进行急救，并将他送往医院，但经抢救无效死亡。

2. 事故原因分析

(1) 造成事故的直接原因，是田某在拆除继电器时，违反电工操作规程中"需接触或接近带电部分时，必须先停电做好安全措施后才能进行作业"的有关规定，违章带电作业。

(2) 造成事故的间接原因，是该厂安全制度不落实，安全管理不严格。下达检修任务时，未执行"五同时"的规定，而且联保互保不到位。

3. 事故教训与防范措施

事故之后，企业所采取的防范措施如下：

(1) 进一步重申电工操作规程，要求电工作业时必须执行规定的安全程序，包括：停电、验电、装设临时接地线、装设隔离栏和悬挂警示标志、会同工作负责人现场确认无电，并交代附近带电设备位置和注意事项，然后双方办理许可开工的签证，方可开始工作。

(2) 加强对电工和其他特种作业人员的安全教育，通过事故案例，明确遵章守纪的重要性，增强人员的安全意识，在任何情况下，都把安全放在首位。

(3) 加强对夜班作业的安全管理，安排车间领导、安全管理人员进行夜班作业检查，发现安全隐患及时处理。

◆处理故障时没有切断电源检修行车电器故障触电伤亡事故

2001年7月10日，浙江省某冶金机械厂铸铁分厂在生产中，行车发生故障，一名电工在处理故障时没有切断电源，而且没有正确穿戴好劳保用品，因罩壳带电，检修中这名电工与罩壳接触，形成导电回路，引发电击，不幸死亡。

1. 事故经过

2001年7月10日11时20分左右，浙江省某冶金机械厂铸铁分厂在生产中，行车工何某在操作4号行车时，发现小车、副钩有跳闸现象，影响行车运行，于是他就到机修组叫电工秦某来处理故障。电工秦某与何某一起登上4号行车驾驶室，进行合闸试车。试车完毕，秦某了解电器故障后，没有切断电源便动手检修。行车工何某离开行车驾驶室，在4号行车的走梯口等待检修结果。十多分钟后，何某发觉驾驶室内没有动静，就进去察看，发现秦某已倒在驾驶室地上，副钩凸轮控制器和小车凸轮控制器的罩壳均已拆下。何某感到秦某可能触电了，立即下行车叫人，数分钟后“120”救护车赶到，将秦某送往医院急救，经诊断为电击伤，但是经抢救无效死亡。

2. 事故原因分析

（1）造成事故的直接原因，是电工秦某在修理行车电器故障时，没有办理危险作业审批手续及经主管部门的许可，没有切断电源，一人进行带电作业，且没有正确穿戴劳保用品。在秦某将副钩凸轮控制器的罩壳拆下之后，与驾驶室内紧急开关下端一根有裸露 5 cm 左右的相线相连，导致副钩罩壳带电。在检修中，秦某胸部与罩壳接触，形成导电回路，引起秦某发生电击死亡。

（2）造成事故的间接原因：一是行车驾驶室内紧急开关下端一根相线裸露 5 cm 左右，是典型的安全隐患，但是该厂在历次安全生产检查和专项安全检查中，没有能及时发现并解决。二是该厂对电工等特种作业人员的专项培训不够，班组岗位安全检查未认真执行，电工作业不规范，不安全行为得不到遏制，安全管理上存在疏漏。

3. 事故教训与防范措施

事故之后，企业所采取的防范措施如下：

（1）该车间针对这起事故制定了明文规定，在今后类似的故障下，严禁擅自撬开开关柜。正确的处理方法是，联系电气开关班的专业电工处理故障，或向班长及车间负责人报告，待有解决措施后再进行作业。

（2）对所有该型号的开关柜进行一次故障排查、处理，对不能及时处理的登记备案。

（3）在车间内组织职工对该事故案例进行安全教育和宣讲，让每一位职工都从中吸取经验和教训，要求每个班组认真组织，并结合本班组的及时情况，有针对性地提出预防事故的措施。

◆电工进行临时用电接线作业不慎发生电弧灼伤双手事故

2006 年 1 月 11 日，江苏省某厂动力车间在生产过程中，一名电工在进行临时用电接线时，不慎将待接电缆的裸露铜丝碰到带电铜排，造成电气柜短路拉弧、跳闸，发生电弧灼伤双手事故。

1. 事故经过

2006 年 1 月 11 日 11 时左右，江苏省某厂动力车间在生产过程中，一外协单位持一张“临时用电单”到电工班请求接电，由于现场电源柜容量不够，电修班长林某某让施工队人员先将线放到电房附近，同时安排电工仇某到楼上确定一下电线通往哪个电柜，准备接电。11 时 30 分左右，林某某在一楼接电话时，看见电工仇某下来拿工具包往楼上走，当时以为他上楼准备吃饭，也未多想。约 11 时 45 分，林某某在一楼听到“轰”的一声很响的跳闸声，意识到发生事故，迅速到楼上电房查看，发现电柜部分线路跳闸，电工仇某坐在地上，脸上发黑，双手被电弧灼伤。林某某立即向车间领导、生产调度汇报，接着将仇某送往医院，经医院检查治疗，无生命危险。

2. 事故原因分析

（1）造成事故的直接原因，是电工仇某在作业过程中，违反电气作业必须一人作业，一人监护电气操作规程要求，在无人监护、安全措施未落实的情况下独自进行作业，作业过程中，由于电修班楼上电房配电柜内接线点附近有带电裸露铜排，操作时不慎将待接电缆的裸露铜丝碰到带电铜排，造成电气柜短路拉弧、跳闸，并被电弧灼伤双手。

（2）造成事故的间接原因：一是班组安全管理不到位。电修班班长在安排电工仇某工作时交代不清，未明确要求等到下午再接线及无人监护不许从事接线作业，未明确要求安全防范措施；未执行“工作任务单”制度，仅在本子上记录一下工作内容。二是电气柜本身存在一定的欠缺，柜内接线处空间狭小，作业点离带电裸露铜排间距很近，容易造成事故。三是动力车间领导及安全管理人员安全管理意识不到位，在电修时未严格执行“工作任务单”，以及对电气危险作业执行“一人作业、一人监护”的规定有困难时，未加以重视及时解决。

3. 事故教训与防范措施

事故之后，企业所采取的防范措施如下：

（1）完善岗位的管理制度，严格执行“工作任务单”制度。从 2006 年 1 月 12 日起，电修班立即恢复“低压作业工作单”，在每次作业前在单上注明作业时间及相关的人员、任务、安全措施等内容。

（2）凡进行有触电危险的电气作业，坚决执行“一人作业、一人监护”的安全监护制度，杜绝“单人作业”现象并严格落实安全措施。

（3）对电气柜存在的缺陷采取可行性的措施，加装一些防护设施。

（4）动力车间要加强安全宣传和教育工作，进一步提高全体电工的安全意识，防止习惯性违章发生。

第五节　机械制造企业焊工作业事故分析与预防措施

焊接是通过加热、加压，填充金属等手段，使两个或多个工件产生原子间结合以实现永久性连接的加工工艺和连接方式。焊接应用广泛，既可用于金属，也可用于非金属。焊工属于特种作业人员，必须经过专业培训并考试合格取得操作证书后，才能上岗操作。焊工在焊接过程中，要经常接触易燃易爆气体、压力容器等危险物质和装置，加上焊接时产生的有毒气体、有害粉尘、弧光辐射、噪声、射线、高频电磁场等，这些不安全因素可能导致焊接现场发生爆炸、火灾、烫伤、中毒、触电和高空坠落等工伤事故。焊工在作业中也可能受到各种伤害，引起尘肺病、血液疾病、慢性中毒、电光性眼病和皮肤病等职业病。

因此，如果不注意焊接作业的安全和劳动保护，就有可能造成伤害，安全作业特别重要。

一、机械制造企业焊工作业事故分析与安全措施

1. 焊接作业发生事故的原因分析

动火本身就是一个明火作业过程，无论是焊接还是切割，都经常接触到可燃、易燃、易爆物质，同时多数是与压力容器、压力管道打交道，危险性很大。发生事故的原因主要有以下几个：

（1）动火设备内部本身存在易燃、易爆、有毒、有害物质，没有进行全面吹扫、置换、蒸煮、水洗、抽加盲板等程序处理，或虽经处理而达不到动火条件，没有分析或分析不准，而盲目动火，引发火灾、爆炸事故。

（2）气焊、气割动火所用的乙炔、氧气等都是易燃、易爆气体，胶带、减压阀等器具不完好，出现泄漏，易发生燃烧和引起爆炸。

（3）在动火作业时，无论是气割、气焊或是电焊，都要使金属在高温下熔化。熔化的金属熔液易到处飞溅，使周围的地漏、明沟、污油井、电缆沟以及取样点、排污点、泄漏点发生火灾、爆炸事故。

（4）气焊、气割时所使用的氧气瓶、乙炔瓶都是压力容器，设备本身都具有较大的危险性，如果违反安全规定，使用不当，例如乙炔瓶倒放使用，氧气瓶、乙炔瓶没有防震胶圈，乙炔瓶横卧滚动后马上使用，氧气瓶、乙炔瓶离动火点的安全距离不够 10 m，或氧气瓶与乙炔瓶之间安全距离不够 3 m；氧气瓶、乙炔瓶受热或漏气等，都易发生着火、爆炸事故。

（5）用电焊时，电焊机不完好或地线、把线绝缘不好，造成与在用设备、管线发生打火现象，甚至有的焊工在附近其他设备、管线上引弧，造成设备、管线击穿，或使设备、管线损伤，留下隐患。有的甚至将接地线连接于在用管线、设备以及相连的钢结构上。

（6）用电时，电线或工具绝缘不好发生漏电，或焊工不穿绝缘鞋，在容器内部或潮湿环境作业，造成人员触电，或合闸时，熔丝熔断产生弧光烧伤皮肤等。

（7）监护人员脱离岗位或没有人监护；防范措施落实不到位；环境条件发生变化时如取样、排污、泄漏等没有及时停火，都容易发生事故。

2. 焊接作业前应采取的安全对策

焊接作业前应采取的安全对策如下：

（1）电焊作业时必须采取的安全措施。为防止触电，电焊工所用焊把必须绝缘；电缆线、地线、把线必须绝缘良好，不破皮，防止受外界高温烘烤；过路要加保护套管，防止被过往车辆轧坏；在金属容器内或潮湿环境作业，应采用绝缘衬垫，以保证焊工与焊件绝缘；电焊工不应携带焊把进出设备；禁止将接地线连接于在用管线、设备以及相连的钢结构上，以防产生静电，引起火灾；禁止在设备和无关的管线上引弧。防止把线、地线在其

他无关的管线、设备上打火，击穿击伤管线、设备。防止在施工中踩断其他管线。高空作业要办理登高证。进入容器要办理进入容器许可证。

（2）气割和气焊时必须采取的安全措施。使用气割和气焊时要注意氧气瓶及器具不得沾上油脂、沥青类物质，避免与高压氧气接触发生燃烧。保证氧气瓶、乙炔瓶离动火点的安全距离大于 10 m；或氧气瓶与乙炔瓶之间的安全距离大于 3 m；乙炔瓶应立放，禁止卧放，以防丙酮随气体逸出发生爆炸。严禁铜、银、汞类物质与乙炔接触，以防发生爆炸。使用的胶管不得有漏气、破裂、鼓泡等现象，避免让高温工件烧破带子发生着火。使用中发生回火要及时切断乙炔气。严禁暴晒，使瓶内压力升高。冬季乙炔管冻结时，禁止用火烤或用氧气吹。乙炔瓶的易熔塞应朝向无人处。

（3）焊接作业还应注意的其他问题。作业人员没有穿戴好合格的劳保用品不允许动火；属于防火防爆区的动火，未办理动火审批手续的不准擅自动火。动火执行人不了解动火现场周围情况，不能盲目动火；没有防止火星飞溅措施的不准动火；不准在有压力的设备、管线上动火。抽加盲板时要做好防护，防止中毒、烫伤事故发生。动火时要保持消防道路畅通，避免物料、机具占据消防通道；必要时请消防人员现场监护，对检测结果进行复验。

3. 电焊作业中的触电、火灾危险及预防

电弧焊机是电气设备，焊钳和焊件均是带电体。当设备工况不良或电焊机空载电压过高时，操作者身体潮湿或高温环境下出汗过多，从而人体电阻降低，一旦焊具接触人体就会发生触电事故。再则电焊场所有易燃、易爆物品，遇有飞溅的金属熔渣会引发火灾事故，因此，要重视电焊作业的安全技术管理。作业中应注意以下事项：

（1）电焊机、电气开关箱、焊机机组等，均应进行外壳保护性接地或接零。且接地线电阻不得超过 4 Ω。

（2）电焊机必须有独立的电源开关。禁止用闸刀开关直接启动或关闭电焊机。

（3）电焊机应绝缘良好，并经常清扫，保持干净。焊接变压器其绝缘电阻不得小于 1 MΩ。

（4）直流焊机空载电压高于 90 V、交流焊机空载电压高于 80 V 时，必须在焊机上装设防触电装置。

（5）电焊机所有外露的带电部分，必须有完整的防护罩。

（6）电焊机电源的供电控制装置周围，应保持安全通道的畅通。

（7）电焊机供电采用插头插座时，三相应用四眼插座，单相应用三眼插座。

（8）开启电焊机时，应避免焊钳和焊件短路。

（9）凡是对有接地或接零装置的焊件进行焊接时，应将焊件的接地或接零暂时解除，焊完后再恢复原状。

（10）焊机动力电源线和工作电源线均应采用多股电缆软线，其截面积应与用电量相匹配。

（11）电焊变压器的一次电源线，由于其电压较高，其长度以不超过 3 m 为宜。如果必须用较长的导线时，应在离地面 2.5 m 以上沿墙用瓷瓶布设，不得将导线拖在工作现场的地面。

（12）焊机接地回线不得借用各种动力管线、吊车轨道、厂房金属结构物作为接地回路。

（13）电焊钳手柄必须有良好的绝缘性能，发现损坏应及时修理、更换。

（14）焊钳与电缆软线的连接应牢固，接触应良好。

（15）气体保护焊用的焊枪，除具有良好的绝缘外，其气路、水路均要畅通，且不得泄漏，尤其不应漏水。

（16）电焊与气焊在同一地点使用时，电焊设备与气焊设备、电缆与气焊胶管都应保持一定间距，其安全距离应在 5 m 以上。

二、机械制造企业焊工作业事故案例分析

◆忽视安全违章焊接引燃地沟内积漆造成的特大火灾事故

1999 年 5 月 16 日上午，广西柳州微型汽车厂（以下简称柳微厂）涂装车间新面漆返修线，发生一起因违章焊接作业而引发的特大火灾事故，过火面积 278 m^2，直接财产损失 900 万元。

1. 事故经过

1999 年 5 月 16 日上午，柳微厂涂装车间新面漆返修线的油漆线设备制造厂家——江苏省无锡市南兴涂装输送设备厂（以下简称南兴厂）副厂长奚某某、职工单某某，应柳微厂涂装车间工程师孟某某的要求，对返修线喷漆室脱落的铁门铰链进行修理。修理时，在没有得到批准动火的通知，又没有安全监护人员在场监护，也未采取有效防护措施，本人未持特种作业证的情况下，3 人不听劝阻，违章动火作业，用电焊焊接喷漆室的铰链，致使焊渣从未遮挡好的空隙溅落到喷室门内下面地沟内，引燃地沟内的积漆，从而导致这起特大火灾事故的发生。

事故发生后，工厂消防队立即出动 2 辆消防车、7 名专职消防人员赶赴现场灭火；柳州市消防支队接到报警后，调派 12 辆消防车、40 名消防队员先后赶到现场灭火。到 10 时 15 分，火势得到控制，10 时 20 分大火基本扑灭。

2. 事故原因分析

（1）造成这起火灾事故的直接原因，是南兴厂奚某某、单某某在柳微厂涂装车间面漆返修线喷金属漆段手工喷漆室西北门违章动火，进行电焊作业时，焊渣溅落到喷漆室门内的栅格板下面地沟的积漆上，引燃积漆造成火灾发生。

（2）造成这起火灾事故的间接原因，是柳微厂消防安全管理责任制不落实，管理不到位，在火灾危险场所动火，未严格执行动火制度，未落实防火安全防范措施。

3. 事故教训与防范措施

火灾事故发生的第二天上午，柳州市政府专门在该厂召开现场会，并下发了在全市开展安全检查工作的通知，要求各部门各单位认真吸取这起火灾事故的教训，认真贯彻《消防法》，检查落实防火安全责任制和安全生产规章制度，进一步加大消防专项治理的力度，采取有力措施进行整改。柳州市政府还决定今后每年5月16日为全市“消防安全活动日”，以牢记这起火灾事故的沉痛教训。

事故之后，企业所采取的防范措施如下：

(1) 高度重视消防安全，加强对消防工作的领导，认真吸取事故教训，加强安全管理工作和消防工作，加强安全检查，对检查出来的不安全因素限期整改，同时加强安全教育工作，提高领导干部和职工对安全生产的认识，提高遵章守纪的自觉性。

(2) 采取强有力措施，加强整改工作，对检查中查出的问题进行认真的研究，积极采取措施，逐项加以解决。

(3) 完善消防安全管理制度及消防工作程序，加大消防投入，抽调专业人员，对原有的消防安全管理制度，包括技改项目管理制度、动火制度进行全面修改、补充完善，并以企业标准颁布实施。同时，编制全厂所有岗位的安全操作规范，形成企业标准，进行规范化管理。

◆机修工在进行焊接不遵守规程因他人误按电钮导致的伤亡事故

2003年7月3日，福建省某人造板有限公司切片车间在生产过程中，切片工段切片机输送螺旋叶脱焊断裂，一名机修工在进行焊接时，由于有人误按电钮，致使这名机修工双腿被螺旋叶片卷入，碾成重伤，经抢救无效死亡。

1. 事故经过

2003年7月3日17时30分左右，福建省某人造板有限公司切片车间在生产过程中，切片工段因切片机输送螺旋叶脱焊断裂，与此同时，在同一车间相隔7 m左右的提升机也出故障，于是机修车间梅某与跟班机修工苏某一起前往切片工段，在当班操作工蒋某的配合下，分别对该车间设备进行检修。18时左右，苏某进入输送螺旋槽内，低头专心焊接脱焊断裂部位；梅某抢修提升机，由于上下不方便，由蒋某配合按提升机电钮开关（提升机和切片螺旋控制电钮按键并排安装）。因蒋某操作疏忽，误将切片螺旋控制电钮起动，离配电盘正面仅2 m正在进行电焊作业的苏某，由于切片螺旋突然启动，双腿被螺旋叶卷入，与此同时另1台提升螺旋杆手拉葫芦随着螺旋拉力从约2 m高度落下砸在苏某左腹部。在苏某惨痛的呼救声中，蒋某还蒙在鼓里，走近切片螺旋输送槽一看，方才意识到自己按错按钮，随即返回关闭电源，但为时已晚，苏某因伤势过重，经抢救无效死亡。

2. 事故原因分析

(1) 造成事故的直接原因，是切片工段现场管理兼操作工蒋某，在配合抢修过程中，未尽监护职责，工作马虎，思想麻痹，将切片螺旋机电钮当成提升机电钮起动，由此而造成事故。

（2）造成事故的间接原因：一是机修工苏某进入螺旋输送槽进行焊接作业时，未按照规定通知电工切断电源线，也未悬挂“检修作业，请勿合闸”标志，没有采取防范措施。二是该公司及车间安全管理机构监督不力，缺乏安全教育，安全培训不到位，致使车间管理人员安全意识淡薄，安全技能差，事故应变能力不强。

3. 事故教训与防范措施

事故之后，企业所采取的防范措施如下：

（1）加强安全监督管理工作，在各承包段设立安全员，加强技术力量，由公司抽调1名技术强的机修人员充实到切片工段开展工作。

（2）加强安全教育，对新聘人员或调换岗位的人员实行三级教育，特殊工种人员必须持证上岗，对重要岗位进行专门的培训教育，增强职工安全防范意识，加强安全生产知识和提高操作技能水平。

（3）加大安全生产检查力度，公司安办负责牵头，由分管安全生产的副总经理、公司安办主任、车间主任和机修或电工班组长组成检查小组，在每周六上午进行全面安全检查；每晚组成5名干部轮流值班巡视，发现隐患，责令整改，不能马上处理的，则下达整改通知书限期整改，将事故隐患降到最低点。

◆进行烧割机舱底脚螺孔作业忽视检查造成的爆炸伤亡事故

1993年6月25日，浙江省某船厂轮机车间在生产过程中，安排两名焊工到一艘2 200 t的沿海货轮机舱里进行烧割机舱底脚螺孔作业，就在烧割螺孔时，引发爆炸，造成一人重伤。

1. 事故经过

1993年6月25日上午，浙江省某船厂轮机车间在生产过程中，安排焊工屠某、郑某，到一艘2 200 t的沿海货轮机舱里作业，任务是烧割机舱里一些小泵铺的底脚螺孔。9时30分，当屠某按郑某画好的淡水泵底脚孔眼线，用乙炔气割炬烧割孔眼时，突然发生爆炸，随之一股黑烟从机舱中冲天而起，屠某立时被一股强烈灼热的气浪冲起3 m多高落下来，摔在主机座右舷的内底板上。现场人员听到爆炸声后，立刻前来救援，连拖带抢地把屠某从机舱的逃生孔中救出，然后送往医院。经医院诊断，屠某右腿股骨横断骨折，腓骨开放性横断骨折，胫骨开放性粉碎性骨折；右脸和胸部为1～2度烧伤，头皮局部撕裂伤，伤势严重。这起爆炸事故造成直接经济损失达四万多元，船舶出厂的工期延迟一个月。

2. 事故原因分析

这是该厂几年来损失最重的一次事故。事故现场调查，发现机舱的内底板（货轮双层底的上一层铁板）上四角里的四只（10 mm厚铁板）人孔盖，全被炸开，内底板局部成蘑菇状突起，显然爆炸是在机舱的内底板有限空间中发生的。经过分析，查清了这起严重事故原因。

原来在事故发生前两天，船体车间油漆工何某奉车间主任之命，在机舱内底板中喷过油漆。该漆含有大量的二甲苯。喷漆完毕后，当时天正下雨，何某恐怕雨水淋进去，便让喷漆的家属工把内底板上的四只人孔盖子全部盖上，从而使高浓度的二甲苯气体蓄积在机舱的双层底中。两天后，屠某和郑某接受焊割任务后，下机舱后没经过仔细检查，就动火作业，气割的火星溅落到没有完全盖死的内底板缝中，引燃了内底板积蓄的二甲苯气体，便发生了这起爆炸事故。

3. 事故教训与防范措施

这起事故的发生，主要是两名焊工麻痹大意，在机舱里进行焊割作业，没有经过仔细检查，就贸然动火，气割的火星引燃内底板积蓄的二甲苯气体，由此而发生爆炸事故。因此在焊接与切割动火前，一定要认真检查，判明内部状况，严格审批手续，采取有效安全措施。

（1）进行动火分析。在受限空间内取样，经分析符合安全要求，可进行焊接与切割动火。

（2）进行置换清洗。分析后确认内部有易燃易爆物，要进行置换清洗。可采用冷风吹扫、蒸汽吹扫、惰性气体（氮气）置换或用水清洗等方法。具体采用哪一种方法置换清洗，要根据现场情况，因地制宜决定。有些化学介质以黏稠状黏附在容器内壁上，难以置换和水洗，必须进行安全清洗。储油容器内壁上的油垢，宜用氢氧化钠溶液清洗，再经分析合格后方可焊接与切割动火。

（3）减少封闭性。在置换吹扫和动火之前，要将受限空间与大气相通的门、窗打开，打开所有与外界相通的孔盖、板盖或井盖，增加通气性，减少封闭性，降低动火危险。

（4）当受限空间内进行焊接与切割作业时，严禁用向内部通过送氧方法改善通风条件，提高空气质量，防止燃烧或火灾爆炸事故发生。

◆由于氧气减压器质量存在问题导致的气焊工烧伤事故

1998 年 10 月 13 日，湖北省某机械加工厂在生产过程中，一名气焊工在气割作业时，由于氧气减压器质量存在问题，发生氧气减压器起火事故，造成脸部被烧伤。

1. 事故经过

1998 年 10 月 13 日，湖北省某厂在生产过程中，气焊工林某某在气割作业中感觉氧气压力低，便关闭割炬上的氧气阀、乙炔阀，火焰熄灭后放下割炬，把氧气减压器（单级式）取下，套在另一只氧气瓶瓶阀上，紧固好后，调节氧压。当低压表指针指到所需位置后，继续往上走，林某某要关闭瓶阀时，突然从胶管与减压器连接处喷出火焰，将其面部烧伤。此时，正在附近的检修工郝某某看到这种情况，急忙跑过来关闭瓶阀，并取下氧气减压器，避免了事故扩大。

2. 事故原因分析

事故发生后，工厂对事故原因进行了认真的调查与分析。对氧气减压器进行拆解后，发现高压室完好，高压调解弹簧生有大量的锈，轻加敲击，锈粉脱落；低压室一片焦黑，橡胶密封圈烧去1/2，金属膜片烧去1/3，低压调解弹簧烧断。根据以上情况判断：高压调解弹簧生有大量锈的原因是：弹簧材质不合格，弹簧长期与氧气及氧气中少量水分发生腐蚀。事故的发生，是由于氧气减压器质量存在问题，以及在长期使用中氧气减压器质量发生变化。

3. 事故教训与防范措施

事故之后，企业所采取的预防措施如下：

(1) 该厂针对事故发生的原因，采取了积极的防范措施，拆解全厂所有氧气减压器，发现有不符合安全要求的全部收缴，经判定能继续使用的，脱脂处理后回装。

(2) 坚持定期检查制度、定期维护保养制度，对焊接与切割工具和设备进行定期检查、定期维护保养，发现问题及时解决。

第六节　机械制造企业起重作业事故分析与预防措施

桥式起重机是横架于车间、仓库及露天堆场的上方，用来吊运各种物体的机械设备，通常称为“天车”或“行车”。它是机械工业、冶金工业和化学工业中应用最广泛的一种起重机械。在现代工业企业中，起重机械是实现生产过程机械化和自动化、减轻繁重的体力劳动、提高生产效率的重要设备。由于起重机械的作业过程和工作环境都比较复杂，因此危险性较大，极易发生事故。在对起重作业事故的预防上，应加强安全管理，加强对起重作业人员的安全教育，及时消除起重机械的事故隐患。

一、机械制造企业起重作业事故分析与安全措施

1. 起重作业存在的危险因素

由于起重机械的作业过程和工作环境都比较复杂，因此危险性较大，极易发生事故。在对起重作业事故的预防上，应加强安全管理，加强对起重作业人员的安全教育，及时消除起重机械的事故隐患。

(1) 起重机寿命期间随时都可能发生事故，其中在起重搬运作业和起重机的拆装过程中发生的事故最多。

(2) 起重机作业范围内的所有人员都置身于移动的庞大金属结构和悬空吊运的重物之下，起重机司机、安装维修人员都存在高空坠落、物体砸伤的危险。

(3) 起重机作业大多数事故无任何先兆，如金属结构倾翻，常发生于一瞬间，且无法通过急停装置抑制事故的发生。在金属结构倒塌的事故中，人员根本没有躲避的空间。

(4) 据统计，受伤害人员多为起重司机、司索工，甚至许多是与起重作业无关的人员。

其中，司索工的伤害比例最高（尤其是流动性很大、非正规就业的、文化素质较低的农民工群体是事故的高发人群）。

2. 起重机械的事故隐患

规范的设计是安全的源头，制造和安装是质量的关键，三者的结合是起重机产品安全的重要保证。近期在特种设备普查过程中发现，起重机械产品存在诸多隐患。

（1）设计、制造不规范。企业自行设计、改造的起重设备较多。企业在改造加工中无理论计算及结构部件的强度校验，没有设计图样和说明书。电气及控制部分的设计、制造更无规范、标准可依。由于起重机生产厂家众多，制造水平参差不齐，有些制造厂在制造过程中偷工减料，采用不合格的材料，有的制造厂采用伪劣配件，这样生产出的起重机械危险性很大。

（2）安装、维修市场混乱。起重机安装工程不严格按要求作业。有些安装单位在资质不够甚至无资质的情况下，欺上瞒下，从事安装工作。有些工程被一些资质不够的队伍承担，有些工程被层层转包，这些安装队伍，既无技术力量，不懂安装规范，又缺乏安装人员、设备。更有甚者，在起重机械的施工队伍中，出现了大量既不懂安装工艺，又缺乏基本技能的农民工，其工程质量、可靠性、安全性可想而知。

（3）设备的使用和管理混乱。这种情况主要表现为：一是一些起重机械使用单位忽视安全生产工作，设备管理混乱，规章制度、操作规程不健全，有些单位虽有规章制度，但并未认真贯彻实施，在实际操作中违章作业现象严重。二是相当一部分起重机械作业人员未经培训，从单位领导到操作人员安全意识极为淡漠，技术水平低下。三是不认真遵守起重机械管理和维修保养制度，不对起重机械进行定期检查和及时维修保养，造成设备零部件损坏、老化、带病运行。为了方便，任意短接、拆除安全回路和安全装置等，设备安全状况很差。

3. 起重机械的安全使用

（1）使用单位应购置合格的起重设备，必须对起重机械进行年检和日常检查。每两年由安全技术检验机构对设备及其安全性能进行一次检验，核发更换准用证后方可使用。

（2）对于使用年限较长、故障率较高、安全性较差的起重机械，其定期检验可根据实际情况由 2 年改为 1 年。

（3）加强对起重机司机及司索人员的培训，提高操作人员的素质，严格执行持证上岗制度。

（4）使用单位各级领导应从事故中吸取教训，重视在用起重机械的安全管理，树立“安全促进生产、安全就是效益”的思想，健全起重安全管理的各项规章制度，为设备、人员的安全打下良好的基础。

4. 桥式起重机的检查制度

为确保起重机的安全运转，首要任务是做好起重机的检查工作。应建立如下检查制度：

（1）日检制度。日检制度应与司机交接班制度结合进行，主要由交接班的司机共同对起重机的重要机、电零部件，如吊钩、钢丝绳、各机构制动器、控制器、各机构限位器及各种安全开关动作是否灵敏可靠等进行检查，并于下班前 15 min 清扫设备，保持良好的卫生环境。

（2）周检制度。周检制度的主要内容，是由操纵该起重机的几位司机在每周末共同对起重机进行一次全面检查，包括对各机构传动零部件，保护柜的各电器元件，操作电器及其连接部分的紧固状况，逐个进行检查。检查完毕后清扫设备，保持良好的卫生环境。

（3）月检制度。月检制度要求起重机司机与维修人员（电工、钳工）共同对起重机进行检查，包括对各机械传动机构、电气设备及电气装置、桥架结构进行检查，对各主要机、电零部件进行拆解详尽检查，对存在的破损件应及时更换，对于尚未达到报废标准还能工作的机、电部件，应拟订预修计划，为下一期检查保养工作做好准备。

（4）半年检查制度。半年检查制度可与起重机的一级保养结合起来进行，司机与修理人员共同进行，在全面拆检整台起重机的同时，对起重机各部分进行维护和保养，完成预期安排的机、电修理工作，以确保起重机的机械、电气和金属结构处于完好状态。

（5）年度检查制度。年度检查制度可与起重机的二级保养结合起来进行，除半年检的全部内容外，还应检查金属构件有无裂纹、焊缝有无锈蚀；大小车轮磨损状况；测量大车跨度及大车轨道跨度差；测量主梁的静挠度并进行静、动负荷试车；对起重机进行全面润滑。

二、机械制造企业起重作业事故案例分析

◆安装人员违规冒险安装行车轨道导致的人员坠落伤亡事故

2003 年 1 月 26 日，上海市某企业在铸造辅助车间进行行车轨道安装过程中，由于安装人员违规冒险操作，导致发生事故，一名安装人员从 4.5 m 高的轨道上摔至地面，因伤势过重，经抢救无效死亡。

1. 事故经过

1 月 22 日，上海市某企业要在铸造辅助车间安装行车，为了图省时省钱，于是就把这一工程发包给了个体户陆某，双方签订了行车安装协议。1 月 26 日下午，陆某找了一个辅助工戴某，并租了一辆汽车吊（司机为王某）配合作业，开始安装第一根行车轨道。这时，因行车轨道吊上后未作固定支撑，轨道梁因重力（上面重、下面轻）会自然翻动。轨道被吊上去后，不料汽车吊钢丝绳被行车轨道压住，陆某急忙用梯子爬了上去，准备用橇棒抬起行车轨道抽出钢丝绳。但试了几次均未成功。为此，陆某就骑跨到轨道与梁柱处，指挥汽车吊司机王某提升吊臂，想通过抬高行车轨道抽出钢丝绳。在抬升过程中，不巧轨道向里侧翻又压住陆某左脚。陆某一面拼命喊叫脚疼，一面指挥汽车吊司机王某，赶快用吊臂向上抬行车轨道，以便抽出被压的左脚。就在此时，当没有采取任何安全措施的陆某用力

挣脱左脚时，却因重心失控而从 4.5 m 左右高的轨道上摔至地面。在场人员立即将陆某送往医院抢救，但终因伤势过重，抢救无效而死亡。

2. 事故原因分析

（1）造成事故的直接原因，是陆某在操作中严重违反规程，当行车轨道压住左脚时，骑在轨道上的陆某用力挣脱，使重心失控而从轨道上坠落。

（2）造成事故的间接原因，是该企业领导的安全生产法制观念淡薄，为了图省时省钱，将安装行车业务发包给无营业执照和无安装资质的陆某，没有按照有关规定，将安装行车业务发包给正规的有营业执照和具有安装资质的单位承担；而且发包之后，既不对承包人进行安全教育，又不对施工作业现场进行安全监督。这也是造成事故的重要原因。

3. 事故教训与防范措施

安装桥式起重机械是一项危险性较大的施工作业，在安装过程中，有一个环节没有跟上就会出问题，因此对整个安装工作需要制定一个周密的、切实可行的方案，进行有针对性的安全技术交底，制定现场安全防护措施与个人安全防护措施，要求所有参加者必须严格执行。在安装过程中要求做到：

（1）划定警戒区。对配合起重机械安装的汽车吊的运行范围，均划定为安全警戒区，设置警示标志。

（2）安装工程的临时用电按《施工现场临时用电安全技术规范》要求敷设和使用。

（3）上下层同时作业，须搭设防护棚或有隔离设施；对高空作业部位，有条件的位置应设临时围栏、扶手、踏步。

（4）参加作业人员一律戴安全帽，脚穿软底防滑鞋，衣裤紧身利索。高空作业必须系安全带。

（5）携带的扳手、手锤等装进工具袋，拆下的螺栓等随时分类装箱，不许抛掷。

（6）起吊时，司机要打铃示警，作业人员要相互关照。

（7）所有安装人员必须听指挥，遵守劳动纪律。

（8）对各类吊索事先认真检查，对达到或接近报废的钢丝绳坚决不用，并清除出工具房，以免误用。起吊主要钢结构、各部机件尽量采用新钢丝绳。选用钢丝绳的直径必须考虑有 6 倍以上的安全系数。

（9）对橇棒、手拉葫芦、卸扣等工器具要认真检查，并正确按安全规程使用。

（10）参加作业的人员，凡属特种作业，须持有效的安全资格证书。

◆警铃不响存在隐患天车司机贸然启动天车导致的撞人事故

1997 年 5 月 25 日，汉江集团公司下属第二分厂某车间天车班两名职工违章在天车上交接班，由于天车存在设计缺陷、警铃不响，新接班的天车司机贸然启动天车后，将换班的司机挤在厂房立柱上造成死亡事故。

1. 事故经过

5 月 25 日上午，天车司机裴某、计某二人按正常班次上班。先由计某上 5 t 天车进行起吊作业。9 时 30 分，按规定由裴某换计某下车休息，两人在天车上配电柜旁碰面进行交接。交接后裴某进入驾驶室，此时他误认为计某已下到地面而贸然启动天车。天车刚一起动，裴某感觉到天车运行有阻力，便立即停车走出驾驶室查看，发现计某被天车端部挤贴在厂房立柱上，重新返回驾驶室倒回天车，并喊人一道将计某架到地面，同时向车间、厂部报告。工厂领导闻讯立即赶往出事地点，将计某送往医院抢救，但因伤势过重抢救无效，于上午 10 时左右死亡。

2. 事故原因分析

（1）造成事故的直接原因，是裴某、计某在操作中违反安全操作规程规定，在天车上交接班，是习惯性违章造成的事故。

（2）造成事故的间接原因，也是主要原因：一是天车登梯设计存在缺陷，警铃不响，又没有其他提醒装置，导致新接班司机贸然开动天车。二是安全管理工作存在漏洞，执行管理规章制度不严格，监督检查流于形式，对类似于操作工长期违章在空中交接班问题熟视无睹，制止不力，处理不严，导致少数职工安全意识淡薄。

3. 事故教训与防范措施

这起事故的发生有三个原因，在这三个原因中，虽然造成事故的直接原因是违反操作规程，在天车上交接班，但是应引起注意的是天车登梯设计上存在的缺陷，这种设备和技术上存在的缺陷，对于导致事故的发生可能更重要，它属于非本质安全因素，只要这种设备和技术上的缺陷存在，这种非本质安全因素就存在，就有导致事故发生的可能。因此，消除设备和技术上的缺陷，消除非本质安全因素，才能更有效地防范事故再次发生。

事故发生后，该厂根据生产特点和实际情况，采取积极的防范措施：

（1）以健全安全生产责任制为重点，重新制定和完善了各项安全生产规章制度，并组织职工学习。

（2）根据厂房的实际情况，重新设计安装登梯和警铃。

（3）加强对特殊工种和重点岗位人员的安全培训，做到持证上岗，并重申安全操作规程，以增强职工的安全意识和遵章守纪的自觉性。

◆在吊运夹具过程中起重机发生碰撞司机高空坠落重伤事故

1995 年 7 月 10 日，河南省某冲压厂焊装二车间一名桥式起重机司机，在吊运夹具过程中起重机发生碰撞，因起重机栏杆围护过低导致其从司机室内坠落，造成重伤。

1. 事故经过

7 月 10 日 13 时 20 分许，河南省某冲压厂焊装二车间桥式起重机司机孙某某和学徒工张某，在吊运夹具过程中，孙某某站在司机室中指挥，由学徒工张某操作 5411-254 电动双梁桥式起重机，当起重机大车向西行驶中，碰撞在南轨道端部止挡处，致使孙某某从司机室内（6.2 m 高）坠落。现场人员立刻将孙某某送往医院，经医院检查，孙某某左肾挫伤、左肋骨多发性骨折、左股骨粗隆间骨折。

2. 事故原因分析

事故发生后，经现场勘察和技术分析，确认引发事故的原因如下：

（1）冲压厂焊装二车间 5 t 电动双梁桥式起重机开式司机室中设置的 340 mm 脚踏板，造成司机室原有高度为 830 mm 的栏杆围护变成实际净高为 490 mm，且大车向西运动极限位置限制器失效，严重不符合相关规定要求。桥式起重机在进行吊运夹具时，起重机大车在向西行进中，碰撞在南轨道端部止挡处，致使孙某某高空坠落，是造成这起事故的直接原因。

（2）冲压厂对起重机械的使用管理、维护保养和隐患整改工作存在漏洞，焊装二车间的桥式起重机日常使用管理、维护保养、检查工作没有落实，更为严重的是未把其纳入公司年度起重机械技术状态普查和专业安全检查，致使长期存在的严重隐患没有得到及时消除，是造成这起人员重伤事故的主要原因。

（3）冲压厂焊装二车间没有严格执行安全生产管理制度和安全操作规程，现场管理混乱，安全责任、安全检查、隐患整改、安全教育工作没有落实，职工安全意识淡薄，违章作业，是造成这起事故的重要原因。

3. 事故的教训与防范措施

事故之后，该企业采取了以下防范措施：

（1）通过此次事故应吸取血的教训，狠抓安全管理，特别是对从事特殊危险作业的职工，要进行针对性的岗位工种安全操作规程的教育培训，并对职工实际操作技能掌握程度进行认真检查和考核，提高职工的安全意识和自我保护能力。

（2）治理隐患、确保安全，按照《起重机械安全规程》的要求，对焊装二车间的桥式起重机械存在的隐患进行全面整改。

（3）按照“分线负责、分级管理”的要求，对照安全性评价标准和公司建设“特级安全级”企业的要求，认真开展综合管理、危险性评价项目和作业环境的全面自查整改工作，对查出的隐患要认真落实整改。

◆起重机行车工没有安全确认违章起吊导致的人身伤害事故

2006 年 9 月 24 日，山东省某钢铁集团公司所属锚链有限公司制链车间，一名作业人员在准备吊装长 55 m 锚链时，因锚链较长，须打捆，就在打捆过程中，起重机行车工在没有进行安全确认情况下违章起吊行车，将这名作业人员左手的食指、中指的末节被钢丝绳套挤掉，造成人身伤害事故。

1. 事故经过

2006 年 9 月 24 日 15 点 50 分左右，山东省某钢铁集团公司锚链有限公司制链车间滚抛班班长张某某（男，40 岁，滚抛工），在 1 500 t 拉力试验机工房吊装直径 78 mm、长 55 m

锚链准备进行滚抛。因锚链较长，须进行打捆，张某某用右手将钢丝绳套的一端摘下吊车勾头后，将钢丝绳套穿过链条，左手从链条另一端准备将钢丝绳套抽出，此时行车工陈某某在没有进行安全确认的情况下违章起吊行车，张某某反应不及时，没有立即将左手抽出，造成左手食指、中指的末节被钢丝绳套挤掉。事故发生后，现场人员立即将张某某送往公司医院救治，随后送往专门医院进行接指手术，但是手术不顺利，未能对左手食指、中指的末节成功接指。

2. 事故原因分析

（1）行车工陈某某在没有进行安全确认的情况下，违反行车安全操作规程规定，违章启动行车，是发生事故的直接原因。

（2）事故当事人安全意识不强，观察不及时，操作不熟练，是造成事故的重要原因。

（3）制链车间安全管理不到位，职工安全技能培训不注重效果，是造成事故的另一重要原因。

（4）事故发生地点在行车驾驶室的下面，行车工视线不好，也是事故发生的原因之一。

3. 事故教训与防范措施

这起事故除了应重视人员的违章作业之外，还应重视工作环境对人的行为的影响。这里所指的工作环境是指对不安全行为能产生直接影响的物质微观环境，如工作场地的温度、湿度、色彩、噪声、照明度以及工作场地的环境布置等。实践证明，这些因素对人的行为有明显的影响作用，容易导致操作失误。因此，如果需要在此地点进行经常性的起吊作业，就需要进行一些改进，应在行车驾驶室适当的位置设置一面镜子，通过镜子的折射，行车工能看见行车驾驶室下面的人员操作情况，并且能看见人员指挥的手势，避免类似事故的重复发生。

事故之后所采取的措施如下：

（1）结合这起事故，以开展百日安全无事故活动为契机，在全公司范围内开展反违章专项治理活动，加大反违章检查力度和考核力度。

（2）要求有吊装作业的单位组织行车工和吊装人员进行培训学习，特别是安全操作规程和起重手势的培训学习，并进行理论和操作实践的考试，对考核不合格的职工进行离岗培训。

第七节　机械制造企业厂内机动车事故分析与预防措施

企业内机动车辆是指在各厂矿、码头、货场等生产作业区、施工现场范围内行驶的各种机动车辆。根据国家有关规定，企业内机动车辆的作业属于特种作业，由国家有关职能部门分别进行管理。企业内机动车辆的大量使用，可以提高企业内运输和专项作业的劳动生产率，减轻劳动者的劳动强度，保证企业生产任务顺利完成。但是，企业内机动车辆在给社会化大生产带来高效率、高质量运输服务的同时，也带来了部分伤亡事故。因此，搞好对企业内机动车辆的安全管理，是关系到企业兴旺、员工安全的大事。

一、机械制造企业厂内机动车事故分析与安全措施

1. 企业内机动车辆事故的分类

企业内机动车辆虽然只是在企业内生产区域进行运输作业，但如果对安全驾驶和行车安全的重要性认识不足、思想麻痹、违章驾驶，以及管理不善、车辆带病运行等，就会造成车辆伤害事故，这不仅会影响企业的正常生产，而且会给企业和职工造成损失。

在工矿企业伤亡事故中，企业内运输事故属于常见多发事故，一直占有较高的比例，这与企业内运输劳动强度大、作业条件差、危险性大有直接关系。根据统计，企业内机动车辆伤害事故有一定的规律性。首先，车辆伤害事故与时间有关，每天 7 时到 15 时半的事故最多，占全部事故的 59%。其次，和驾驶员年龄有关，一般发生在 18～40 岁的人中居多，其中 18～25 岁的占 25%，25～40 岁的占 32.5%。

对企业内机动车辆伤害事故可以做以下分类：

（1）按车辆事故的事态分：有碰撞、碾轧、刮擦、翻车、坠车、爆炸、失火和搬运、装卸中的坠落及物体打击等。

（2）按厂区道路分：有交叉路口、弯道、直行、坡道、铁路道口、狭窄路面、仓库、车间等行车事故。

（3）按伤害程度分：有车损事故、轻伤事故、重伤事故、死亡事故。

2. 企业内机动车辆伤害事故原因分析

车辆伤害事故的原因是多方面的，但主要涉及人（驾驶员、行人、装卸工）、车（机动车与非机动车）、道路环境这三个综合因素。在这三者中，人是最重要的，据有关资料分析，一般情况下，驾驶员是造成事故的主要原因，需要负直接责任的占 70%以上。大量企业内机动车辆伤害事故统计分析表明，事故主要发生在车辆行驶、装卸作业、车辆检修及非驾驶员驾车等过程中。

导致企业内机动车辆事故的原因如下：

（1）违章驾车。指事故的当事人，由于思想方面的原因而导致的错误操作，不按有关规定行驶，扰乱正常的企业内搬运秩序，致使事故发生。如酒后驾车、疲劳驾车、非驾驶员驾车、超速行驶、争道抢行、违章超车、违章装载等原因造成的车辆伤害事故。

（2）疏忽大意。指当事人由于心理或生理方面的原因，没有及时、正确地观察和判断道路情况，而造成失误，如情绪急躁、精神分散、心理烦乱、身体不适等都可能造成注意力下降，反应迟钝，表现出瞭望观察不周，遇到情况采取措施不及时或不当；也有的只凭

主观想象判断情况，或过高估计自己的经验技术，过分自信，引起操作失误导致事故。

（3）车况不良。车辆在行驶作业中，由于受摩擦、振动、冲击以及自然条件、人为因素等诸多因素的影响，其机构、零件必然逐渐产生不同程度的松弛、变形、磨损、疲劳、腐蚀、老化和机械损伤等，如不及时进行必要的技术维护，车辆动力性、经济性、安全可靠性必然随之变坏，由此导致事故的发生。

（4）道路环境。企业内道路情况通常较差，厂区道路和厂房内、库房内通道狭窄曲折，不但弯路多，而且急转弯多，再加上路面两侧的大量物品的堆放，占用道路，致使车辆通行困难，装卸作业受限，在这种情况下，如驾驶员精神不集中或不认真观察情况，行车安全很难保证。由于厂区内建筑物较多，特别是车间与仓库之间的通道狭窄，且交叉和弯道较频繁，致使驾驶员在驾车行驶中的视距、视野大大受限，特别是在观察前方横向路两侧时的盲区较多，这在客观上给驾驶员观察判断情况造成了很大困难，对于突然出现的情况，往往不能及时发现判断，缺乏足够的缓冲空间，采取措施不及时而导致事故。同样，其他过往车辆和行人也往往由于不便及时观察掌握来车动态，没有主动避让车辆。

因风、雪、雨、雾等自然环境的变化，在恶劣的气候条件下驾驶车辆，使驾驶员视线、视距、视野以及听觉力受到影响，往往造成判断情况不及时，再加上雨水、积雪、冰冻等自然条件，会造成刹车制动时摩擦系数下降，制动距离变长，或产生横滑，这些也是造成事故的因素。

3. 企业内机动车辆常见事故的预防

企业内机动车辆伤害事故的发生，与车辆的技术状况、道路条件、管理水平，尤其是驾驶员的安全技术素质（如思想情况、操作技能、驾驶经验、应变能力等）有关，在这其中最关键是人的因素，虽然造成事故的原因是多方面的，但通过大量事故案例分析研究表明，大部分事故往往是由于驾驶员违章驾驶和思想麻痹造成的。

企业内机动车辆在操作中，需要重点对以下常见事故进行预防。

（1）厂区直路事故预防。机动车在直路上行驶，由于视线和道路条件好，驾驶员思想容易麻痹，行车速度较快，不利于安全行车。厂区道路比较狭窄，视线不良，人车混行，如驾驶员思想麻痹，车速过快，观察不周，措施不当，极容易发生碰撞事故。

在厂区直路上行驶应采取以下防范措施：

1）驾驶员应做到精力集中，认真观察路面上车辆、行人动态，做到提前准确判断。

2）车辆行驶时应保持足够的行车间距。

3）车辆行驶时应根据气候、道路情况、车速等保持适当的安全横向间距。

4）严格遵守厂区内车辆行驶速度的规定。

5）保证厂区道路畅通，安全标志，信号完好。

6）车辆行驶必须保持技术状况良好，严禁带“病”行驶。

（2）企业内交叉路口行车事故预防。厂区道路地形复杂，交叉路口较多，车辆通过时，由于受厂房、货垛等其他设施的影响，会使驾驶员视线受阻，又由于交叉路口所形成的冲突点和交织点，更使安全情况复杂化，如驾驶员不认真遵守路口行车的有关规定，极易发生事故。

企业内交叉路口行车事故原因很复杂，应采取以下预防措施：

1）车辆进入交叉路口前要提前减速，不准超过 15 km/h。路面窄、盲区大时，车速还应降低。

2）驾驶员应观察视线内车辆行人动态，安全通过交叉路口，要突出一个“慢”字，严禁一个“抢”字。

3）车辆转弯时，应提前打开转向指示灯，右转弯要缓慢，左转弯应注意避让其他车辆，谨慎驾驶。

4）车辆转弯时应保持左右两侧有足够的横向间距。

（3）企业内倒车事故的预防。企业内运输距离短，往返频率高，增加了车辆起步、停车、倒车的次数，再由于厂区视线不良、环境复杂、观察不便，很容易导致事故。

为预防倒车事故，驾驶员必须做到如下几点：

1）厂区道路、环境情况复杂，倒车前必须选择好倒车路线与地点。

2）倒车前应认真观察周围情况，确认安全后鸣笛起步缓慢后倒。

3）在厂房、料库、仓库、窄路及视线不良地段倒车时，须有专人指挥。

4）车辆在企业内平交路上，桥梁、陡坡等危险地段不准倒车。

5）保持车辆技术状况良好，防止倒车起步时车辆突然窜出。

（4）叉车装卸事故的预防。企业内机动车辆装载事故以叉车发生为多，主要表现在装载不稳、超载、货物坠落伤人等。

为了防止装卸事故，应注意以下几点：

1）要严格遵守有关装卸的规定和操作规程。

2）叉载的物品不能超过额定起重量。重量不清应试叉，不许冒险蛮干。

3）禁止两车共叉一物。特殊情况除制定完善的保证措施外，应进行空车模拟操作，待两车动作协调后方准作业。

4）叉车作业升降、倾斜操作要平稳，行驶时不要急转弯、转向。

5）驾驶员应了解所搬运物品的性质，易滚动、易滑物品要捆绑牢固，不准搬运易燃、易爆等危险用品。

（5）夜间行车事故预防。机动车在夜间行驶，由于光线不好，视觉不良，操纵困难，给安全行车造成很大影响。

驾驶员在夜间行车时应做到以下几点：

1）出车之前，应认真检查车辆，保证车辆制动可靠、转向灵活、气压正常、灯光和喇叭等齐全有效。

2）适当降低车速，认真观察，正确使用灯光，并随时做好停车准备，以防发生意外。

3）夜间会车，须距对面来车 150 m 以外，将远光灯变为近光灯，并适当降低车速，选好交会地点。如因灯光照射发生眩目时，应立即停车，避免事故发生。

4）夜间行车应尽量避免超车，如必须超车时，应事先连续变换大光灯远近示意，待前车让路允许超越后，方可进行超越。

5）夜间行驶途中，车辆需临时停放或停车修理时，应开亮小光灯和车尾灯，防止碰撞事故的发生。

二、机械制造企业厂内机动车事故案例分析

◆驾驶叉车卸钢板作业因钢板不平衡造成的人员伤亡事故

2000 年 4 月 17 日，江西省某水泥厂机械分厂车间 1 名工人在驾驶 3 t 叉车卸钢板时，因钢板不平衡，3 名作业人员一起站到钢板上配重平衡，结果导致钢板发生晃动向前斜滑，3 人从钢板上掉落，1 人被钢板压住，经抢救无效死亡。

1. 事故经过

2000 年 4 月 17 日上午，江西省某水泥厂机械分厂车间主任叶某，通知无厂内机动车驾驶操作证的工人杜某，驾驶 3 t 内燃式叉车，同职工陈某和吴某一起，到物资钢材库卸汽车运来的钢板。杜某驾驶叉车挑起一块长 6.1 m、宽 2.2 m、厚 0.2 m 钢板时，因钢板不平衡，叶某与陈某、吴某 3 人一起站到钢板上配重平衡，叉车启动时钢板发生晃动向前斜滑，结果 3 人从钢板上掉落，叶某整个身体被落地的钢板压住。现场人员急忙将叶某救出并送往医院，但是经医院抢救无效死亡。

2. 事故原因分析

事故发生后，有关职能部门立即赶赴事故现场，依法成立了事故调查组，并对这起事故展开了调查分析，经调查确认造成事故的原因和有关责任人员。

（1）造成事故的直接原因：一是发生事故的 3 t 内燃式叉车，货叉最大载荷中心距为 500 mm，货叉水平最大距离为 1 000 mm，在这起事故中挑起的钢板的外形尺寸却是长 6.1 m、宽 2.2 m、厚 0.2 m。该台叉车载荷中心距远小于钢板的重心，货叉水平最大距离亦小于钢板长度的 1/3，显然是超规定的叉卸，发生不平衡是必然的。二是按照内燃叉车驾驶安全操作规程，必须严格遵守厂内机动车辆常规安全操作规程和相关规定；要严格按照载荷曲线图规定数据叉运货物，保持平稳，严禁超载；严禁人货混载，更不准用人做配重平衡，结果违章冒险作业，导致钢板前滑，人被钢板压住造成伤亡。

（2）造成事故的间接原因：一是职工杜某未经“三级安全教育”，更没有经过特种作业安全技能培训教育，无有效证件上岗，缺乏安全操作知识和违反安全操作规程，且对违章作业、违章指挥全然不知，事故的隐患发现不了，无知导致事故。二是身为车间主任的叶某，违反国家安全生产的有关法律、法规，违章指挥，通知无特种作业操作证的工人杜某

开车作业，不仅自己违章站到被叉钢板上做配重平衡，还指挥陈某、吴某两人同时站到钢板上，盲目蛮干，从而导致这场悲剧的发生。

3. 事故教训与防范措施

事故之后，企业所采取的防范措施如下：

（1）重视以人为本，规范人的行为，提高职工的安全文化和技术素质。企业职工安全素质是实现安全生产的决定性因素，企业应加强职工的安全教育切实做好新职工特别是农民工、临时合同工的“三级安全教育”工作，加强对各级管理人员和操作工人的安全技术知识培训教育，特别加强特种作业人员的培训考核，必须做到持证上岗，严格禁止无证人员操作企业内机动车辆。

（2）吸取事故教训，切实贯彻安全第一、预防为主的安全生产方针，扎扎实实按照国家安全生产法律、法规办事。在装卸非标准货物时，必须严格遵守企业内机动车辆的安全操作规程。

（3）各级领导或现场作业指挥人员，在安排生产作业时，应同时布置安全生产，并向操作工指出所从事的作业中必须注意的安全技术事项。

◆作业过程中叉车突然前移致使避让不及司机被撞伤亡事故

2000 年 2 月 23 日，河北省某冶金企业在进行货场卸货任务时，一名叉车司机离开驾驶室下车到火车车厢门前察看车厢内货物数量情况，叉车突然向前移动，司机避让不及，被挤在叉车升降架与火车车厢门框之间，经抢救无效死亡。

1. 事故经过

2000 年 2 月 23 日，河北省某冶金企业安排人员进行货场卸货任务。作业人员用反叉式叉车，分批将火车车厢内的袋装粉吊卸下车并运送到堆货场。作业过程中，叉车司机王某某，将叉车停在离火车车厢约 70 cm 处，离开驾驶室下车到火车车厢门前察看车厢内货物数量情况。当王某某面向车厢、背对叉车驾驶室向车厢内码货人员问话时，叉车突然向前移动，王某某避让不及，被挤于叉车升降架与火车车厢门框之间。现场人员急忙将王某某送往医院抢救，终因伤势太重，经抢救无效当日死亡。

2. 事故原因分析

（1）造成事故的直接原因，是王某某在作业中违反安全操作规定，在没有停止发动机、没有取下叉车钥匙，也未拉手制动的情况下，擅自离开驾驶室，造成叉车滑动。

（2）造成事故的间接原因，企业安全生产管理存在漏洞，对作业人员，尤其是特种作业人员的习惯性违章行为纠正不力。

3. 事故教训与防范措施

事故之后，企业所采取的防范措施如下：

（1）加强职工的遵章守纪教育，使职工在任何情况下自觉遵守安全生产规章制度，在生产作业中时刻做到遵章守纪，用规章制度自觉要求自己。

（2）加强现场检查、加大“三违”惩处力度。现场检查是发现和纠正违章最直接的方法，惩处“三违”是减少违章的重要手段。“三违”屡禁不止，习惯性违章普遍存在，很重要的一个原因是在企业的日常安全管理中对“三违”行为的惩处心慈手软、失之宽松。要加大“三违”惩处力度，强化危险人员的遵章守纪意识，是防止不安全行为转化为事故的有效措施。

（3）加强对安全生产作业的宣传，这是强化职工遵章守纪思想意识的有效途径。舆论宣传既可鞭笞违反安全生产法律法规的行为，起到安全生产法制教育的作用；也可以用典型的事故案例促人警醒，使广大职工在血的教训中，实现自觉遵章守纪的思想转变。

◆操作叉车违章超高起升作业造成的叉车脱轨人员伤亡事故

2002年9月18日，广西玉林市某工艺加工厂在生产过程中，一名叉车驾驶员在操作叉车时，由于违章超高起升作业，致使叉车发生脱轨，造成1人死亡。

1. 事故经过

2002年9月18日17时40分，广西玉林市某工艺加工厂在生产过程中，叉车驾驶员林某某接受任务，驾驶叉车与搬运工杨某等人，在加工厂隔壁盖新餐厅。此时，新餐厅整体建筑已经完工，但是还需要在屋顶铺设石棉瓦。叉车驾驶员林某某用叉车把石棉瓦升到新餐厅屋顶（3.2 m高），第一次起升十分顺利，在第二次起升时，职工杨某站在叉车提升架上，随石棉瓦一起上升，至石棉瓦最高部分与新餐厅楼面相平齐时，叉车提升架与石棉瓦突然脱离轨道向前倾覆脱出，接着垂直内轨连同起升油缸又一起向前倾覆脱出，直接导致杨某从高处坠落（坠落高度3.2 m），杨某坠落后，石棉瓦、叉车提升架等砸在他的身上。现场人员急忙将杨某救出，送往医院抢救，因伤势严重，经抢救无效死亡。这起事故造成直接经济损失0.5万元，间接经济损失5万元。

2. 事故原因分析

（1）造成事故的直接原因：一是叉车驾驶员林某某违章超高起升作业，该叉车最高起升高度为3 m，而货物却提升到3.2 m，加上违章载人，造成叉车失稳向前倾覆，从而导致事故。二是搬运工杨某违章乘车，叉车驾驶员林某某未进行制止。

（2）造成事故的间接原因：一是该叉车存在事故隐患，如叉车门架无防止货叉架升到最高位置时脱出的限位装置，在历次安全检查中，对事故隐患没有及时发现与消除。二是该厂安全管理混乱，没有建立安全岗位责任制、设备定期报检制度、维保制度、安全检查制度等。

3. 事故教训与防范措施

事故之后，企业所采取的防范措施如下：

（1）建立健全各项规章制度，尤其是有关特种作业人员安全作业的规章制度、特种作业人员安全操作规程，在实际工作中要严格贯彻执行。

（2）认真执行国家有关规定，车辆必须经检验合格与注册登记，取得企业内机动车辆牌照和安全检验合格标志后方可投入使用，对不符合要求的企业内机动车辆立即进行整改，整改合格后才能投入使用。

（3）加强职工的安全教育，对特种作业人员要加强有关设备、安全操作规程的教育，严禁生产作业人员违章作业，发现人员违章作业，按照有关规定予以处罚，绝对不能姑息迁就。

◆叉车存在事故隐患突然倾翻配重脱落将驾驶员砸死事故

2001 年 2 月 10 日，辽宁省抚顺市某镁制品厂在生产过程中，因叉车存在严重的事故隐患，没有及时发现、及时消除，致使叉车突然向前倾翻，叉车配重铁脱落，将驾驶员当场砸死。

1. 事故经过

2001 年 2 月 10 日 9 时 30 分，辽宁省抚顺市某镁制品厂在生产过程中，按照工作安排，该厂需要加强打井力量，于是调派叉车司机林某某开叉车前去支援。叉车司机林某某开着叉车，拉着用做井壁的水泥管，行驶到井口时，由于地势坑洼不平，叉车突然向前倾翻，司机林某某被压在车下，叉车配重铁由于固定不牢致使脱落，将叉车司机林某某当场砸死。这起事故造成直接经济损失 2 万元，间接经济损失 8 万元。

2. 事故原因分析

（1）造成事故的直接原因，是该镁制品厂所使用的叉车存在严重的事故隐患，该叉车配重铁的 3 个固定螺栓，1 只丢失，1 只脱扣，只有 1 只螺栓固定配重铁，正是由于配重铁没有固定牢固，颠簸中造成翻车后配重铁脱落，并由此导致人员伤亡事故。

（2）造成事故的间接原因，是该单位安全生产管理制度不健全，企业内机动车辆没有注册登记，未经检验合格却还在使用。

3. 事故教训与防范措施

事故之后，企业所采取的防范措施如下：

（1）加强对企业内机动车辆的安全管理，完善安全管理规章制度，特别是日常检查和定期检验制度，并在管理中认真落实。

（2）在用企业内机动车辆应当进行检验申报，待检验合格取得安全检验合格标志后方可使用；企业内机动车辆驾驶员增强责任心，遵守企业内运输安全规则，不开带病车。

（3）驾驶员应熟悉自己所驾驶车辆的性能和技术状况，并能及时发现故障、排除故障。

◆开电瓶车运送管片致使管片产生位移导致的人员伤害事故

2002 年 12 月 3 日，江苏省某机械加工厂在生产过程中，铸造车间两名职工开电瓶车运送管片时，龙门吊钢丝绳钩住管片预留孔内伸出的安装螺栓，致使管片产生位移，压在一名职工身上，经抢救无效死亡。

1. 事故经过

2002 年 12 月 3 日上午，江苏省某机械加工厂在生产过程中，铸造车间职工刘某某、顾某二人，开电瓶车空车准备运送管片。开到工作吊装地点，刘某某指挥 20 t 龙门吊司机将两块叠放在一起的管片吊放到电瓶车挂车上，随后刘某某和顾某两人到挂车两侧脱钢丝绳，并把钢丝绳甩在挂车右边。然后，刘某某向龙门吊司机做了起吊的手势后，站在一旁，顾某准备开动电瓶车。由于龙门吊起重钢丝绳提升尚未超过挂车上的管片，在电瓶车开动过程中，钢丝绳钩住管片预留孔内伸出的安装螺栓。龙门吊司机发现后，打铃示警并松钩，但是刘某某、顾某没有注意到龙门吊司机的打铃示警。在电瓶车向前运行产生的作用力下，挂车上的管片产生位移，并使管片一端滑下挂车，压在了刘某某身上。事故发生后，现场负责人当即派人指挥龙门吊将管片吊开，将刘某某救出，并立即送往医院抢救，但是终因刘某某伤势过重，经抢救无效死亡。

2. 事故原因分析

（1）造成事故的直接原因，是刘某某、顾某作业中麻痹大意，将龙门吊起重钢丝绳从管片上脱下后，未等龙门吊起重钢丝绳升起，并超过装在挂车上的管片一定的安全距离，就开动电瓶车，致使钢丝绳钩住挂车上的管片并滑下压人死亡。

（2）造成事故的间接原因，是安全教育不够，作业人员在起吊作业中没有按照规范要求操作。

3. 事故教训与防范措施

事故之后，企业所采取的防范措施如下：

（1）在全厂通报事故情况，对作业现场进行一次全面安全检查，对查出的事故隐患，按“三定”要求进行整改。

（2）对全厂职工进行一次安全教育和操作技能培训，并进行一次安全技术考试，同时切实落实各级安全生产责任制，进一步明确各部门、人员的职责，并加强日常检查考核力度，不断提高全体作业人员的安全生产意识。

（3）各生产车间要加强饭前、下班前特殊时段的生产管理，合理安排职工的工作休息时间，强化作业现场的安全监控工作。

第七章　机械制造企业事故防范新做法

在企业安全生产管理实际工作中，随着形势的不断变化，企业也不断遇到新问题、新情况，职工的新老交替，人员的流动性更大，新员工对安全健康的要求也更高，同时企业也更需要采取人性化安全管理，才能吸引人、留住人，预防和减少事故，这样就对企业安全生产管理提出更高的要求。原来企业安全管理的一些做法与经验，已经不再适合于新的情况，需要根据变化了的形势，采取更加积极的应对措施。在新的形势下，一些企业完善管理机制，强化过程控制，强化风险预控管理等方法，取得了比较明显的良好效果。

第一节　机械制造企业安全管理与事故预防新做法

对于机械制造企业来讲，机械伤害是企业生产中最常见的事故类别，伤害类型多以夹挤、碾轧、卷入、剪切等为主。各类机械设备的旋转部件和成切线运动的部件间、对向旋转部件的咬合处、旋转部件和固定部件的咬合处等，都可能成为致人受伤的危险部位。因此，机械制造企业需要加强安全生产管理，采取新的方式方法，强化生产作业人员的安全教育培训，增强人员的安全意识，积极推进安全生产标准化建设，注意排查治理事故隐患，从而减少事故发生。

一、瓦房店轴承集团精密转盘轴承公司建立安全持续改进机制新做法

瓦房店轴承集团公司（以下简称瓦轴集团）被誉为中国轴承工业的故乡和摇篮，是目前我国最大的轴承制造企业，主导产品为重大技术装备配套轴承、轨道交通轴承、汽车车辆轴承、军事装备轴承等。

精密转盘轴承有限公司是瓦轴集团公司全资子公司，其产品品种多、体积大（轴承直径为 1 100～6 300 mm），起重设备和运输机械多，而且使用频繁，再加上公司新员工比重特别大，生产过程中不利因素也较多。针对此情况，公司积极推行人性化管理，不断细化安全管理新理念，制定并不断完善规章制度，规范各种操作，强化安全责任落实、安全教育培训、现场安全检查、安全生产新技术应用提高全体职工的安全意识，建立安全生产自我约束和持续改进机制，提高了安全管理水平，有效预防和控制工伤事故和职业病的发生。

瓦轴集团精密转盘轴承公司建立安全持续改进机制新做法如下：

1. 落实各级领导安全责任，切实抓好安全生产工作

建立健全并能有效地履行各级领导干部的安全生产责任制是公司抓安全生产工作的立足点。公司结合本单位的生产实际，制定了公司总经理、副总经理、各部门负责人、作业长、班组长以及员工等各类人员安全生产责任制。总经理做到“四个亲自”：亲自检查落实各级领导干部安全生产责任制执行情况；亲自带领人员查找安全生产隐患；亲自制定安全隐患整改措施；亲自落实安全隐患整改情况。公司各位副总经理也按照相应的岗位职责，明确了安全管理范围、职权、责任和目标。公司上下对安全生产工作的态度是“安全生产是一切生产经营活动的重中之重，如果允许找客观理由的话，其他工作也许可以，但有碍安全生产的工作绝对没有任何理由可讲”。

2. 突出以人为本，注重安全培训效果

（1）重视对新入厂员工实行三级安全教育。公司规定，对新入厂员工必须进行不少于40个课时的安全培训。在历时5天的三级安全教育中，一方面，利用多媒体教学方式，让新员工了解公司的安全生产规章制度、主要危险源分布、应急处理办法以及有关事故案例；另一方面，新入厂员工经过了三级安全教育、考试，以及对全公司各个生产工序参观后，每人必须写一份接受教育和对公司参观后的心得体会。

（2）实行定期轮训制度。除了中层以上干部、班组长、特种作业人员要定期参加集团公司举办的安全培训班外，总经理每季度要对作业长以上干部进行授课培训，各部门主要领导必须对本部门的员工进行授课。对设备操作人员，公司每半年要进行一次以安全操作规程、安全规章制度、现场应急及急救知识为主要内容的再教育。

（3）坚持“请进来，走出去”。公司在努力做好内部安全教育培训的基础上，还经常邀请安全管理专家到公司进行现场指导和培训。同时，公司经常组织作业长以上领导，到兄弟单位进行交流学习。

3. 建立有特色的安全生产企业文化

公司在注重对员工安全理论知识培训的同时，更加注重安全教育创新内容、创新形式、创新手段，通过举办贴近实际、贴近生活、贴近群众、员工乐于主动参与的活动，使安全教育喜闻乐见、寓教于乐。公司不定期举办安全知识竞赛，举办安全漫画、书法、摄影等比赛，让大家参与评奖，对获奖的员工给予一定的奖励；在拔河比赛、乒乓球比赛中融入安全知识问答等，使员工在娱乐之中受到安全教育。

针对员工日常容易出现的小伤病，公司则在生产现场设立了急救箱，当员工出现常见性的小伤病时，可就地利用急救箱内的包扎用品和常规药品应急处置和应急使用。

4. 强化现场安全管理，严格安全责任追究

将所有安全问题发现在现场、解决在现场，是公司对待安全问题的一贯要求。为了提高各级管理者的执行力，公司坚持每月安全专题会议制度，每名作业长以上领导必须将一个月来发现的主要安全问题和采取的办法在会议上进行通报，并翔实分析出现问题的原因，提出下一步改进思路，防止问题重复出现。

在日常现场安全监管过程中，中层以上干部每天必须到作业现场进行巡检，发现问题当即组织相关人员制定预防纠正措施，并现场监督实施；各作业区的作业长佩戴安全监察标志，承担现场安全监管责任，作业长对夜班的安全生产，则代表总经理行使最高管理职权，做到责任唯一；对设备操作者则要求下班前至少要进行 15 min 的设备和现场清扫。

在安全考核方面，公司实行了连带考核制度。凡公司发现现场作业人员有违章、违规行为，除了对违章、违规者按规定进行经济处罚外，对所在作业区作业长也要同时进行考核，并责成违章、违规者和作业长写出检讨书在生产现场公示板进行张贴，违章、违规者还要戴黄色安全警告牌一周，一周内如果没有再出现违章、违规行为，即撤销安全黄牌警告。公司实施的严格考核制度，使员工视违章、违规如同触电，仅2009 年，公司就在安全考核方面罚款 26 000 多元。

5. 规范特种设备管理，不断降低安全风险

公司针对运输车辆和起重设备多、使用频繁、搬运工件大的特点，在硬件改进和管理措施方面采取了多种办法。

(1) 在所有厂内机动车辆上安装了倒车语音提示装置，并在所有叉车上安装了灯光频闪装置，使车辆在运行中对其他人员起到了明显的警示作用。

(2) 对机动车辆实行每日点检制度和交接班制度，确保了机动车辆的及时维护与保养。

(3) 对外来车辆，公司除了要求对方交纳安全保证金，并与对方签订“车辆安全运输协议”外，公司还要求外来车辆必须安装倒车警示装置，所有外来车辆每车至少配有两人，其中一人负责车辆运行中倒车的指挥和全程监护。如果外来车辆有违反公司交通安全管理制度现象，公司将从对方交纳的安全保证金中予以扣罚。

(4) 对吊索具实行作业区承包制和以旧换新制度。公司统一为各作业区制作了吊索具存放架，各作业区对吊索具进行编号和加锁管理，防止乱用滥放现象。公司还将每类产品单重与吊运时应当采用的吊索具进行对应后，做成视板布置到吊索具存放处，以方便员工使用时进行对比。每个作业区还责成专人每日对吊索具进行检查，并填写检查记录，对报废的吊索具采取销毁措施。

(5) 对使用频率较高的起重设备和吊索具，实行了定期探伤检验制度，责成专人利用磁粉探伤技术每周进行一次探伤检验，合格的吊索具贴上检测标签，注明下次检测日期，并登记造册，由检测人、监察人签字认可。

6. 加大安全生产投入，实施科技兴安战略

公司成立三年来，每年投入 60 多万元用于设备改造，遵循高标准、高起点的原则，不断弥补设备存在的安全缺陷，使其本质安全逐步得以提高。

几年来，公司先后对数控立车的挡屑装置进行了改进，使产品加工过程中产生的铁屑不仅不能伤人，而且不能飞溅到作业区通道内；对砂轮机更新了除尘设备，调整了安装位置，并在砂轮运行的切线方向安装了防砂轮崩飞护网；针对搬运大型产品采用的吊索具和车辆运输过程中存在的可能滑脱、倾翻等不安全问题，研发了适用的搬运车辆和专用吊索具，彻底消除了产品搬运、运输、试验等过程中的安全隐患。

公司为了进一步增强大型设备高处检修作业的安全可靠性，将原安装在梯台的联锁保护装置改为具有LED屏幕显示、语音提示和设备自动断电功能的装置。维修人员进入大型设备高处检修平台进行检修作业时，登上设备梯台时，LED屏幕会显示设备即将断电的文字，并同时发出安全提醒的语音，然后按照设定的程序将设备全部断电。这种先进装置的应用，对防止他人误操作、保证检修人员的安全起到了可靠的防护作用。

企业的安全管理是一个持续改进、不断完善的过程，尽管几年来公司在安全生产方面取得了一定的成绩，但不会满足，将继续以对员工的安全健康高度负责的态度，把每次取得的成绩都作为新起点。

二、兰州电机公司采取多种形式积极开展安全教育新做法

兰州电机有限公司是在原“兰州电机厂”的基础上改制设立的，是西北地区最大的制造电机和发电设备的企业，主要生产大中型交流电机、交流变频调速电机、风力发电机、大中型直流电机、特殊专用电机、小型交流电动机、移动电站、柴油发电机组等十余个大类，共计88个系列、331个品种、2 600多个规格。现有6 000多名职工，有19个生产车间和30多个处（室）。

兰州电机公司作为一家大型生产企业，点多面广，安全生产管理难度大。在这种不利的情况下，公司领导认识到，安全教育是一项重要的基础工作，在安全工作中占有相当重要的位置，通过安全教育，使安全方面的规章制度得到认真贯彻执行，从而达到安全生产的目的。于是，根据企业实际，加强安全教育工作，提高全体员工的安全意识和安全素质，提高全体员工执行和落实企业规章制度的自觉性，以此促进安全生产，取得了明显的成效。

兰州电机公司采取多种形式积极开展安全教育新做法如下：

1. 安全教育工作要有制度、有形式，重在落实

兰州电机公司作为一家大型生产企业，每年新入厂人员和变换工种、复工人员数量较多，抓好安全教育，做到一人不漏，就必须首先要通过人事劳资部门，因此，只有安全生产管理部门、教育培训部门与人事劳资部门积极合作，才能共同做好安全教育工作。

公司安全教育制度明确规定，凡是新进厂人员、变换人员、复工人员，必须先在安技部门进行安全教育后方可上岗工作。安全教育实行卡片跟踪，厂级教育完毕并考试签字后，人劳处方可开调令，车间、班组两级安全教育未完成，教育卡不返到安技部门者，对车间实行处罚，对个人的劳保用品不予发放。这样几个环节的把关，就保证了安全教育工作不漏人。

为了增强教育效果，公司自编了教材，教材中除了普遍应掌握的安全知识外，还针对

每个岗位的工作特点，有的放矢地进行教育，效果明显。根据全公司人多面广的特点，全员安全教育采取以车间为单位，每周进行一次教育，全公司每年进行一次考试的方法。各基层单位把安全教育责任落实到车间主任和安技员，基本保证了教育时间、内容的落实。对不按规定进行的，在经济责任制中予以扣分兑现。对中层干部和班组长的安全教育，大都是利用公司举办各种培训班的机会，穿插安全教育的内容。有时针对全公司干部变动大、一些中层干部和生产技术人员安全意识不强的问题，专门举办由车间领导、调度人员参加的培训班，主管公司领导亲自讲课，并系统地学习了安全规章制度和安全专业知识，培训班结束时进行考试，检查学习效果，全公司普遍反映很好，通过学习使全公司的安全管理出现了新的起色。

特种作业人员的培训和复训工作一直是安全教育的重点，每年公司都根据上级部门的要求制订出培训计划，认真组织培训和复训，在培训中严格要求，严格考核，使培训取得实效。由于公司有足够的教育和培训人员及教学场地，在公司设立特种作业培训站，利用这一有利条件，根据生产任务情况，抽出空余时间组织培训。因此，效果很好，现有的特种作业人员实现了百分之百持证上岗，各种档案资料齐全完整。安全教育注重效果，注重落实，各部门职责分明，互相配合，使安全教育得以持续不断地深入进行。

2. 对安全教育工作有布置、有检查，重在效果

企业的安全教育工作，需要各有关部门紧密配合协助。这几年，公司在进行安全教育中，突出灌输“以人为本，珍惜生命”，关心人，爱护人，实现人的价值观为主要内容的安全文化意识。

企业安全文化是近几年全国各行业普遍宣传推行的新的观念和意识，灌输安全文化意识也就是加深安全教育，不断提高职工安全思想意识，规范安全行为的过程。在深入进行安全教育的同时，也不断检查安全教育的效果，使所教育的内容真正被接受并落实在职工的日常行动上。

对安全教育效果的检查，公司主要抓了这样几个环节：一是检查各基层单位对各种教育对象教育的普遍性，从教育记录、卡片、报表上经常检查分析，有些已经受过教育，但未登记台账、卡片、未记载教育内容的，督促及时登记。二是进行全厂性的安全测试，通过考试来衡量职工对安全知识掌握的程度，发现薄弱环节，进行补课。三是从日常工作中对安全制度、规程的贯彻执行情况和违章情况检验教育效果，违章者少，制度规程能较好地执行，就说明安全教育达到了预期效果。四是在日常的安全检查过程中向职工提问，及时了解职工对安全知识掌握的情况。五是每年进行一次安全知识竞赛活动，一方面检查对安全知识掌握的程度，另一方面是为了进一步促使职工主动学习安全生产知识，以便在平时的工作中更好地运用。对安全教育情况的检查手段采取多样化，除了公司、车间不定期检查之外，公司安全值班人员、车间领导和安全员，公司文明生产检查组成员，以及先进班组的评选验收等各种机会，都对安全教育的情况做专门或辅助的检查。公司安全巡检人员还在深入基层进行安全巡检的过程中，通过对某个车间总体安全状况的观察和对该车间提问等方式，检查领导的安全思想意识高低和对本单位安全工作的控制能力，通过各种行政考核手段，促使安全教育工作落到实处。

3. 搞好安全教育需要形式多样、上下结合

搞好安全教育，推行安全文化，要采取灵活多样的方式，公司在抓此项工作中，首先是抓面上的教育：安全教育按“分级管理、分线负责”的原则，其责任落实在公司职教部门，由他们制订全公司安全教育计划，并由安技处协助实施。对全员的安全教育由车间负责，有关资料、教员由安全管理部门提供，计划由职教部门检查落实。面上的教育主要抓全员教育，新入厂人员的三级教育、复工教育、变换工种教育，特种作业人员的培训、复训教育。

除此之外，公司多年来坚持了对不同岗位进行有针对性的安全教育工作，平时根据生产情况由车间提出申请，安技处利用录像机给有关工种专门播放有专业内容的录像片，使教育进一步深化。各车间利用生产的空余时间，尤其是在任务不足的时候，抽出大部分人员进行安全知识学习，安技处组织专业人员巡回讲课，并进行考试。有时在出现事故后，为了教育某一部分人员也举办事故教训学习班。公司还突出抓特种作业人员的培训、复训工作，每年从计划、培训、考核、建档、办证等环节上紧抓不放，有时为了不误生产，就利用业余时间搞培训，方便了生产一线，方便了职工，做到培训、生产两不误。还充分利用厂报、闭路电视、有线广播、板报进行安全宣传活动，做到了报上有稿，广播有声，银屏有影，使宣传内容家喻户晓，并不断深入开展。

三、上海锅炉厂公司着重强化人员安全教育培训新做法

上海锅炉厂公司（以下简称公司）是专业制造发电锅炉的国有大型企业，隶属上海电气集团，主要经营自产机电产品、成套设备及相关技术的出口业务。在册员工数 2 700 人，年销售收入超百亿元，电站锅炉年制造能力达 2 500 万 kW。

近年来，公司把安全管理工作作为企业生产经营的基本点，始终坚持“安全第一、预防为主”的方针，将安全管理工作切实落实在“预防”上，着重从强化人员安全教育培训、加强现场安全监察监控和扎实安全基础管理方面，抓好日常管理工作，全面提升公司的安全本质度。

公司着重强化人员安全教育培训新做法如下：

1. 强化员工安全教育培训，做到“不遗漏任何一个人”

从安全角度来讲，人是各种安全管理措施的最终落脚点，一切安全管理的核心是人，要实现有效的安全管理，就必须坚持“以人为本”，通过加强安全教育培训，提高人员素质。反之，由于缺少对职工的安全教育培训、安全管理不到位、违章作业屡禁不止、作业现场安全管理不力，将会给企业的安全带来极大的隐患。公司近年来狠抓员工的安全教育培训工作，重点从生产作业人员的安全操作意识和安全技能抓起、从消灭习惯性违章抓起、从提升管理人员素质抓起，力求在公司内形成人人关注安全、人人渴望安全的良好氛围。

做好各类人员的排摸分类，确保教育培训全覆盖。公司坚定一个思路，只有先将各类人员梳理清楚，才能确保安全教育全面到位、无遗漏。公司每年会招聘众多新人员，包括以各种用工形式录用的正式职工、劳务工、商务工、实习人员、驻厂质量监理、监造、经常出入公司联系业务的外来人员（含外籍人员）及外来施工人员。公司高度重视对各类新进人员的入厂安全教育，除了做好新进人员入厂“三级安全教育”以外，对于一些“相关方”人员，如外来施工人员明确由装备公司作为归口管理部门，加强对其的日常安全教育和管理。外来实习人员及驻厂质量监理则明确分别由人力资源处及质保处加强日常归口安全管理等。

2. 加强各类安全教育培训的针对性，做到“有的放矢”

公司在组织各类人员安全培训教育中，经过仔细、反复推敲，重点把握好培训对象、内容、形式、效果4个环节，切实提高培训内容的针对性、培训对象的层次性和培训形式的多样性。

（1）分三个层面组织开展安全教育培训，即组织开展生产负责人、安全管理人员、生产作业人员安全培训。一是企业各级领导要确立安全管理意识，在抓生产的同时抓好部门安全工作，积极组织各部门生产负责人进行了安全培训，并定期组织复训。二是企业安全管理人员、安全员、工段长、班组长作为日常安全管理工作的执行人，必须具有必要的安全管理知识，组织安全管理人员、工段长、班组长参加了安全管理人员培训。

（2）分不同专业开展针对性安全培训。一是认真组织开展特种作业人员安全培训。公司特种作业主要有金属焊接切割、电工、起重作业驾驶、起重指挥、厂内车辆驾驶、锅炉操作（含锅炉水质处理）、电梯操作、制冷作业八个大类，对于这些人员的安全培训，公司根据年内生产节奏，以集中和零星分散培训相结合，定期组织好特种作业人员培训，确保持证上岗。二是组织开展安全专项培训。公司始终以安全质量标准化、安全环境体系运行和5S管理相结合的模式开展日常安全管理工作，为使公司管理人员、作业人员牢固掌握安全质量标准化、5S具体标准，并能熟练运用体系运行管理手段开展日常安全管理，公司及时组织开展了安全质量标准化、5S标准的培训和安全环境体系内审员培训。三是组织开展农民工安全培训。近年来农民工的不断加入，并逐步成为公司生产上不可缺少的一支队伍，在为公司提供生产动力的同时，它也给企业的安全生产带来隐患，主要是因为大部分农民工文化素质较差，安全法制、安全操作意识淡薄，自我保护意识差，极易发生各类安全事故。为此，公司近年来加强了对农民工的安全培训，并以身边发生的各类事故案例、常见的习惯性违章现象以及危险性较大工种的安全操作规程等为内容对农民工组织安全专题培训，全面提升农民工的安全操作技能和自我保护意识。

（3）开展多形式安全培训，并注重安全培训的有效性。公司充分利用资源优势，借助公司内部局域网络建立安全环保信息平台，组织电化教育培训和网上考试，通过全员的参与切实提高每个人的安全知识和安全意识，自觉抵制“三违”、远离“三违”，帮助职工自觉由“要我安全”向“我要安全”，再到“我会安全”的转变。

3. 加大安全宣传，做到“不放过任何一次宣传机会”

安全宣传力度的加大，有利于企业安全文化氛围的形成。近年来公司以“安全生产月”为契机，广泛营造浓厚的安全生产氛围。例如，公司在内部刊物《今日上锅》上经常刊载一些安全常识及公司安全生产动态，对一些较好的安全宣传稿件投稿至《闵行区安全生产月报》。同时，公司还别出心裁组织开展了安全技术小革新活动，发动公司员工齐动脑、齐动手，花少量的钱，但却实实在在地解决了一些安全问题，消除了潜藏在身边的隐患。其中，在2008年公司共收到各车间部门上报的安全小革新项目23项，通过由相关部门组建的评审小组对这些项目的实用性、有效性进行检查评审，对一些好的项目通过在《今日上锅》连续刊载或制作专题录像资料在职工中播放等形式，将小革新成果全面深入推广至日常生产使用中。

4. 加强安全监察力度，做到“不忽略任何一个角落”

安全工作重在现场，加强现场的安全监察力度，有利于及时发现隐患和落实整改，将事故隐患消灭在萌芽状态。公司现场安全监察重点放在督促各部门加强自查自纠和整改，并强化现场安全监察。

（1）加强部门自查自纠，尤其是加强工段、班组一级自查。公司狠抓工段、班组下级安全责任制落实，要求各工段、班组组织好班组职工加强本工段、本班组范围内每天的安全自查，将自查情况认真记入班组安全建设台账，在留下痕迹的同时自觉落实相关整改措施；部门安全员则必须每天对各工段、班组安全监察、管理情况进行抽查，指导和督促工段、班组不断完善日常安全管理。

（2）进一步发挥安全员队伍的作用。通过不断提高安全员的安全工作质量、监察质量，加强各部门自身安全管理、措施到位。同时，安全职能部门积极指导部门安全员提高安全监察、管理水平，并督促落实相关整改措施。

（3）加强对外来施工现场、辖制企业的安全监管。公司要求外来施工队伍进厂施工必须签订安全协议，要针对施工项目开展危险源、环境因素辨识并采取相应控制措施后方可施工；要求施工队伍必须落实专人加强施工现场的安全巡查，归口管理部门必须严格施工期间的安全监管，并督促其规范作业。公司对转制企业则要求在实施风险抵押金制度的同时，严格考核，并帮助、指导和督促转制企业按照职业健康安全和环境管理体系运行要求加强自身安全管理。

第二节　机械制造企业抓安全文化建设与事故预防新做法

安全文化是指人们为了安全生活和安全生产所创造的文化。安全文化是安全价值观和安全行为准则的总和，体现为每一个人、每一个单位、每一个群体对安全的态度、思维程度及采取的行动方式。通过倡导安全文化，能够提高职工的安全意识，能够有效遏制违章操作、违章指挥和违反劳动纪律行为，能够促进企业的安全管理。

一、五菱汽车公司注重安全文化建设完善安全管理新做法

上汽通用五菱汽车股份有限公司（以下简称五菱汽车公司）的前身是 1958 年柳州动力机械厂，2002 年 11 月由上海汽车集团公司、通用汽车（中国）投资公司、柳州五菱汽车公司三方合资组建为新的大型中外合资汽车公司，主要生产排量在 1.3 L 以下微型客车、微型货车和微型轿车，现为国内最大的微型车生产厂商。

五菱汽车公司在安全管理方面，通过建立运行职业健康安全管理体系、通用汽车最佳安全实践，以及国家安全质量标准化一级企业标准，不断完善公司的安全管理制度建设及硬件设施的本质安全，同时，公司注重安全文化的建设，不断提升员工的安全意识，关注员工的安全行为与习惯，通过引入零事故活动——危险预知训练，以“每个人都是不可或缺的”为出发点，贯彻“以人为本、安全第一”的安全宗旨，从理念、方法、实践三个方面开展“零事故”安全文化活动。2002 年至今，公司未发生过死亡及 3 人以上重伤安全生产责任事故，事故控制率逐年下降，取得了良好的效果。

五菱汽车公司注重安全文化建设完善安全管理新做法如下：

1. 开展“零事故”活动，营造“零事故”安全文化

为了进一步提高公司全体员工的安全意识，使员工形成良好的安全行为习惯，公司引入了“零事故”安全活动，从理念、方法、实践三个方面对全体员工进行培训，从公司领导到一线员工，共培训 8 000 多人，从“手指口唱”“接触齐呼”“一分钟冥想”“危险预知训练”等方法进行实践，鼓舞员工参与安全事务的热情，通过班前会的“接触齐呼”“健康确认与询问”“5W1H 作业指示法”，使员工在上岗前对安全地完成工作任务有了良好的方法，并确保了员工上岗前具备良好的精神状态，运行“手指口唱”进行上岗前的安全确认，形成良好的文化氛围。

为了深化“零事故”的理念，鼓励员工参与安全现场改善的信心与决心，公司通过成立工厂零事故现场改善小组，对公司生产现场不符合人机工程原理、劳动强度大的岗位作业方式进行快速响应，实施现场改善，降低员工的作业强度，提高员工的作业舒适度，2009 年共研究实施取消叉车作为运输工具、顶盖翻转辅助机构等现场改善项目 20 多项，投入改善资金 300 多万元，大大降低了公司的交通安全风险及员工的作业强度，提高员工参与现场安全改善的信心。

为了使安全行为贯穿到员工的日常行为当中，公司加大督促检查力度，执行人车分流，使员工养成行走时走在人行道上，过马路走斑马线，在人车交会处司机与行人进行相互手势确认后通行等习惯，使“零事故”理念在员工的日常行为中得到体现。

2. 加强安全教育与宣传，提高全员安全技能与意识

开展安全教育培训与宣传活动是提供员工安全技能与意识的重要途径，对于新员工培训，公司首先严把“三级安全教育”关，所有新员工必须经过安全考试合格后方可上岗，同时新员工经过3个月的工作后必须进行重复培训。公司每年开展一次公司级的安全培训，各部门每周通过安全主题学习对本部门员工进行安全知识、事故案例的培训教育。对于公司领导层培训，除了进行由安监部门组织的安全管理资格培训外，公司内每年进行一次领导层安全能力培训，提高公司管理人员的安全意识与安全管理水平。为了满足不同层级人员的安全培训需求，公司针对各层级、各专业领域人员开发了“领导层安全能力”“安全意识与行为”“设计安全流程”“人机工程”“职业健康”“现场急救”“注册安全工程师培训”等安全核心课程，并编制出版了《零事故安全文化》《员工安全手册》《卓越成长　安全护航》等内部安全读物2万多册，针对不同人员以脱岗、班前会等多种形式实施教育、培训。公司与中国安全生产科学研究院、柳州市红十字会、国内心理咨询专家等机构/专家建立培训服务关系，对公司安全工程师、车间核心安全培训师、工段长进行职业健康安全管理体系、风险评估与控制、安全心理学、现场急救等方面培训，并获得相应的资格证书。目前公司具备注册安全工程师职业资格人员共12人，具备现场急救资格人员达340多人，分布在公司各部门及车间工段，确保各个工段都具备1～2人的急救人员。

在安全宣传方面，以“安全活动月”“消防活动月”“交通活动月”等为主题在公司各餐厅、各部门宣传栏进行安全板报宣传，并通过电视、公司内网、公司刊物进行安全管理知识、安全经验的交流与宣传，通过组织员工观看《为了生命不再陨落》的安全宣传教育片，组织员工开展读后感征文比赛活动，提高员工参与安全管理，进行安全思考的积极性。同时，通过在公司读书角设立安全读物板块，使员工在工间休息时间可以及时了解相关安全知识及最新的安全管理动向。公司通过不同的形式与渠道，不断拓宽员工掌握安全知识、提高安全技能与意识的途径。

3. 建立安全合理化建议机制，使员工参与安全事务管理

公司安全管理业绩提升的关键是最大限度地发挥全体员工的主动性，使员工安全意识从“要我安全”向“我要安全”的转变，为了充分发挥员工参与安全事务管理的能动性，建立安全合理化建议机制，使员工通过参与安全合理化建议对公司的安全管理工作及隐患提出建议，2009年公司共收集实施安全合理化建议6 000多条，使员工从自身岗位出发，查找安全隐患与安全管理漏洞，避免了因存在死角隐患而导致事故的发生。同时，鼓励员工报告所有事故，包括险肇事故，避免了因没有控制小事故而使事故升级。为了进一步关注员工岗位作业安全环境，制定《员工安全关注流程》，让员工对自身所关注的安全问题得到反馈与根本解决，也促使部门的领导层将员工的安全摆在工作的首位，体现公司“以人为本”的安全理念，多渠道、多形式地激发了员工参与安全事务管理的激情。

4. 实施目视化管理，提升安全文化氛围

将各种安全信息进行目视化是使员工以最简单、快捷的方式了解公司安全运行状态及各项安全管理要求的最直接的方式，公司通过建立安全绿十字工程、事故指针图、安全人、安全操作规程、安全警示标识、能量控制卡等目视化管理工具，使员工对公司、部门、车间、工段及班组的安全事故运行情况、事故发生地点，岗位劳动防护用品要求，岗位安全操作要求，岗位主要危险源，区域存在的能量及控制点有了最直接的了解，从而达到以最直接的方式提醒员工了解事故所遭受的损失、影响及其后果的目的，也提高了员工的安全意识，营造了公司的安全文化氛围。

二、北京欧马可轻型汽车厂建设安全文化提高员工安全意识新做法

北京欧马可轻型汽车厂位于北京市怀柔区，属于北汽福田汽车股份有限公司，是专门生产高端轻卡的事业部，总占地面积 13 万 m^2，已形成年产轻型卡车 5 万辆的生产能力。

北京欧马可轻型汽车厂自成立以来，始终坚持安全生产，在倡导“以人为本、珍惜生命”的基础上，积极探索具有本企业特点的安全管理体系，积极推进安全文化建设。特别是 2005 年 11 月，在获准成为“安全质量标准化一级企业”后，深刻认识到，安全文化建设是企业实现安全生产的基础性工程，对保障安全生产具有战略性意义，能使企业成为有共同价值观、有共同追求、有凝聚力的集体，从而提高企业的整体安全素质。培养和增强安全文化意识，对提高企业从业人员的安全防范意识、减少安全生产事故、实现安全生产具有重要意义。

北京欧马可汽车厂建设安全文化提高员工安全意识新做法如下：

1. 完善安全机制，提高安全意识

企业安全文化建设有利于消除安全隐患，纠正习惯性违章，确保安全操作规程的落实。该厂在日常工作中常常发现一些习惯性违章屡禁不止，一些安全隐患得不到及时消除。就是因为有些人员安全意识淡薄，侥幸心理作祟，不良行为已成为一种思维定式，如果安全文化建设搞好了，安全的思维方式已铭刻脑海，安全的意识形态深入骨髓，人们就自然会按照安全操作规程办事，人人都是安全员，人人都会从保护自己、保护他人、保护企业财产的角度思考问题，隐患与违章必然会得到遏制。也就容易发现和提出安全设施方面存在的不足和问题，关心安全设施的有效性，安全投入就必然能得到保证。

为了保证安全文化建设的顺利进行，建立以各级行政正职为安全第一责任人的责任体系，工厂成立了企业一把手任组长，主管安全生产的副职、工会等领导任副组长、各职能部门领导为成员的安全组织机构，下设办公室，办公室主任由企管部门领导或安技部门领导担任，同时各生产部门及相关单位还设立专职或兼职的安全员。主要负责贯彻落实国家安全有关法律、法规和上级相关劳动保护、环境保护的方针、政策的执行，制定安全管理工作的各项规章制度的制定及整体规划，日常安全巡检及定期、不定期的安全检查工作。

严格遵守安全生产责任制和安全操作规程。“安全生产责任重于泰山”，在工厂内部，各部门、各生产车间班组也要按照各自分工坚守岗位，切实负起安全责任，并按制度做到奖罚分明，对检查出的隐患整改及时到位。实践证明，安全生产责任制能切实做到防患于未然，对生产事故能起到明显的遏制作用。

建立适应现代安全管理，实行标本兼治，做到行为有规范、考核有依据、奖惩有标准的制度体系。构建党政工团齐抓、部门联动、人人监督、纵到底、横到边的网络体系。一是强化安全监督机制；二是建立安全教育培训和激励机制；三是建立安全风险共担机制，层层签订《安全目标责任书》，奖优罚劣；四是健全安全检查评比机制，达到超前控制。

2. 坚持“以人为本”，突出安全文化建设

安全文化说到底就是企业员工选择行为方式（习惯）与结果的统一。这是一个潜移默化的过程，是企业安全管理者根据企业内外安全生产环境的变化，结合企业的历史、现状和发展趋势，从企业的生产实践中总结、提炼出企业安全生产理念或价值体系，以作为企业安全生产的方针和原则。企业安全文化，离不开员工的认知，离不开员工的努力，离不开员工的奋斗。因此，建设企业安全文化，必须坚持“以人为本”，只有激发员工的主观能动性，把保证生产安全变成自觉行动，才能达到确保生产安全的目标。

企业安全文化是通过教育形成观念产生行为。教育在企业安全文化建设中承担重要任务。只有通过安全教育，才能优化员工的安全观念和安全意识，提高员工的安全行为水平。工厂坚持对各类人员按规定内容进行各种安全教育。尤其是做好新进厂职工、实习代培人员的进厂“三级”安全教育，安全教育率达到100％。

3. 悬挂警示标语，体现人文关怀

公司在生产区内、围墙四周，到处悬挂着“安全第一，预防为主，综合治理”“进入厂区，严禁吸烟”等标语口号。另外还结合本单位自身特点，提炼出了许多富有个性和人性化的警示标语。每周一的安全生产例会、办板报、张贴安全标语等措施加强教育、宣传和学习国家有关安全生产法律法规，提高职工的安全法制观念和安全意识，自觉遵守各项安全规章制度。只要进入生产现场，无论身在何处，这些标语牌、警示牌时时提醒，处处警示，必须注意安全。

三、东岳汽车动力公司开展安全文化建设促班组提升新做法

上海通用东岳汽车动力总成有限公司（以下简称东岳公司）位于烟台经济技术开发区，于2004年6月正式注册成立，厂区占地45.6万m^2，建筑面积12.4万m^2，具备发动机、变速箱、铸造、锻造和铸铝五大工艺生产线，可以年产30万台发动机，为通用汽车及上汽集团在中国的合资公司提供配套。

近年来，东岳公司突破传统安全管理观念，建立以人为本、以人为核心、以价值为标准，从精神文化和职工安全文化素质上下功夫的安全文化。尤其是积极落实班组建设新标

准，在以班组经济指标（BPD）考核的同时，增加了班组文化建设新要求，重点突出、齐头并进，在提高班组工作水平的同时，推进多样的特色班组文化。东岳公司的班组安全文化建设就是以班组经济目标为根本和出发点，以创先争优、员工关爱和团队建设为抓手，赋予班组建设新的生命力，成为企业发展的原动力。

1. 创先争优，提高班组竞争优势

创先争优是班组文化建设的催化剂。东岳公司结合自身实际，在班组创先争优中，更加注重品牌建设、思想引领、基础管理、党员作用，在有规范、有要求的基础上进一步讲究实际、突出实效，把党的组织优势转化为班组的竞争优势，为员工和谐、为企业发展、为社会进步做出新贡献。

近年来，东岳公司积极开展各种主题安全活动，推动创先争优工作发展。如横贯全年的劳动竞赛、安全立功竞赛活动；每年一度的质量月活动、节能减排主题活动、安康杯竞赛以及各种技能比赛，引导员工积极向上、奋勇争先。2011 年的“安全引领、再创新高”安全立功劳动竞赛，公司设立了“培训标准化班组奖”“5S 标准化工段奖”“立功竞赛优胜部门奖”。2012 年度“践行安全文化、争创安全先锋”安全立功竞赛设置的“作业环境危害因素辨识标杆”“岗位操作危害因素辨识标杆奖”，都是以班组工段为单位评选。广泛开展班组竞赛是推动劳动竞赛扎实有效、深入发展的重要措施，也是促进班组文化建设的有效途径。

东岳公司还在创先争优活动为员工提供了施展才能的大舞台，公司员工也在这些舞台上取得了骄人的成绩。2007 年，总装返修工王广义在全国第三届汽车（乘用车）装调工职业技能大赛中获得一等奖，综合评比第一名；2008 年，发动机操作工张宝振在全国第一届发动机装配大赛中获得第一名。2009 年，锻造车间维修工于吉晓、张维强在全国数控车床比赛中获得佳绩。2011 年，牛志明在全国第四届汽车装调工大赛上夺得冠军；2012 年 9 月，动力总成质量部员工王仁江、刘昭涛，发动机车间的万少军又分别夺得全国第二届发动机装调工比赛的第一名、第二名、第六名，为东岳基地赢得了荣誉，为个人发展奠定了坚实的基础。

2. 关爱员工，做员工的贴心人

“家园有我，关爱有家”，做员工的贴心人，是东岳公司安全文化建设和班组安全文化建设的永恒主题。公司制定实施《贴心人实施意见》，深化服务，凝聚员工。各班组积极开展做员工“贴心人”工作，从生活上关心照顾员工，从思想上理解帮扶员工。各工厂分别开通员工关爱热线，将管理层的电话号码公开，实现了员工与管理层沟通“零距离”；班组为每位员工办理了“员工关爱联系卡”，上面各种信息齐全，成为管理层联系员工的桥梁。近年来，公司工会还结合班组文化建设工作推进全员家访，定下每年家访目标，覆盖率不低于员工总数的 25%，得到了员工的好评。此外，公司积极组织一线员工疗休养，关心特殊群体，为符合条件的青年人才提供无息购房借款，持续不断改进食堂伙食和班车服务水平，先后投入近千万元对涉及员工生活的设施（浴室、更衣室、休息室、盥洗室、医务室和餐厅）进行优化改善，把员工每天碰到的事情解决好。成为班组建设构建和谐氛围、促进安全生产、提高工作质量的有力保证。

2012 年 8 月开始，东岳公司为维护员工合法权益，解除员工的后顾之忧，在各工厂成立了以“连心桥”命名的员工调解委员会，通过“连心桥”了解员工工作、岗位、生活等方面的建议、烦恼和忧虑，帮助一线员工解决问题，将矛盾“消化”在基层，有效促进了和谐氛围的营造。调解员团队在每个基层工段招募一线调解员，由基层按照员工自荐、民主选举、张榜公示等方法产生。基地工会组成了由法律、人力资源等部门有关“专家”组成的后援团，为基层调解队伍提供法律政策、规章制度和调解技巧的培训，定期组织各工厂连心桥内部沟通、案例分享，推广好的做法，支持调解队伍的工作开展。2012 年年底至今，各厂“连心桥”已经收集调解员工岗位纠纷、家庭矛盾的案例达到 45 例，不仅及时化解了矛盾，疏通了员工的心结，而且营造了企业积极向上、和谐共进的良好氛围。

3. 建设团队，增强班组凝聚力

团队建设是班组文化建设的重要部分。东岳公司在开展安全文化建设和班组安全文化建设中，围绕团队建设开展了执行力文化、团队合作和班组民主化管理等工作，增强了班组员工的团队凝聚力，提高了员工的工作积极性和战斗力。

执行力建设是团队建设的着重点。东岳公司由于近年来扩张快，人员更新更快，为了加强执行力建设，公司所属各厂实行准军事化管理，根据班组成员结构，注意结合班组成员特点推行准军事化管理，有力地增强了班组内的凝聚力和向心力。通过各种训练和要求使员工养成良好的行为习惯，然后向员工灌输安全理念和安全知识，使员工在生产过程中能用良好的行为习惯来培养良好的安全习惯，从而增强了员工适应不同生产环境的能力和本领。

团队合作是班组文化的精髓，充分授权是东岳公司团队精神的重要体现。在东岳公司日常工作中，班组成员间相互关心蔚然成风，班前班组长会认真观察每一位员工，包括询问其身体状况、家庭成员近况等，一来保证安全生产，二来为员工创造温暖的工作环境。

班组化民主管理是东岳公司班组文化建设的又一举措，班务公开，各种费用、成本、质量、响应数据在班组信息墙上一目了然，信息公开为员工工作提供了向上的动力和赶超的目标。根据员工结构特点进行信息公开改革取得了成效。东岳整车北厂油漆车间针对“90 后”员工的特点，开展员工行为“龙虎榜”活动。“龙虎榜”从不同的方面和角度去衡量评价一位员工，让每位员工可以看到自己的某一个行为被肯定和奖励。“龙虎榜”充分调动了年轻人的积极性，发掘并发挥其优秀特质，工作充满动力和激情。

东岳公司自开展安全文化建设和开展班组安全文化建设以来，团队凝聚力得到进一步增强，员工创造力得以进一步培养，最终体现在围绕中心工作的队伍战斗力迅猛增强，并提高了公司班组的软实力，为企业发展做出积极的贡献。

第三节 机械制造企业抓班组安全建设与事故预防新做法

班组是企业的细胞，是企业各项管理的基础。有人做过这样的比喻：企业是大家，班组是个小家，小家平安则大家平安，小家不宁则大家不安。故此，企业领导要管理好企业，则需要管理好班组，通过管好班组进而管好企业。对安全生产管理来讲也同样如此，做好企业的安全生产管理工作，需要抓好班组的安全生产管理工作，挖掘班组安全管理的潜力，调动班组员工的积极性和创造性，有效地提高工作质量，从而保证企业的安全生产。

一、华泰重工制造公司加强班组管理建立安全防线新做法

湖南华泰重工制造有限公司（以下简称华泰重工公司）创建于2003年8月，是由中联重工科技发展公司和长沙鑫丰投资公司共同投资组建的现代化企业，总投资12亿元，厂房面积8万 m^2，主要致力于散状物料输送设备、港口自动化设备、起重机械设备及散状物料输送系统工程的研发、设计、制造、销售及总承包。

华泰重工公司作为一家重工制造企业，不仅员工劳动强度大，而且危险性大，极易发生各种人身伤害事故。为了预防事故，保障人员和设备设施的安全，华泰重工坚持“安全第一、预防为主、综合治理”的方针，努力改善安全生产条件，强化现场安全管理，狠抓安全隐患的排查和整改，严肃查处“三违”行为，加强对生产班组的管理，建立安全生产的第一道防线，从而有效遏制了安全生产事故的发生，杜绝了重伤、死亡、急性中毒、火灾爆炸以及重大安全事故，确保了公司的安全生产。

华泰重工制造公司加强班组管理建立安全防线新做法如下：

1. 加强安全生产的组织领导，确保企业安全生产到位

安全生产是人命关天的大事，不仅关系到华泰重工公司的财产和员工生命的安全，而且关系到华泰重工公司的可持续发展战略。因此，华泰重工公司领导对安全生产工作非常重视。为了加强安全生产工作的组织领导，华泰重工公司成立了由公司总经理任主任委员，各业务副总经理和部门主要负责人任委员的安全生产委员会，负责公司安全生产监督管理的领导工作。公司安全生产委员会下设安委会办公室，并配备了2名专职安全管理人员，负责公司安全生产、消防安全、环境保护和职业卫生的日常管理工作。

根据高新开发区安全生产监管部门的要求，华泰重工公司制定并建立了公司安全生产管理制度、安全检查制度、安全教育制度等24种安全管理制度，编制下发了各工种和设备的安全操作规程，建立了安全生产责任制，明确了各级各部门和各级各类人员的安全生产责任，将安全指标层层分解落实到每一个人，做到“安全生产、人人有责”。同时，还编制

印发了安全检查记录、安全教育记录、安全会议记录、班组安全记录和事故调查分析记录等原始记录台账，建立了安全教育、隐患整改、安全检查和事故调查处理等安全管理档案。

2. 加强班组安全管理，打好安全管理的前哨战

班组是企业安全生产的前沿阵地，抓好班组安全生产建设，对保证和促进企业安全生产具有十分重要的意义。为了加强班组的安全管理，华泰重工公司下发了《关于加强班组安全管理》的通知，要求班组必须开展班组安全检查和安全教育活动，并印发班组安全记录本。班组长每天组织班前、班中和班后安全检查，各岗位要对所使用的设备、工具进行检查。检查情况要如实填写在班组安全记录本“班组安全检查记录”栏内。隐患的报告和整改情况则填写在“隐患整改记录”栏内。班组还要对新入厂工人、复工员工及变换工种员工进行岗位教育，新工人要定人带班，直至其能完全独立安全操作。同时，在每天班前会时要强调安全注意事项。每周组织一次安全日活动，全面分析班组安全生产情况，及时学习上级发布的安全通报、指示等，做到活动内容丰富，有针对性、有实效。安全日活动如实记录在“班组安全活动记录”栏内。通过加强班组安全建设，推动了公司的安全管理。

为了强化现场安全管理，华泰重工公司还建立了班组、车间和工厂三级安全保证体系，实施班组日查、车间周查、工厂月查和专职安全管理人员经常性巡回检查相结合的安全检查制度，全方位查堵“三违”行为，违章必罚。同时狠抓事故隐患的整改落实，对检查中发现的隐患要求立即整改，不能即时整改的，则下达《隐患整改通知书》限期整改，暂时整改不了的，则采取切实可靠的监护措施，在确保安全的前提下进行生产。

3. 加强员工安全培训，提高预防职业危害能力

华泰重工公司特别注重对员工的技术培训、安全知识培训以及职业安全知识的培训，以培育安全理念为突破口，全面提高广大员工的安全素质，以实现安全生产的目标。公司制定了安全教育制度，在员工中广泛开展安全教育和培训。新入职员工必须进行公司、车间和班组三级安全教育与培训，经考试合格后才能上岗操作。对长期脱离工作岗位、调动工种的人员按规定做好复工和转岗的安全教育。对采用新工艺、新技术、新材料以及使用新设备的工人及时进行“四新”安全教育。特殊工种作业人员必须按规定进行专门培训和定期复审，经考试取证后才能独立操作。

华泰重工公司加强对有毒有害作业人员的健康管理，规定所有从事有毒有害作业人员必须进行上岗前、在岗期间的职业健康检查，严把入门关，从而规避了职业病赔偿风险。同时，加强生产作业现场的通风除尘措施，为员工配备防护口罩，改善劳动条件，预防职业危害。在高温季节，华泰重工制定了防暑降温措施，给员工发放风油精、清凉油以及藿香正气水等防暑药品，为员工提供中药凉茶和绿豆汤，发放高温费等，通过一系列的安全保健措施，确保了高温季节的安全生产。

华泰重工公司强化安全生产监管，在安全生产方面做了大量工作，取得了一定的成绩，2006 年被长沙市高新开发区评为安全生产先进单位。

二、东风商用车公司车身厂注重提升班组五种能力新做法

东风商用车公司的前身是1969年开始建设，1975年正式投产的第二汽车制造厂（1992年更名为东风汽车公司）中重型商用车制造业务，2003年东风汽车公司与日本日产汽车公司合资组建东风汽车公司后，东风汽车公司原中重型商用车资产及业务全部进入东风汽车公司，成为东风汽车公司中重型商用车事业部。公司业务主要为“东风”品牌中、重型载货汽车、专用车、客车、客车底盘及发动机、驾驶室、车架等总成零部件与铸锻毛坯件的生产与销售，年生产能力30万辆，拥有7个专业厂、10个子公司，员工总数近3.5万人，固定资产超过150亿元，是国内目前规模最大的商用车生产基地。

车身厂为东风商用车公司下属单位，现有班组148个，其中直接生产班组81个，间接生产班组67个。近年来，车身厂坚持以人为本与严格管理相结合，从实际出发，加强班组建设，持续提升班组执行力、创造力和创新力，把以提升5种能力为核心的持续班组建设，落实到深化企业管理、构建和谐工厂中，使班组建设成为工厂持续发展的牢靠基石。

东风商用车公司车身厂注重提升班组五种能力新做法如下：

1. 加强制度建设，夯实基础管理，提高班组执行力

为切实有效地加强班组建设工作的组织领导，车身厂成立了以厂长、书记为组长的“班组建设工作领导小组”，成员单位由工会、DCPW推进科和人事科等职能部门及各车间负责人组成，下发《关于进一步加强班组建设工作的通知》《车身厂班组长管理办法（暂行）》和《关于开展班组建设星级达标评价工作的通知》等有关班组建设管理的文件，明确了各自职责；建立“厂领导班组联系点制度”等系列制度，从制度上保证班组建设工作的有序推进。

为建立班组建设长效工作机制，车身厂还制定了《车身厂班组建设星级达标评价标准》，将星级达标分为一到三星级三个级别，分别从班组管理、员工培训和群创改善等9大方面进行评价。通过建立班组星级达标评价标准，使班组建设做到：内容指标化，要求标准化，步骤程序化，考核数据化，管理系统化。

2. 整合班组，优化班组长素质，提升班组应变力

车身厂以提高组织结构的合理性和提高工作效能为出发点，按照注重实际、利于管理和精干高效的原则，根据功能、工序、工艺和设备布局，加大对全厂班组的整合力度。通过CFT小组整合运作，工厂班组由原来的164个整合到148个，减少班组16个。并且统一了班组名称，规范了班组人数设置，即直接班组人数不低于18人，间接班组人数不低于10人。

为了优化班组长的选拔，车身厂按照班组长选聘条件，采取公开竞聘、领导推荐、民主评议的方法对班组长进行优化。通过优化，把一批有激情、有思想、有悟性、有目标、有责任、有追求，擅长应用新方法、新工具的骨干选配到班组长岗位。据统计，该厂在竞聘中有26名班组长被淘汰，新增符合任职条件资格的班组长10人。优化后具有大专以上

学历的班组长由49人增加到67人，占班组长总人数的45%；党员班组长80人，占班组长总人数的54%。此外，车身厂还通过内部培训和外派学习交流等渠道共组织8批、102名班组长分别到长春一汽、天津汽车和广州本田、花都等地取经和开阔班组长工作视野。

3. 打造“五大五小”活动品牌，增强班组影响力

车身厂打造班组建设“五大五小”活动品牌，主要体现为“三个结合”：即将班组五大内容、五小活动与班组GK诊断相结合，与班组员工绩效评价相结合，与群众性经济技术创新相结合。

在与班组GK诊断相结合方面，车身厂在班组管理上增加了方针管理、标准作业、技能培训、作业编成、品质保证、自主保全、现场改善等内容。据统计，2007年，车身厂示范班组GK诊断值达到4.0分，完成工厂年度必达目标；一般性班组GK诊断值达到3.13分，完成工厂年度挑战目标。在与班组员工绩效评价相结合方面，车身厂把推行现代化管理方法，与“消除浪费、创造价值、持续改进”为核心的标准量化管理相结合，将各类指标层层分解，落实到人，通过日检查、周点评、月互评，层层传递指标压力，积极营造有利于出精品、出人才、出效益的环境。在与群众性经济技术创新相结合方面，工厂坚持每季度一次群众性经济技术创新活动成果发表会，组织厂级课题发表、评优和推广，积极营造鼓励创新的环境，促使《提高驾驶室储存器具通用性，降低工位器具费用》《消除滚床“掉车”故障，降低面漆线故障强度率》和《建立快速出货供给机制，提升与生产同期化能力》等一批班组创新成果奖。

4. 开展技能竞赛，培育班组竞争力

在优化班组生产作业环境方面，车身厂注重硬件投入，给全厂148个班组配备统一的文件柜。其中，给48个班组配备了台式电脑和投影仪，给20个班组配备了会议桌、长条椅，并对少数班组环境进行了重新装修与粉刷。同时，还制定了《班组基础设施配备使用标准》，督促班组建立“学习园地”“图书角”和“阅报栏”，组织举办“创建学习型组织、争当知识型员工”征文活动和“班组建设小故事”征文活动，为班组营造了良好的学习、生活、工作环境。

为了提高员工的技术技能，车身厂积极开展技能竞赛。结合落实《车身厂创建学习型组织纲要》和《车身厂文化建设纲要》，制定《车身厂员工岗位技能评价办法》，明确了“学习型组织”选树标准、“知识型员工”选树标准、员工“精一会二学三”评价标准、车身厂各类人才评价标准和车身厂计算机操作评价标准。通过在各生产车间建立员工技能训练阵地，把持续20多年的技能竞赛作为工厂群众性的技术“奥运会”。通过竞赛，涌现出了全国劳动模范匡开勋、青年学者型领导方勇、中国机械工业部“有突出贡献技师”李秀虎、工人研究生黄玉玲和公司级电工女状元杨玲等先进典型，为员工成才搭建了提升技能的平台。

5. 提供强有力的服务和保障，增强班组凝聚力

车身厂始终坚持把促进工厂发展放在第一位，紧紧围绕生产经营中心工作，充分发挥组织优势，优化团队建设，推进“素质工程”，以扎实有效的工作，为工厂较好实现年度经营目标提供了强有力的服务和保障。

2007年，车身厂克服资金不足难题，投入14.5万元改造单身过渡房，改善员工的居住环境；投入资金进行老油库移址及其原址改建停车场，既从根本上解除油库重点防火部位不便封闭管理的难题，又一定程度上缓解了部分员工停车难的问题；为缓解物价上涨压力，工厂全年增加32万元对员工伙食进行补贴，确保职工食堂饭菜不涨价。此外，工厂不断改善幼儿园办学环境和做好员工社区医疗服务等一系列后勤保障工作，有力支持了工厂的生产经营工作。

为了保持员工队伍的整体稳定，车身厂通过宣传、解释工作和及时沟通，预防和化解生产经营中的各种矛盾，保证了员工队伍的稳定。此外，还通过开展中层管理人员作风建设活动，进一步密切了干群联系；积极落实好困难员工帮扶、救济制度，员工疗休养制度，员工带薪休假制度和工间休息制度四项制度，把人文关怀落到实处，扎实地推进了和谐工厂建设。2007年，车身厂组织3批次、30名员工享受疗、休养；“爱心救助基金”为12名特困员工解了燃眉之急；一般员工带薪休假落实率达到100%；工厂在资金比较紧张的情况下投入130万元，组织全员体检；坚持开展送温暖活动，全年补助困难员工、慰问病号721人次，支出资金达23万元。

车身厂提升班组五种能力的做法，实际效果明显，使班组管理逐步实现标准化、规范化、现代化，班组员工的安全素质不断提高，预防各类事故的能力得到增强，促进了企业的安全生产工作。

三、东联机械制造公司不断提升班组管理水平新做法

中平能化集团东联机械制造有限公司（以下简称东联公司）始建于1956年，其前身是平煤集团东联机械制造公司，系原平顶山煤业集团机电装备公司和原平顶山煤业集团煤矿机械厂于2002年重组合并而成。主要经营矿山设备设计、制造、安装、维修及服务，现有职工2 600多人，下设24个基层分厂（单位），共有204个班组，其中生产班组117个。公司曾先后获得河南省科技企业、河南省高新技术企业、河南省文明单位等荣誉称号。

近年来，东联公司按照集团公司关于学习白国周，加强班组建设的工作部署，围绕生产经营中心工作，以加强班组建设为着力点，抓创建提素质，培育和谐团队，不断提升班组管理水平，努力培育一支迎难而上、能打硬仗的职工队伍，为实现生产任务上台阶奠定了基础。在班组建设工作中，明确目标，围绕重心，营造氛围，狠抓落实，班组建设工作取得了新的成效。

东联机械制造公司不断提升班组管理水平新做法如下：

1. 成立班组建设活动领导小组，对班组建设提出全面要求

中平能化集团《关于加强班组建设的指导意见》下发后，东联公司高度重视，召开专

题会议部署公司班组建设工作，采取有针对性的措施。首先成立了公司班组建设活动领导小组，由公司党政主要领导担任组长，并指定一名常务副经理专门主抓此项工作。组织召开了公司班组建设推进会，对班组建设提出了全面详细的要求，为扎实开展班组建设工作指出了明确的方向。

东联公司为了积极推进班组建设，还建立了“班组建设指导站”。班组建设工作指导站以专题会议，举办班组建设讲座，举办班组长培训班，开展班组建设交流和推广先进经验，组织优秀班组长巡回宣讲等活动方式，从工作机制、工作动态、普及知识、总结理论、完善方法等方面，全面指导和推动公司班组建设工作上水平、上台阶。2009 年以来，班组建设指导站先后指导武装保卫部等 4 个单位公开竞聘班组长，指导带式输送机厂、液压支架制造厂等 5 个单位制定了分厂班组建设考核办法。同时，还根据各单位班组硬件和软件的不同，公司班组建设指导站认真唱好“指导”和“服务”两部曲，到各试点班组了解进展情况，查看活动效果，有针对性地进行指导。

为实现班组建设工作“大格局”，加强对各基层生产单位班组建设工作的管理和监督，全面落实领导责任和管理责任，确保公司班组建设工作目标任务顺利完成，公司还对班组建设工作实行了“部室包干督导制”，由公司机关各部室（七部一室和工会）对各基层生产单位班组建设工作实行包干督导，每个部室包干督导 1～2 个单位。要求机关各部室每月对所包干督导单位的班组建设工作情况进行检查、督促和指导，了解和掌握所包干督导单位班组建设工作的好做法、好经验，并及时汇报，针对存在的问题提出意见和建议，并及时向公司班组建设领导小组反映所包干督导单位班组建设工作进展情况。

东联公司还按照集团公司《班组建设指导意见》的要求，制定下发了《班组建设实施细则》，指导所属各基层单位成立了以本单位党政工领导及有关人员组成的班组建设领导小组，制定了班组建设实施方案，明确目标、内容、措施。按照集团工会要求，推荐两名优秀班组长为集团公司班组长协会会员，成立公司班组长协会和班组建设研究会，并且召开了公司班组长协会和班组建设研究会成立大会。同时，积极探索班组建设的好方法、好经验，召开了班组建设经验交流会，推广各单位班组建设经验。

东联公司通过加强班组建设的组织领导，建立保障措施，形成了党委领导、行政主体、工会协调、部门联动、职工参与的齐抓共管的组织领导体制，为班组建设工作奠定了坚实基础。

2. 坚持三个原则，实现班组建设稳步前进

东联公司推进班组安全建设上，坚持三个原则：一是坚持鼓励创新原则，不给班组定框框，要求各班组积极探索，大胆创新，勇于实践，体现本班组特色。二是坚持实效原则，把班组建设的重点放在全员自主管理、成员自我超越、班组指标提升，学习创新力增强等方面，体现学习型班组本质要求。三是坚持主动服务原则，公司在班组建设过程中主动征求各班组意见，积极帮助班组解决遇到的问题，解疑释惑，耐心指导，搞好服务，实现班组建设稳步前进。为了使班组建设活动顺利开展，公司还采取了三项措施。

（1）建立《班组建设奖励基金》制度。公司行政每年拿出20万元专项资金作为班组建设奖励基金，建立班组当班考核、分厂月度考核、公司季度考核三级绩效考核体系。公司每季度对分厂申报的“优秀班组”和“优秀班组长”进行一次考核，评选出“优秀班组”和“优秀班组长”，并用班组建设奖励基金进行奖励，优秀班组长奖励500元，优秀班组职工每人奖励100元。

（2）公司及各分厂加大对班组建设硬件设备的投入。通过硬件投入，公司大部分生产班组有了自己的活动场地。机械厂和液压支架制造厂为各班组配备了空调，液压支架修理厂等单位对班组活动阵地进行了修整美化，为班组配备了桌椅等。通过这些工作，使班组活动阵地建设得到加强，为班组建设工作奠定了物质基础。

（3）公司建立班组建设工作情况研究通报制度。公司每月第一个星期二上午的综合会上，把班组建设作为一个专门议题，由各分厂领导向公司领导进行汇报。为提高班组长的工作积极性，公司把安全质量抵押金扩大到班组长，并由原来的240元提高到1 440元。在落实2009年职工培训计划中，专门制订了班组长业务培训计划，目前已经举办了两期班组长培训班。一系列的措施使各级领导对班组建设进一步引起重视，并使班组长的工作积极性得到空前提高。

3. 积极发挥协调作用，营造良好的氛围

在班组建设活动中，东联公司工会积极发挥协调作用，从营造良好氛围、培育凝聚力着手，强化理念宣传，搭建创建平台，培育和谐团队，激发职工参与班组建设的积极性，切实推进班组建设的健康发展。

公司工会先后起草下发公司班组建设的有关文件，积极组织协调召开有关会议，建立起规范的各项工作制度，制定了班组建设考核办法。统一印制了班组《工作日志》和班组《活动记录》，发放到各分厂班组。对全公司班组长待遇落实情况进行了调查，严格执行文件规定的班组长待遇。

公司工会认真组织开展向白国周同志学习活动，及时下发了《白国周班组管理法》等学习资料，在全公司班组推广白国周班组管理法，统一制作了白国周班组管理法宣传牌板。积极组织动员广大职工参与班组建设，把“树百名明星职工”活动、“精一门、通二门、懂三门”学习竞赛活动、“职工职业技能大赛”活动以及女职工工作融入班组建设中，激发职工学习技术、强化素质的积极性。

公司工会每月向公司党政汇报一次班组建设开展情况。在每月召开的基层工会主席会议上，专题汇报研究班组建设工作。同时还采取“走出去、请进来”的办法，组织到兄弟单位走访，学习先进经验，请有关单位的领导和专家来公司授课，不断提高班组建设工作水平。

围绕集团班组建设的终极目标，东联公司把超额完成全年任务作为现阶段班组建设的主要目标，把“工期、安全、质量、成本、和谐”作为具体指标，努力把班组建设成果转化为生产力。